河北省高校人文社会科学研究重大课题攻关项目（项目编号：ZD202207）

从脱贫攻坚到共同富裕的理论逻辑、激励机制与实现路径

赵艳霞　著

哈尔滨工程大学出版社
Harbin Engineering University Press

内容简介

本书聚焦中国从脱贫攻坚迈向共同富裕的历史性进程,深入探讨了这一重大转型的理论逻辑、激励机制与实现路径。随着中国脱贫攻坚取得历史性成就,共同富裕成为新时代的重要目标。在这一背景下,本书系统梳理了脱贫攻坚与共同富裕的内在联系,分析了政策衔接、制度创新与要素改革的关键问题,旨在为实现共同富裕提供理论支持与实践指导。

全书共分为3部分。第1部分从理论逻辑与历史演进出发,探讨脱贫攻坚与共同富裕的政策衔接与制度创新。第2部分聚焦激励机制与要素改革,分析土地要素配置、区块链赋能“三农”信用治理机制及生态产品价值实现等关键领域。第3部分则结合实践案例,提出乡村振兴、公共服务均等化与绿色发展的多维协同路径。

本书适合政策研究者、高校师生及关注乡村振兴与共同富裕的广大读者阅读参考。

图书在版编目(CIP)数据

从脱贫攻坚到共同富裕的理论逻辑、激励机制与实现路径 / 赵艳霞著. -- 哈尔滨 : 哈尔滨工程大学出版社, 2025. 5. -- ISBN 978-7-5661-4796-7

Ⅰ. F124.7

中国国家版本馆 CIP 数据核字第 2025SJ7538 号

从脱贫攻坚到共同富裕的理论逻辑、激励机制与实现路径

CONG TUOPIN GONGJIAN DAO GONGTONG FUYU DE LILUN LUOJI JILI JIZHI YU SHIXIAN LUJING

选题策划 刘凯元
责任编辑 刘凯元
封面设计 李海波

出版发行 哈尔滨工程大学出版社
社　　址 哈尔滨市南岗区南通大街 145 号
邮政编码 150001
电　　话 0451-82519989
经　　销 新华书店
印　　刷 哈尔滨午阳印刷有限公司
开　　本 787 mm×1 092 mm　1/16
印　　张 15.25
字　　数 380 千字
版　　次 2025 年 5 月第 1 版
印　　次 2025 年 5 月第 1 次印刷
书　　号 ISBN 978-7-5661-4796-7
定　　价 80.00 元

http://www.hrbeupress.com

E-mail:heupress@hrbeu.edu.cn

前　言

党的十八大以来，中国脱贫攻坚战取得了历史性胜利，实现了全面建成小康社会的宏伟目标。然而，消除绝对贫困仅是迈向共同富裕的起点。当前，中国正处于从脱贫攻坚向共同富裕转型的关键阶段，如何巩固与拓展脱贫成果，破解城乡区域发展不平衡、不充分问题，构建可持续的共富机制，已成为新时代国家治理的核心命题。这一转型不仅是中国特色社会主义本质要求的体现，更是应对全球发展不平等、实现人类命运共同体的中国方案。

本书是河北省高校人文社会科学研究重大课题攻关项目(项目编号:ZD202207)资助的研究成果，旨在系统阐释这一转型的理论逻辑、机制创新与实践路径。通过理论建构与实证分析，试图回答以下三个核心问题:其一，脱贫攻坚与共同富裕的递进逻辑如何在理论与实践层面统一？其二，如何通过要素改革与技术创新构建可持续的激励机制？其三，如何通过多维协同实现共同富裕目标？研究成果既是对中国发展经验的总结，也为全球减贫与共同富裕事业提供了理论参考与实践启示。

本书分为三大部分，共八章，层层递进，构建“理论逻辑—机制创新—实践路径”的研究框架。

第 1 部分——理论逻辑与历史演进(第 1~4 章)

本部分聚焦脱贫攻坚与共同富裕的理论基础与历史演进。第 1 章系统梳理研究背景、核心问题与研究方法，提出“政策衔接—制度创新—要素协同”的分析框架。第 2 章从马克思主义社会公平理论、中国特色社会主义共同富裕思想、发展经济学与生态经济学四个维度，构建脱贫攻坚与共同富裕的理论体系，揭示其逻辑演进规律。第 3 章深入剖析中国减贫实践到共同富裕的范式转型，强调政策衔接与制度创新的协同作用。第 4 章通过国内外的比较研究，总结发达国家与新兴经济体的经验教训，提出具有理论价值和实践价值的中国方案。

第 2 部分——机制创新与要素改革(第 5~7 章)

本部分聚焦土地、技术与生态三大核心要素的改革创新。第 5 章以土地要素配置为切入点，探讨城乡土地二元结构突破、产权激励与风险防控机制，提出“确权—流转—收益共享”的优化路径。第 6 章创新性地引入区块链技术，构建三农信用治理的“主体协同—数据治理—风险控制”机制，破解农村金融“信息不对称”的难题。第 7 章以生态产品价值实现为核心，提出“制度突破—市场交易—技术赋能”的要素集聚机制，推动生态保护与经济发展的双赢。

第 3 部分——实践路径与多维协同(第 8 章)

本部分立足实践，提出共同富裕的多维实现路径，通过乡村振兴、公共服务均等化、绿色发展三大领域，结合浙江共同富裕示范区、贵州“三变改革”等典型案例，论证“城乡融合—普惠共享—绿色转型”的协同模式。同时，从政策工具、社会参与、国际合作等维度，提出系统性政策建议。

本书在理论、方法与视角上实现以下创新。

1. 理论创新:系统逻辑与多维融合

本书首次将马克思主义社会公平理论、中国特色社会主义共同富裕思想与发展经济学理论深度融合,构建"公平—发展—可持续"三位一体的分析框架;提出"脱贫攻坚是共同富裕的前提,共同富裕是脱贫攻坚的升华"的递进逻辑,揭示政策衔接与制度创新的辩证关系。

2. 方法创新:问题导向与技术赋能

本书突破传统单一的学科范式,综合运用政治经济学、制度经济学、生态经济学与数字技术交叉研究的方法,通过区块链技术的"代码即规则"特性,重构农村信用评价体系;利用生态资产核算技术,量化"绿水青山"的共富价值,推动理论向实践的转化。

3. 视角创新:国际比较与中国方案

本书打破"西方中心主义"叙事,立足中国实践,提炼共同富裕的普适性规律,通过对比北欧福利模式、美国工作福利制度与新兴经济体经验,提出"制度优势—市场活力—社会参与"协同驱动的中国路径,为全球减贫与可持续发展贡献智慧。

本书兼具学术价值与现实关怀。在理论上,本书丰富了脱贫攻坚与共同富裕转型研究的内容深度,丰富了发展经济学与中国特色社会主义政治经济学的理论体系;在实践上,为政策制定者提供"制度设计—技术应用—风险管控"的操作指南,助力乡村振兴与共同富裕目标的实现。

当前,世界百年变局加速演进,全球不平等问题日益凸显。中国从脱贫攻坚到共同富裕的探索,不仅是自身发展的必然选择,更是对人类文明新形态的积极贡献。期待本书能为这一伟大征程提供智力支持,激发各界更深入地思考与行动。由于著者学术水平及能力认知的局限性,书中不足之处恳请读者批评指正!

赵艳霞
2024 年 11 月于河北唐山

目　　录

第1章　导　　论

1.1　研究背景与意义

1.1.1　中国脱贫攻坚的历史性成就及全球意义

中国脱贫攻坚取得了历史性成就,不仅在国内产生了深远影响,也为全球减贫事业提供了宝贵经验。

1. 中国脱贫攻坚的历史性成就

(1)经济与社会发展

中国脱贫攻坚在经济与社会发展方面取得了举世瞩目的成就。

首先是经济成就。一是农村贫困人口全部脱贫。截至2020年底,现行标准下9 899万农村贫困人口全部脱贫,832个贫困县全部摘帽,12.8万个贫困村全部出列,区域性整体贫困得到解决,完成了消除绝对贫困的艰巨任务。这一成就标志着我国千百年来绝对贫困问题的历史性解决,是中华民族伟大复兴征程上的重要里程碑。二是农民收入显著增长。2013—2020年,贫困地区农村居民人均可支配收入年均增长11.6%,比全国农村年均增速快2.3个百分点。2024年前三个季度,脱贫县农民人均可支配收入达到12 384元,同比实际增长6.5%。三是产业发展基础夯实。832个脱贫县均培育形成了2~3个主导产业,总产值超过1.7万亿元,近3/4的脱贫人口与新型农业经营主体建立了利益联结机制。四是就业形势稳定。截至2024年底,脱贫劳动力务工就业人数达到3 305万人,已连续4年稳定在3 000万人以上。五是贫困地区基础设施显著改善。贫困地区通硬化路的行政村比重达99.6%,通动力电的行政村比重达99.3%,通信信号覆盖的行政村比重达99.9%,通宽带互联网的行政村比重达99.6%。

其次是社会发展成就。一是教育文化事业长足进步。贫困地区有小学的乡镇比重达98.5%,所有县均有初中,有寄宿制学校的乡镇比重达94.1%。文化服务设施进一步完善,有公共图书馆的县比重达98.1%,有综合文化站的乡镇比重达99.4%。二是医疗卫生服务体系健全。贫困地区医疗卫生服务体系不断健全,区域性整体减贫成效显著,贫困人口"两不愁三保障"全面实现。三是乡村治理能力提升。脱贫攻坚战的胜利有力地促进了乡村治理体系和治理能力现代化,乡村治理能力不断增强。四是人居环境显著改善。农村道路、供水、电网等基础设施提档升级,农村教育、医疗等基本公共服务水平提标扩面,农村人居环境整治工作全面推开。五是防止返贫机制完善。截至2024年11月底,全国累计帮扶534万名防止返贫致贫监测对象稳定消除风险。

(2)教育与医疗进步

中国脱贫攻坚在教育与医疗方面取得了显著成就。

首先是教育方面。一是教育资源更加丰富。贫困地区教育基础设施不断完善,有小学的乡镇比重达98.5%,所有县均有初中,有寄宿制学校的乡镇比重达94.1%。此外,贫困地区还大力发展职业教育,有中等职业教育学校的县比重达82.4%,有职业技能培训机构的县比重达84.5%。二是入学便利性大幅提升。2023年,农村地区有92.4%的户所在自然村可以便利地上幼儿园或学前班,92.8%的户所在自然村可以便利地上小学,分别比2013年提高了16.7个百分点和12.0个百分点。三是教育公平显著改善。贫困地区义务教育阶段辍学问题实现动态清零。2020年,贫困县九年义务教育巩固率达到94.8%。四是人才培养助力发展。赵艳霞(2017)认为实现精准扶贫,人才是关键,培养一支“精准”的人才队伍,是打赢脱贫攻坚战的基础,实施“一村一名大学生计划”,为贫困地区培养了大量高素质人才,为乡村振兴奠定了坚实的人才基础。

其次是医疗方面。一是医疗卫生服务体系更加健全。截至2021年底,全国共有县级医疗卫生机构2.3万个,乡镇卫生院3.5万个,村卫生室59.9万个,实现了县乡村全覆盖。2023年,农村地区有96.1%的农户所在自然村有卫生站,比2013年提高了14.5个百分点。二是医疗保障更加完善。脱贫攻坚期间,贫困人口全部纳入基本医疗保险、大病保险、医疗救助三重制度保障范围,99.9%以上的贫困人口参加基本医疗保险。脱贫人口和农村低收入人口基本医疗保险参保率稳定在99%以上。三是医疗服务质量显著提升。脱贫攻坚期间,中央财政累计投入资金1.4万亿元,支持脱贫任务重的25个省份卫生健康事业发展。同时,通过家庭医生签约服务,建档立卡的慢性病贫困人口基本实现了“应签尽签”。四是疾病防控和健康教育成效显著。针对慢性病患者,开展家庭签约服务,涵盖高血压、糖尿病等常见慢性病。同时,开展贫困地区儿童营养改善、新生儿疾病筛查等项目,普及公共卫生知识。

(3)生态保护与扶贫相结合

中国在生态保护与扶贫结合方面取得了显著成就。生态扶贫项目帮助贫困人口获得长期收入来源,贫困地区在保护环境的同时实现了经济发展,走出了一条生态保护与脱贫攻坚“双赢”的特色道路。其主要体现在以下几个方面。

一是生态护林员政策。国家通过选聘建档立卡贫困人口担任生态护林员,实现“一人护林、全家脱贫”。截至2020年,中西部22个省份共选聘生态护林员110.2万名,带动300多万贫困人口脱贫增收,新增林草资源管护面积近9亿亩(1亩≈666.67平方米)。二是生态补偿扶贫。通过退耕还林还草、公益林补偿等生态补偿政策,鼓励贫困人口参与生态保护。国家在四川、贵州等地的一些深度贫困地区投入巨额资金,支持生态护林工作。三是延长生态产业链,加大扶贫力度。大力发展和延长生态产业链,如贵州森林旅游在“十四五”期间游客量显著增长,为边远地区贫困人口提供了增收机会。

这些生态扶贫成就不仅实现了贫困地区和贫困人口的脱贫增收,也为中国乃至世界的生态文明建设提供了新的路径,探索出一条绿色减贫的增收和可持续发展之路。

(4)精神脱贫与实际效果

在脱贫攻坚实践工作中特别重视精神脱贫。精神脱贫不仅改善了贫困群众的心理状态,更激发了他们自力更生的内在动力,使他们树立了拼搏奋斗的信心和勇气,新技术和新成果得到广泛运用。贫困群众的内心世界在脱贫攻坚中得到熏陶和升华,更达到物质脱贫与精神脱贫双轮驱动。其主要体现在以下方面。

一是精神脱贫与家庭韧性的提升。脱贫攻坚重塑了贫困群众的精神世界,通过激发贫困家庭的内生动力,增强了贫困家庭团结拼搏的勇气,提升了家庭抵御风险的韧性。二是基层治理与乡风文明程度提升。在脱贫攻坚过程中,村干部和党员积极通过党建引领、制定村规民约、引导村民和新乡贤参与村务管理等方式,提升了乡村的文明程度,加强了基层社会治理成效。三是优秀传统文化与农民创新能力相结合。贫困地区具有特色的文化资源和要素得到进一步挖掘和利用,非遗传承人得到尊重,文化传承与能力创新成为脱贫攻坚的重要抓手。发展乡村文化旅游产业,不仅能够保护和传承优秀传统文化,还能够激发村民创新的意愿和能力。国家脱贫攻坚普查结果显示,贫困地区教育、文化等基本公共服务水平大幅提升,实现了"学有所教、病有所医、老有所养、弱有所扶"。这些改善不仅为贫困群众提供了更多学习和发展的机会,也丰富了他们的精神生活。四是脱贫攻坚精神的形成。教育是阻断贫困代际传递的根本途径。在脱贫攻坚战中,中国政府高度重视教育扶贫,通过实施"雨露计划""控辍保学"等措施,确保贫困家庭子女接受义务教育,提高贫困地区的教育水平。据统计,脱贫攻坚期间,贫困地区义务教育阶段辍学学生实现动态清零,无数贫困家庭的孩子通过教育改变了命运,为他们未来发展奠定了坚实基础。脱贫攻坚锻造形成了"上下同心、尽锐出战、精准务实、开拓创新、攻坚克难、不负人民"的脱贫攻坚精神。这一精神是中国共产党性质宗旨、中国人民意志品质、中华民族精神的生动写照,是爱国主义、集体主义、社会主义思想的集中体现。这种精神不仅激励了贫困群众,也凝聚了全社会的力量,成为当代中国精神谱系的重要组成部分。五是社会文明程度整体提升。在脱贫攻坚过程中,贫困地区的社会文明程度显著提升,艰苦奋斗、苦干实干的精神在广大脱贫地区蔚然成风。这种文明程度的提升不仅体现在物质生活的改善上,更体现在贫困群众精神面貌的改变上,他们变得更加自信、自强,对未来充满希望。

脱贫攻坚不仅让贫困地区实现了物质上的脱贫,更在精神文化层面取得了巨大成就。通过移风易俗、文化传承、教育提升、精神激励等多方面的努力,贫困群众的精神面貌焕然一新,文化自信显著增强,为乡村振兴和共同富裕奠定了坚实的基础。

2. 中国脱贫攻坚的全球意义

(1)中国减贫模式

一是坚持党的领导,发挥制度优势。中国脱贫攻坚的成功,首先得益于中国共产党的坚强领导和中国特色社会主义制度的优越性。党中央、国务院以前所未有的力度推进脱贫攻坚,把贫困地区作为脱贫攻坚重点区域,聚焦深度贫困地区和特殊贫困群体,优化政策供给,通过顶层设计、党建引领、上下同心的强大合力,运用集中力量办大事的社会主义制度优势,为脱贫攻坚提供了制度保障。二是发挥政府主导与全员参与相结合的积极作用。脱贫攻坚一方面需要各级政府正确组织,另一方面需要吸引社会各界积极参与。三是精准识别与脱贫能力提升。通过精准识别家庭隐性贫困,确保扶贫的人力、资金、技术等资源精准、科学地投放到最需要的家庭和人员中。四是动态监测与退出机制。通过持续动态监测和评估,对已达到退出贫困标准的家庭及时调整扶贫策略,确保扶贫工作的有效性。

(2)脱贫攻坚政策参考

一是精准扶贫政策的设计与实施。中国通过精准扶贫战略,实现对贫困人口和家庭的精准识别、精准帮扶、精准管理和精准退出。二是产业发展与就业帮扶。因地制宜发展乡村特色产业、开展乡村旅游,帮助贫困地区实现产业发展和贫困人口就业紧密结合。三是加强公共服务投入力度。大力加强中西部地区基础设施建设的资金投入,改善贫困地区的农村交通、电力保障、通信质量,通过手拉手教育、健康等优质资源下沉扩容,提升贫困地区的教育与医疗等基本公共服务水平。四是物质与精神脱贫同频共振。在脱贫攻坚过程中,中国不仅关注物质脱贫,更注重文化创新与精神富裕,激发了贫困群众和家庭的内生动力。

(3)对世界减贫事业的重要贡献

一是中国通过脱贫攻坚,极大地减少了贫困人口的数量。自中国改革开放以来,8亿多人成功脱贫,提前实现联合国2030年可持续发展议程的减贫目标,为全球减贫事业做出巨大贡献。二是提供全球减贫方案。中国是全球减贫事业的关键贡献者,对实现联合国可持续发展目标起到了关键作用。共建“一带一路”倡议,帮助和指导发展中国家完善基础设施建设,促进经济与社会发展。三是激励全球减贫信心。中国脱贫攻坚伟大成就激励其他发展中国家探索新的减贫路径。四是促进全球和平与发展。脱贫攻坚不仅缩小了全球贫富差距,更有利于国际和平与发展事业。脱贫攻坚不仅在国内取得了历史性成就,也为全球减贫事业提供了宝贵经验。

1.1.2 共同富裕作为社会主义本质要求的时代内涵与价值

1. 共同富裕的内涵

共同富裕是指全体人民通过辛勤劳动和相互帮助,普遍达到生活富裕富足、精神自信自强、环境宜居宜业、社会和谐和睦的状态,实现人的全面发展和社会全面进步,共享改革发展成果和幸福美好生活。

一是物质富裕与精神富裕的辩证统一。这意味着在经济发展的同时,更要注重提升人民的文化素养、道德水平和精神追求,促进和实现人的全面发展。刘志刚(2024)认为物质和精神的相互作用,维持着社会存在与社会意识的动态平衡。二是要做到公平与效率的平衡。共同富裕需要处理好公平与效率两者在发展中的动态关系。通过新质生产力赋能传统产业、提高生产效率,创造更多物质财富;通过公平、合理、科学的分配制度,确保全体人民能够共享改革发展成果,避免两极分化导致社会不稳定。三是共建与共享的有机结合。共建强调全体人民主动参与经济建设和社会治理的各方面社会事务,发挥个体的主动性和能动性。共享更强调发展成果由全体人民共享而不是部分人独享,确保每个社会成员都能从改革开放和社会进步中获得幸福感和获得感。共同富裕是全方位的富裕,而不仅仅是经济领域的富足。共同富裕是全体人民的富裕,不是少数人的富裕,也不是平均主义,而是全体人民共同享有发展成果。四是注重人与自然和谐共生。共同富裕是在追求经济发展的同时,更注重生态环境的保护和修复,实现经济社会的可持续发展。

2. 共同富裕的时代价值

共同富裕是中国特色社会主义的重要目标,具有深远的时代价值。一是体现社会公平正义。共同富裕强调社会财富公平分配,缩小贫富差距,有助于减少社会矛盾,促进和谐稳定。二是经济可持续发展的重要保障。共同富裕通过提升中低收入群体的收入水平,进一步扩大内需,进而推动经济持续增长。三是实现人的全面发展。共同富裕通过提高公共服务水平为每个人提供平等的发展机会,推动人的全面发展,提升整体社会素质。四是增强社会凝聚力。推进共同富裕有助于增强社会不同阶层的凝聚力,减少阶层对立,提升社会信任度,使国家治理的群众基础更加稳固。五是推动城乡融合发展。共同富裕特别关注农村和欠发达地区的发展,通过乡村振兴和区域协调战略,缩小城乡和地区差距,推动全国范围内的城乡融合发展。共同富裕不仅是社会主义的本质要求,也是实现社会和谐、经济持续发展的重要保障。在新时代背景下,推动共同富裕具有深远的历史价值和现实意义。

1.2 核心问题与研究目标

1.2.1 核心问题

1. 如何从理论和实践层面解析脱贫攻坚与共同富裕的递进逻辑

脱贫攻坚与共同富裕之间存在着递进逻辑关系,这种关系既体现在理论层面,也体现在实践层面,可以从以下几个方面进行解析。

(1)理论层面

一是目标递进。脱贫攻坚的目标是解决绝对贫困问题,让贫困人口实现"两不愁三保障",即不愁吃、不愁穿,义务教育、基本医疗和住房安全有保障。而共同富裕的目标是在全体人民中实现更高水平的物质和精神生活富裕,不仅包括物质层面的富裕,也包括精神层面的富足,是全面、协调、可持续的富裕。二是理论基础递进。脱贫攻坚的理论基础是马克思主义反贫困理论中国化的成果,即中国特色反贫困理论,强调通过国家力量和社会资源的集中投入,解决贫困地区的基础设施、产业发展、教育医疗等问题。共同富裕的理论基础则是社会主义的本质要求,强调在社会主义制度下,通过公平的分配制度、完善的保障体系和协调的发展战略,实现全体人民共同富裕。三是发展阶段递进。脱贫攻坚是实现共同富裕的阶段性任务和前提条件。只有先解决绝对贫困问题,才能为实现共同富裕奠定基础。在脱贫攻坚取得胜利后,我国进入全面建设社会主义现代化的新发展阶段,共同富裕成为新阶段的重要目标。

(2)实践层面

一是实践成果递进。脱贫攻坚取得了举世瞩目的成就,9 899 万农村贫困人口全部脱贫,832 个贫困县全部摘帽,12.8 万个贫困村全部出列,彻底解决了千百年来困扰中华民族的绝对贫困问题。这些成果为共同富裕的实现创造了条件,提供了物质基础和实践经验。在脱贫攻坚的基础上,我国继续推进乡村振兴战略,促进城乡融合发展,推动区域协调发展,进一步缩小城乡、区域之间的差距,为实现共同富裕创造更加有利的条件。二是实践路径递进。脱贫攻坚的实践路径主要是通过精准扶贫、产业扶贫、教育扶贫、健康扶贫等措施,帮助贫困人口摆脱贫困。而共同富裕的实践路径则更加复杂和深入,包括如何发挥新质生产力的作用推动高质量发展、完善多层次的收入分配制度、推进社会保障体系建设、提升基本公共服务均等化水平。三是实践主体递进。脱贫攻坚的实践主体主要是各级政府和贫困人口自身。政府发挥主导作用,通过政策实施、资金投入、技术帮扶等方式,整合各方力量参与脱贫攻坚。共同富裕的实践主体则更加全面,不仅包括各级政府,还包括全体人民、各类市场主体、社会组织。全体人民是实现共同富裕的参与者和推动者,也是共同富裕的见证者和受益者。

2. 如何构建可持续的激励机制以防止返贫并推动共同富裕

构建可持续的激励机制以防止返贫并推动共同富裕，需要从政策支持、产业发展、社会帮扶、能力提升、监测等多方面入手，形成系统化的长效机制。

(1)政策支持与激励

一是完善正向激励机制。建立健全以奖代补、以效定补等帮扶激励机制，倡导“多干多补、少干少补、不干不补”，更多使用生产补助、劳务补贴等方式，避免简单发钱发物，防止政策“养懒汉”。二是优化财政政策。加强财政预算绩效管理和中长期规划管理，优化财政支出结构，加大对脱贫地区和低收入群体的支持力度。完善财政转移支付机制，探索收入激励奖补政策，支持乡村振兴和区域协调发展。三是强化社会保障。健全多层次、多支柱、可持续的养老保险体系，完善城乡居民基本养老保险制度，增加对低收入群体缴费补助。推动基本医疗保险、失业保险、工伤保险的省级统筹，健全大病、慢性病医疗保险制度，防止因病返贫。

(2)产业发展与增收

一是推动帮扶产业发展。依托本地优势产业，根据脱贫户的产业发展意愿，实施产业帮扶，帮助脱贫户实现长期稳定增收。鼓励企业通过提质增效拓展从业人员增收空间，完善企业与农民的利益联结机制。二是拓宽增收渠道。全面拓宽城乡居民财产性收入渠道，鼓励企业实施股权激励和员工持股计划，支持农民通过土地经营权、林权入股企业，增加财产性收入。三是促进就业与创业。开发公益性岗位，帮助有劳动能力但无法外出务工的脱贫人口实现就近就业。同时，鼓励农民通过创业实现增收，如实施乡村百万屋顶光伏工程、推进万户农家旅游致富计划等。

(3)社会帮扶与协作

一是强化社会帮扶。继续发挥东西部协作、对口支援、中央单位定点帮扶等制度优势，动员社会力量积极参与，创新帮扶举措。鼓励企业通过产业扶贫、就业扶贫等方式，帮助脱贫人口实现稳定增收。二是建立开发式帮扶机制。健全社会资本、公益组织开放式共同帮扶的激励机制，推动全社会参与防止返贫和共同富裕工作。

(4)能力提升与内生动力

一是激发内生动力。通过扶志扶智增强脱贫人口的内生发展动力。总结推广一批自立自强、勤劳致富的先进典型，发挥激励引导作用。李莹莹等(2018)认为可根据对贫困户心理层次五种能力的考察归纳出发挥农户内生动力持续作用的对策。二是提升技能水平。加强对脱贫人口的职业技能培训，提升其就业能力和创业能力。鼓励农民通过自身的努力享受农业农村发展的红利，厚植人力资本。

(5)监测与动态管理

一是建立常态化监测机制。完善覆盖农村人口的常态化防止返贫致贫机制，建立低收入人口动态监测体系，及时发现并帮扶存在返贫风险的群体。二是精准施策。根据监测对象的风险类别和发展需求，因户施策，实施有针对性的帮扶。对有劳动能力的人员，坚持开发式帮扶；对无劳动能力的人员，做好兜底保障。

3. 如何通过要素改革、技术创新与制度优化实现共同富裕目标

通过要素改革、技术创新与制度优化实现共同富裕目标，可以从以下几个方面入手。

(1)要素改革

一是深化土地要素改革。推动土地流转与规模经营:有序推进农村土地经营权流转,促进农业适度规模经营,提高农业生产效率,增加农民收入。盘活农村土地资源:通过土地流转、土地入股等方式,将农村闲置土地资源转化为资产,拓宽农民增收渠道。优化劳动力要素配置。打破城乡人才流动壁垒:鼓励城市优秀人才下乡服务,为农村提供教育、医疗、科技等方面的支持,同时加强农村人才培养与引进。提升劳动者技能水平:开展职业培训,提高劳动者知识素养和工作技能,帮助其更好地适应市场需求。二是引导资本要素流动。建立健全城乡资金流动机制:设立专项基金,提供贷款贴息,吸引社会资金投资农村,支持农村基础设施建设、农业现代化和乡村产业发展。拓宽农村融资渠道:鼓励农村利用自身的优势资源,通过股份合作、资产证券化等方式,实现资金的有效积累与增值。

(2)技术创新

一是推动区域与城乡协调发展。促进创新要素流动:发挥长三角、珠三角等经济发达地区的示范带动作用,推动资金、技术、人才等创新要素向欠发达地区流入,促进区域协调发展。缩小城乡数字鸿沟:加强农村数字基础设施建设,推广先进技术,建立信息交流平台,提升农村信息化水平。二是加快产业创新升级。推动传统产业数字化转型:运用新技术、新工艺、新装备,提升城乡产业的创新力和竞争力,构建更加合理开放、优质高效的产业链和供应链。发展"互联网+"现代农业:通过电商模式提高农产品进入市场的能力和效率,让农民分享更多的农产品增值收益。三是强化科技人才支撑。发挥科技人才"托底"作用:通过科技特派员制度、大学生创新创业等,引导人才下乡,为农村发展注入新鲜血液。提升全民科技素养:通过科技展览馆、体验馆等平台,开展科技普及和社会培训,帮助人民群众提升使用科学技术的素养。

(3)制度优化

一是完善分配制度。构建多层次分配体系:坚持按劳分配为主体、多种分配方式并存,构建初次分配、再分配、第三次分配协调配套的制度体系,提高居民收入在国民收入分配中的比重。增加财产性收入:完善按要素分配政策制度,多渠道增加城乡居民财产性收入,缩小收入差距。二是健全城乡融合发展机制。打破城乡分割格局:加强城乡交通、信息、物流等基础设施建设,推动城乡资源优化配置和共享,促进城乡产业协同发展。三是完善农村公共服务。通过人才下乡、技术下乡等方式,提升农村公共服务水平,缩小城乡公共服务差距。加强政策引导与支持。四是加大科技创新投入。强化政府对科技研发的资金支持,鼓励社会多元力量参与科技创新投入,形成多主体、多渠道的科技投入体系。五是完善科技成果转化机制。加强产学研深度融合,打通创新链、产业链之间的堵点壁垒,推动科技成果转化为经济发展的重要动能。

通过要素改革、技术创新与制度优化的协同推进,能够有效缩小城乡、区域发展差距,提升社会整体发展水平,为实现共同富裕奠定坚实基础。

1.2.2 研究目标

中国共产党自成立之日起,就把共同富裕的价值目标写在自己的旗帜上。无论脱贫攻坚还是共同富裕,一直以来且必须长期坚持以党的先进思想和先进文化为引领,这是课题研究的理论基石和根本方向。依据新时代国家治理理论,"从脱贫攻坚到共同富裕"的管理核心是政府主导的公平和市场主导的效率的协同。鉴于土地稀缺性、不可移动性的载体功能,科技对效率的提升功能,生态化转型对可持续发展的长久促进功能,本书分别从土地基础保障、数字效率赋能、生态补偿调节三个要素解析并构建激励机制范式框架,在理论和实践的结合中探索政府与市场的结合方式,基于历史经验推演和地域差异,设计基于时空差异从脱贫攻坚到共同富裕的实现路径。总体逻辑框架如图 1-1 所示。

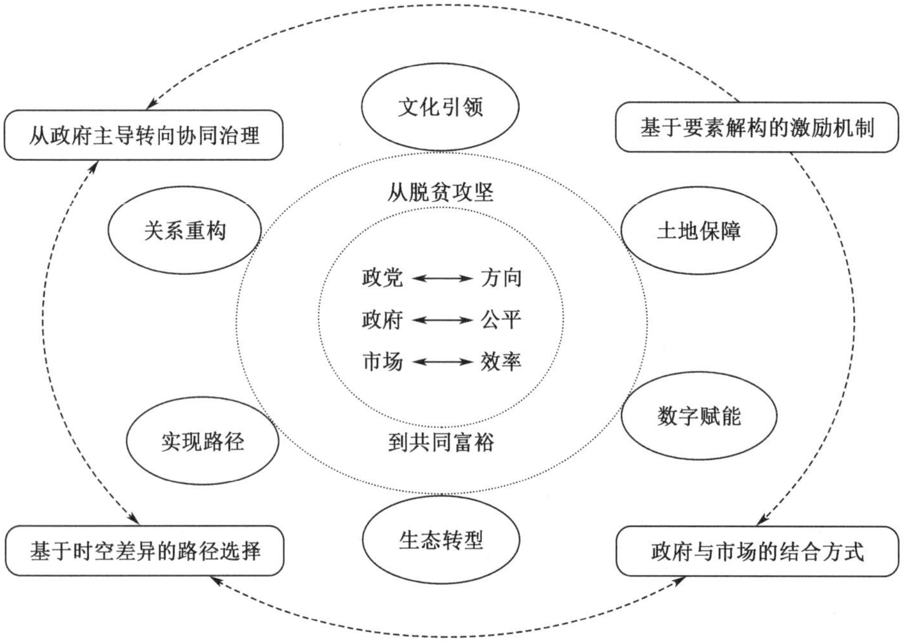

图 1-1 总体逻辑框架

1. 主要目标

(1)从历史发展中探究脱贫攻坚到共同富裕的理论逻辑和现实规律。

唯物史观认为,生产力的发展和生产方式的变迁,决定着人们的认知程度。所以对于共同富裕的认识,要嵌入相应的历史方位中去,并以此作为切入点,回答从脱贫攻坚到共同富裕的三个重要问题:一是中国共产党人追求共同富裕经历了怎样的历史方位变迁(历史逻辑);二是在新时代的历史方位中共同富裕呈现什么样的现实图景(现实基础);三是新时代共同富裕需要什么样的理论支撑(理论逻辑)。

(2)以多要素协同为基础构建脱贫攻坚到共同富裕的激励机制。

农村土地作为集生产、生活、生态的"三生空间"载体是脱贫攻坚和共同富裕的"主战场",如何进一步激发土地要素的供给能力,凸显土地的保障功能是激励机制需要研究的基础;在土地这个物质载体和空间内,要完成脱贫攻坚到共同富裕的转变还需要先进文化和思想的引领、科学技术的助力,以此研究引领机制和推进机制;在科学发展观思想的指导下,从脱贫攻坚到共同富裕在新阶段尤其需要有一个良好的生态背景,不断催化共同富裕的生态化转型之路,以生态转化聚集更多的生产要素,因此还需要研究生态转型的聚集机制。

(3)基于时空分异特征设计脱贫攻坚到共同富裕的实践路径。

从脱贫攻坚到共同富裕是在党的先进文化引领之下的,有诸多实践案例和经验。然而中国地域广阔,各地历史文化差异较大,如何充分利用既有理论和经验,需要基于现实经验的时空分异特征设计符合区域特征和历史发展阶段的共同富裕实践道路。

本书主要研究目标和逻辑结构如图1-2所示。

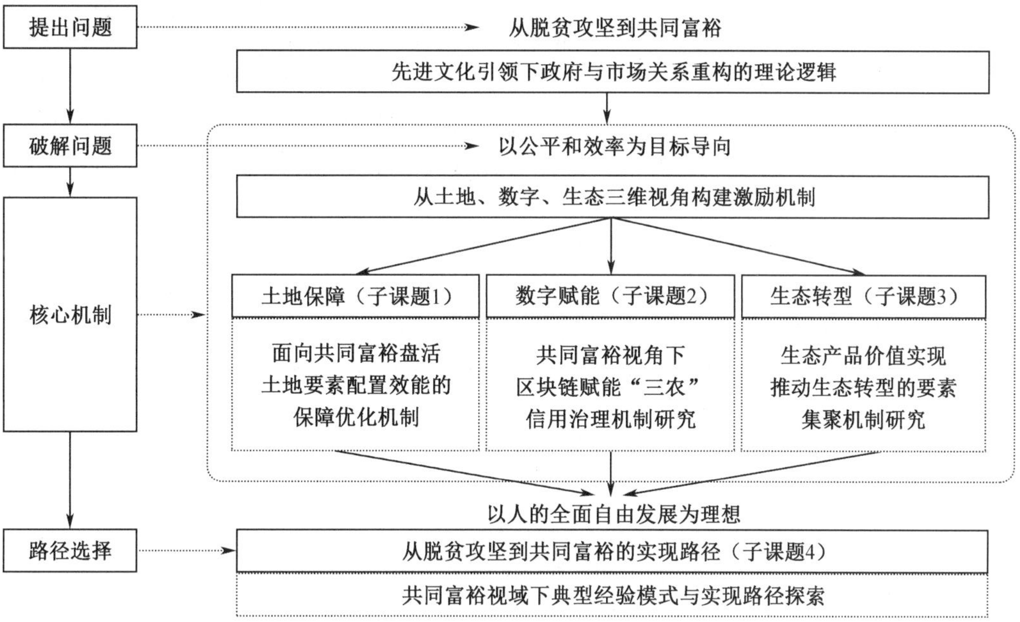

图1-2 本书主要研究目标和逻辑结构

2. 基本内容

结合图1-2逻辑结构,本书主要研究内容涉及以下三大方面。

(1)以党的先进文化为引领,梳理从脱贫攻坚到共同富裕道路上政府与市场关系重构的理论逻辑。

中国共产党始终以为人民谋幸福、为民族谋复兴、为世界谋大同为崇高理想,在不同的发展阶段带领全国各族人民浴血奋战、共同奋斗,在2020年全面完成了脱贫攻坚,解决了绝对贫困问题。历史的经验及过往的实践不断证明了党的先进思想和文化引领下共同富裕奋斗目标的必然性和现实可行性。基于此,本书通过梳理总结党领导下脱贫攻坚和共同富裕的理论逻辑,研究政府和市场关系重构的现实逻辑,厘清从脱贫攻坚到共同富裕的行动逻辑。

(2)以公平和效率为导向,研究从脱贫攻坚到共同富裕的多要素激励机制。

本书基于脱贫攻坚到共同富裕的理论逻辑,以盘活土地要素配置效能为目标导向,以农户对土地依存度为切入点,并以此识别低效闲置土地资源及其利用状况,评价其配置效能,进一步从土地利用积极性视角探究低效配置的影响因素与成因规律,基于土地配置效能时空差异机制,构建面向主动高依存的,包含响应、驱动、聚集、协调和反馈五星级的土地保障优化激励机制。

本书运用新制度经济学交易成本理论、价值网络重构理论、区块链技术，构建共同富裕视角下区块链赋能“三农”信用治理的理论分析框架，破解农业产业链信息不对称的问题，实现信息公开透明共享；破解农村缺乏流动性的问题，实现资产的可流动；破解农业经营主体金融服务门槛高的问题，帮助农业经营主体建立可信数据征信体系，从而推动和实现“三农”问题的信用激励和治理。

生态福利是共同富裕的题中之义，生态转型可以助推实现共同富裕。河北省自然生态资源比较丰富，但由于经济增长率持续加快，资源的开采与利用失衡。本研究以解决河北省生态资源供需失调问题为出发点，采用 Weaver-Thomas 模型、熵值法、层次分析等研究方法对生态产品价值进行核算，分析河北省生态产品价值区域差异性，为河北省生态资源富集地区探索市场化、建立可持续的生态产品价值实现集聚机制，走出一条生态转型致富之路。

(3)以人的全面发展为理想，探索从脱贫攻坚到共同富裕的实现路径。

基于新的历史起点，以人的全面发展为理想，立足“共同”“富裕”的目标要求，通过实际调研，梳理典型区域经验模式与河北省转化现状；基于扎根理论编码，挖掘从脱贫攻坚到共同富裕的影响因素，构建结构方程模型，识别从脱贫攻坚到共同富裕的关键路径，优化从脱贫攻坚到共同富裕的政策供给，构建高质量发展中扎实推进共同富裕的制度安排和可行性路径，与时俱进地指导河北省从脱贫攻坚到共同富裕的实践方向。

1.3 研究方法与创新点

1.3.1 研究方法

本书研究方法主要包括以下两方面。

1. 理论与实践相结合的研究方法

如何实现共同富裕的问题非常复杂，涉及学科较多，目前并没有专门针对从脱贫攻坚到共同富裕的完整的理论体系，不足以系统地支撑我国从脱贫攻坚到共同富裕的实现路径。本课题的研究采用理论推演和问题导向相结合的方法，通过理论构建获得可验证的分析框架或学术观点，探讨从脱贫攻坚到共同富裕的理论逻辑，并融合统计、历史、遥感、实证多元数据信息，开展相关实证研究。特别需要重视的是，在构建理论体系过程中必须和脱贫攻坚与共同富裕不同发展阶段相结合，并使用实际数据对理论框架体系进行检验，从而获得可靠的结果。

2. 经验归纳与逻辑演绎相结合的方法

共同富裕的现状与问题需要通过有效的经验进行归纳，从而实现。如土地激励制度的运行框架研究和实践路径方法研究，从脱贫攻坚到共同富裕的理论逻辑、激励机制与实现路径的研究需要大量借鉴现有研究，运用文献研究和文本分析方法进行归纳、梳理和总结。与此同时，还需要结合国情、省情和现实需要，对各类制度、政策、工具加以改良、修正，通过逻辑演绎的方法，增强其适用性、针对性和可操作性。

1.3.2 创新点

1. 系统逻辑与多维融合

系统逻辑是以“理论逻辑—激励机制—实现路径—案例政策”为脉络，形成闭环分析。多维融合视角：理论维度，即将马克思主义政治经济学、新制度经济学、生态经济学交叉融合。实践维度，即将土地改革、区块链技术、生态产品价值实现等前沿领域深度结合。

2. 问题导向与视角创新

问题导向直击“返贫风险”“城乡差距”“数字鸿沟”等现实痛点。在此基础上提出“信用去中心化自治组织（DAO）”“生态银行”“通证化积分”等原创机制。

3. 国际比较与中国方案

批判性地吸收国际经验，凸显中国道路的制度优势。强调技术赋能与生态文明的中国特色共富路径。

4. 政策建议与量化操作

提出分阶段推进策略（近期、中期、远期）的同时还提出量化工具建议（GEP 核算模型、区块链信用评分算法）。

第 2 章　脱贫攻坚与共同富裕的理论基础

2.1　核心概念与问题的提出

2.1.1　核心概念

1. 脱贫攻坚

(1) 概念阐释

脱贫攻坚是全面建成小康社会的阶段性目标，为达到这一目标，中国采取了一系列重大战略行动，制定并实施了系列政策和措施。消除绝对贫困是脱贫攻坚的首要目标。改善贫困地区和贫困人口的生产生活条件，是全体人民共同富裕的必要条件。

(2) 主要目标

①消除绝对贫困：到 2020 年，确保现行标准下农村贫困人口全部脱贫，贫困县全部摘帽。

②实现"两不愁三保障"：一是不愁吃、不愁穿，保障贫困人口的基本生活需求；二是义务教育有保障，确保贫困家庭孩子都能接受九年义务教育；三是基本医疗有保障，确保贫困人口享有基本医疗保障；四是住房安全有保障，解决贫困人口的住房安全问题。

(3) 主要措施

①精准扶贫：精准扶贫是脱贫攻坚的核心策略，强调"扶贫对象精准、项目安排精准、资金使用精准、措施到户精准、因村派人精准、脱贫成效精准"六个精准。其核心要点包括：一是精准识别。通过建档立卡、动态管理等方式，准确识别贫困人口、贫困家庭和贫困村，确保扶贫资源精准到人。二是精准施策。根据贫困对象的具体情况、贫困原因和需求，制定个性化帮扶措施。如产业扶贫、就业扶贫、教育扶贫、健康扶贫等。三是精准管理。建立科学的扶贫项目管理和资金监管机制，确保扶贫资源高效使用，扶贫项目落地见效。动态监测扶贫进展，确保扶贫资源精准到位。四是精准考核。建立严格的脱贫成效考核机制，确保脱贫成果真实可靠，防止数字脱贫、虚假脱贫。

②产业扶贫：一是发展特色产业，如农业、旅游、电商等，帮助贫困地区增强"造血"能力。二是通过"公司+农户"模式，带动贫困人口增收。三是易地扶贫搬迁，对"一方水土养不起一方人"的地区，实施易地搬迁，改善贫困人口的生活条件。四是确保搬迁群众"搬得出、稳得住、能致富"。

③教育扶贫：首先，改善贫困地区教育条件，实施义务教育"两免一补"政策；其次，开展职业教育培训，提升贫困人口的就业能力。

④健康扶贫：一是完善贫困地区医疗卫生服务，实施大病专项救治；二是降低贫困人口的医疗负担，防止因病致贫、因病返贫。

⑤生态扶贫:通过生态保护、退耕还林等项目,发展乡村旅游,增加贫困人口的收入;设置生态护林员等公益性岗位,吸纳贫困人口就业,激发脱贫内生动力。

2. 乡村振兴

乡村振兴是中国在实现全面建成小康社会目标后,推动农业农村现代化、实现城乡融合发展的重要战略部署。以下是乡村振兴的政策背景、核心目标、与重点任务。

(1)乡村振兴的政策背景

中共中央、国务院印发了《乡村全面振兴规划(2024—2027年)》,明确了乡村振兴的主要目标、重点任务和政策举措。主要政策目标是全方位夯实粮食安全根基,巩固与拓展脱贫攻坚成果,建设宜居宜业和美乡村,缩小城乡差距,促进城乡共同繁荣发展。其实施原则是坚持农业农村优先发展,坚持城乡融合发展,坚持农民主体地位,坚持因地制宜、分类施策,坚持深化改革创新,坚持循序渐进、久久为功。具体背景:一是城乡发展不平衡。长期以来,城乡在基础设施、公共服务、收入水平等方面存在较大差距,农村发展相对滞后。二是农村人口流失。随着城市化进程加快,大量农村劳动力流向城市,导致农村人口老龄化、空心化问题突出。三是农业现代化需求。传统农业生产效率低,亟须通过科技和制度改革实现现代化转型。四是国家战略需求。乡村振兴是实现全面建成小康社会和共同富裕目标的重要举措。

(2)乡村振兴的核心目标

乡村振兴的核心目标是实现乡村产业、人才、文化、生态、组织的全面振兴,具体包括以下几个方面。

①产业振兴:构建现代乡村产业体系,推动农村一、二、三产业的融合发展,发展特色种养、农产品加工、休闲旅游等产业,促进农民增收。

②人才振兴:吸引和培养各类人才投身乡村建设,完善乡村人才培养体系,壮大乡村人才队伍。

③文化振兴:繁荣乡村文化,培育新时代文明乡风,提升乡村精神风貌,重塑乡村文化生态。

④生态振兴:推进乡村生态文明建设,加快农业绿色低碳发展,改善乡村生态环境,完善生态产品价值实现机制。

⑤组织振兴:加强农村基层组织建设,推进乡村治理现代化,健全党组织领导的自治、法治、德治相结合的乡村治理体系。

(3)乡村振兴的重点任务

一是发展乡村产业。推动农业现代化,发展特色农业、休闲农业、乡村旅游等新业态。促进农村一、二、三产业融合发展,延长农业产业链,提升附加值。支持农村电商、物流等新兴产业发展。二是改善农村基础设施。加强农村道路、水利、电力、通信等基础设施建设。推进农村人居环境整治,改善垃圾处理、污水治理和村容村貌。三是提升农村公共服务。推动教育、医疗、养老等公共服务向农村延伸,实现城乡基本公共服务均等化。加强农村文化建设,丰富农民精神生活。四是深化农村改革。推进农村土地制度改革,完善承包地"三权"分置制度,促进土地流转。深化农村集体产权制度改革,盘活农村资源资产。五是加强乡村治理。健全自治、法治、德治相结合的乡村治理体系。加强农村基层党组织建设,发挥党建引领作用。六是推动绿色发展。加强农村生态环境保护,推广绿色农业生产方式。发展生态旅游、循环农业等绿色产业。

乡村振兴战略的实施是实现农业农村现代化的必然要求,能够全面推动农村经济、社会、文化和生态的协调发展,进一步缩小城乡差距,解决“三农”问题,建设美丽宜居的乡村,促进城乡融合发展。

3. 城乡融合

城乡融合是通过推动区域协调发展,进而推动农业农村现代化,实现中国式现代化的重要战略举措。

(1)城乡融合的背景

党的二十届三中全会明确提出“完善城乡融合发展体制机制”,强调要优化要素配置,打通城乡要素双向自由流动通道。一是城乡二元结构。长期以来,城乡在基础设施、公共服务、收入水平等方面存在显著差距,导致资源分配不均。二是城市化进程。随着城市化加快,农村人口大量流向城市,农村面临人口流失、产业衰退等问题。三是乡村振兴战略。国家提出乡村振兴战略,旨在通过城乡融合实现农村的全面振兴。

(2)城乡融合的主要内容

一是基础设施一体化。推动城乡交通、通信、水电等基础设施的互联互通,缩小城乡差距。二是公共服务均等化。提升农村教育、医疗、养老等公共服务水平,逐步实现城乡均等化。三是产业协同发展。促进城乡产业互补,城市支持农村发展现代农业、乡村旅游等,农村为城市提供资源和生态保障。四是土地制度改革。推动农村土地流转,提高土地利用效率,增加农民收入。五是人口双向流动。鼓励城市人才下乡创业,同时为农村人口进城提供更多的就业机会。

(3)城乡融合的发展路径

一是发挥政策支持。各级政府应出台更多政策,推动城乡资源均衡配置。二是运用市场机制。发挥市场作用,吸引社会资本参与农村建设。三是科技创新驱动。利用科技提升农业生产效率,推动农村产业升级。四是坚持生态保护。在城乡融合中注重生态保护,实现绿色发展。

城乡融合是实现区域协调发展、推动乡村振兴的重要路径。通过政策引导、理论创新和实践探索,城乡融合将为农业农村现代化提供强大动力。其核心目标是打破城乡二元结构,缩小城乡差距,促进城乡要素流动,推动城乡在经济、社会、生态等方面的协调发展,实现城乡共同发展的过程。

4. 共同富裕

共同富裕是中国特色社会主义的重要目标,是通过经济发展和社会治理,消除绝对贫困后逐步缩小贫富差距,实现全体人民共建共享改革发展成果的重要动态过程。

(1)共同富裕的意义

一是迎接经济发展阶段变化的挑战。中国成为世界第二大经济体意味着经济体量总体增大,但区域发展、城乡之间、不同行业和不同群体之间的收入差距较大,经济发展从追求速度转向追求高质量。二是解决社会主要矛盾变化的重要战略。社会主要矛盾已转化为人民日益增长的美好生活需要和不平衡不充分的发展之间的矛盾,这正是共同富要解决的问题和矛盾。三是全面建成小康社会的必然要求。在实现全面脱贫和全面建成小康社会后,共同富裕成为国家治理的下一个阶段的重要目标。

(2)共同富裕的内涵理解

一是全体人民共享的富裕。贾淑品和崔帅(2024)认为党一直将人民立场作为实现共同富裕和人的全面发展的根本出发点与落脚点。共同富裕是全体人民的富裕,不是少数人的富裕,从经济指标上就是要降低基尼系数。二是富裕内容的全面性。共同富裕不仅包括物质财富,还包括精神文化、生态环境、公共服务等各方面的同步提升和进步。三是全员参与的共建性。共同富裕需要全体人民共同参与建设,通过勤劳创新、科技进步实现富裕的目标。四是逐步实现共同富裕的长期性。共同富裕是一个渐进式、长期性的过程,需要分阶段、分步骤逐步推进。

(3)共同富裕的发展路径

一是实现高质量发展。通过科技创新和数智技术赋能传统产业转化升级提高经济效率和发展质量,筑牢共同富裕的物质基础,推动区域协调融合发展,缩小东中西部发展差距。二是进一步调整完善收入分配制度。提高劳动报酬在初次分配中的比重,增加普通劳动者的收入;通过税收、社会保障、转移支付等手段,优化再分配机制对收入的调节作用;积极发挥第三次分配作用,鼓励企业家对慈善事业和社会积极主动捐赠。三是扩大中等收入群体,提高人民收入水平。通过提升职业教育水平、加大培训适龄劳动者提升就业技能,强化就业意愿,提升就业能力;支持中小企业发展,创造更多高质量就业岗位,增加不同群体的就业机会。四是推动城乡融合发展。逐步缩小城乡差距,加快乡村振兴进程,促进人才、资金、技术等新质生产力要素在城乡之间双向有序流动。五是健全社会保障体系。完善教育、住房、养老、医疗、失业等基本社会保障制度,为低收入群体筑牢社会保障底线,促进社会和谐稳定发展。六是推动绿色低碳发展。在经济发展时注重生态环境保护,实现人与自然和谐共生;发展绿色低碳产业,创造更多绿色就业机会。

2.1.2 提出问题

1. 巩固和拓展脱贫攻坚成果与乡村振兴战略实施的有效衔接

脱贫攻坚取得胜利后,工作重心转向巩固拓展脱贫攻坚成果与乡村振兴有效衔接,面临的主要挑战如下。

(1)防止返贫的风险。部分脱贫人口收入不稳定,就业的核心竞争力尚未形成,需建立防止规模性返贫的动态监测机制,完善退出机制(赵普等,2022)。张丹婷(2022)认为因生计情境转型与生计资源匮乏综合作用导致的生计断裂,使得西部小农的收入与支出之间常常出现断裂带,呈现出生计的强烈不稳定性的特征。

(2)脱贫攻坚与乡村振兴的有效衔接。脱贫攻坚完成后系列政策和制度的实施需要与乡村振兴战略的实施部署有效衔接,推动农村社会全面发展,农业进步,农民增收。李涛和吴贞尧(2023)的研究结果证明脱贫攻坚战略和乡村振兴战略可以实现有效衔接,并且政策执行成果可以推动人民生活质量提升。

(3)乡村振兴战略实施的困难与挑战。一是地方政府资金不足。部分农村基础设施建设薄弱,且发展新兴适配产业需要大量资金投入,但地方政府财政压力目前较大。二是农村产业发展人才短缺。农村缺乏高素质年轻人才,年轻人外流现象严重,乡村治理缺乏活力,严重制约了乡村发展。三是制度依赖惯性严重。土地制度、户籍制度、购房制度等限制了人力、资金、技术等要素在城乡之间有效流动。田雪森(2022)认为在实现脱贫攻坚成果与乡村振兴战略有效衔接的过程中,政策空白、政策冲突、政策空转等政策困境层出不穷,制约着有效衔接的实现。

(4)有效衔接的核心任务。一是巩固已有的发展成果。刘宏宇等(2023)认为通过持续帮扶、动态监测、防止返贫等措施,确保脱贫攻坚已取得的成果继续服务人民群众。二是拓展脱贫攻坚成果。刘宏宇和袁文艺(2023)认为,后续扶贫工作面临着诸多困难,需要推动乡村振兴时期后续帮扶的"三个转向",做好分类帮扶,重点做好产业帮扶、教育帮扶和健康帮扶等相关工作。在脱贫攻坚过程中建设的基础设施为进一步提升贫困地区的发展能力奠定了基础。下一步要发挥已有成果推动产业兴旺、生态宜居、乡风文明、治理有效、生活富裕的乡村振兴目标实现。三是如何有效衔接确保政策实施顺利。建立健全从脱贫攻坚到乡村振兴的政策、机制和工作体系,确保政策实施的连续性和稳定性,提升政策实施效果的显著性。况伟(2023)认为实现脱贫攻坚与乡村振兴两大战略有效衔接,需从治理体制、治理过程和治理方式上推动乡村社会精细化治理,实现乡村振兴资源配置落地。孙慧娜(2023)基于实践逻辑的角度,研究人员得出,必须立足中国自身的现实情况因地制宜地运用乡村建设规律,依据脱贫攻坚胜利取得的物质基础、社会主要矛盾转变的社会需要以及新发展格局的环境变化,做出脱贫攻坚与乡村振兴有效衔接的路径选择。

2. 城乡融合发展与共同富裕的核心要义一致性

城乡融合发展与共同富裕作为新时代中国特色社会主义现代化建设的两大战略目标,其核心要义具有深刻的内在一致性。这种一致性体现在理论同构性与实践协同性。从本质层面看,二者均以系统性消除发展不平衡为根本目标:城乡融合发展聚焦于破解城乡二元结构下的要素配置失衡与公共服务差距,通过制度创新推动空间正义重构;共同富裕则立足于财富分配维度的公平正义,强调通过三次分配机制优化与实现发展成果共享。在实现路径上,城乡融合发展通过土地、人口、资本等生产要素的城乡双向流通与基础设施的互联互通,推动经济效率与分配公平的协同提升,为共同富裕奠定物质基础与制度保障。同时,共同富裕目标导向倒逼城乡治理体系改革完善,通过产业协同、基本公共服务均等化等制度供给,推动城乡融合发展。二者在价值取向上既追求资源要素的高效配置,也注重社会公平的价值追求,共同指向人的全面发展的目标。

综上所述,共同富裕的意义如下。

(1)促进社会公平正义:共同富裕是实现社会公平正义的重要体现。

(2)同时推进经济可持续发展:通过缩小贫富差距,扩大内需,推动经济可持续发展。

(3)三是有利于社会稳定和谐:共同富裕有助于减少社会矛盾,促进社会和谐。

(4)发挥全球示范作用:中国探索共同富裕的道路,为全球解决贫富差距问题提供经验。

2.2　逻辑演进

根据以上核心概念分析、问题提出与剖析,下面从政策衔接、经济发展、社会发展、生态发展几个方面展开从脱贫攻坚到共同富裕的逻辑演进。

2.2.1　政策衔接逻辑

从脱贫攻坚到共同富裕的政策衔接,下面从巩固拓展脱贫攻坚成果、有效衔接乡村振兴战略、脱贫攻坚政策调整与优化、共同富裕制度创新与实施4方面进行分析。

1. 巩固拓展脱贫攻坚成果

巩固拓展脱贫攻坚成果是中国在完成脱贫攻坚目标任务后,为进一步防止返贫、促进脱贫地区可持续发展而实施的重要战略。这一战略的核心目标是确保脱贫人口不返贫、脱贫地区不倒退,同时推动脱贫攻坚与乡村振兴有效衔接,实现农村全面振兴和共同富裕。

到2020年底,中国历史性地解决了绝对贫困问题。虽然脱贫攻坚取得胜利,但部分脱贫地区和人口的基础仍较薄弱,存在返贫风险,部分脱贫人口收入不稳定,因病、因灾、因市场波动等可能导致返贫。高强和曾恒源(2022)认为乡村振兴战略实施迫切需要巩固拓展脱贫攻坚成果,这是乡村振兴的重要前提,也是实现共同富裕目标的重要基础,二者需有效衔接。巩固脱贫成果是推动农村全面发展、实现共同富裕的基础保障。

2. 有效衔接乡村振兴战略

政策、资源、产业、人才和文化等关键措施的有机结合,能够促进脱贫攻坚与乡村振兴战略的有效衔接。

(1)强化组织领导与顶层设计

首先,加强党对"三农"工作的组织领导:严格落实"五级书记抓乡村振兴"责任制,形成高位推动、上下联动的工作格局。成立专门领导小组和工作机构,负责乡村振兴战略的总体规划和具体实施。其次,制定科学合理的规划:将乡村振兴战略纳入国家发展全局,制定长远规划和短期计划。推动城乡融合发展,实现规划"一张蓝图、一抓到底"。

(2)推进乡村全面振兴关键衔接措施

①政策衔接:顶层设计要确保乡村振兴战略与国家和地方的发展规划相协调,明确目标和路径。政策支持是出台配套政策,如财政补贴、税收优惠、金融支持等,推动乡村发展。监督评估要建立监督机制,确保政策落实到位。

②产业衔接:产业融合是推动农业与二、三产业融合,发展农产品加工、乡村旅游等,提升附加值。特色产业是根据地方资源发展特色产业,如有机农业、手工艺等,形成品牌效应。技术支持指推广现代农业技术,提升生产效率和质量。

③人才衔接:人才培养是要加强职业教育和技能培训,提升农民素质。人才引进是如何吸引大学生、技术人才等回乡创业就业,提供政策支持。激励机制是设立奖励机制,鼓励人才参与乡村振兴。

④基础设施衔接:交通建设是改善乡村交通,促进物流和人员流动。信息化建设是如何推进宽带网络、电商平台等建设,助力数字乡村发展。公共服务指提升教育、医疗等公共

服务水平，提高生活质量。

⑤生态衔接：绿色发展要推广生态农业，减少污染，保护环境。生态修复需要加强水土流失治理、退耕还林等工作，恢复生态平衡。可持续发展指推动资源循环利用，确保乡村长期发展。

⑥文化衔接：文化传承是要保护乡村文化遗产，发展文化旅游。乡风文明需要倡导文明乡风，提升村民素质。

⑦组织衔接：基层组织必须加强村党组织和村委会建设，提升治理能力。社会组织要鼓励合作社、协会等参与乡村振兴，同时吸引村民参与，增强村民参与意识，形成共建共享的氛围。

⑧资金衔接：财政支持是加大财政投入，确保资金到位。金融支持指创新金融产品，提供贷款、保险等服务。社会资本需要引导社会资本参与乡村建设，形成多元投资格局。

⑨市场衔接：市场衔接帮助农民对接市场，拓宽销售渠道。品牌建设需要打造特色品牌，提升市场竞争力。利用电商平台，扩大农产品销售。

3. 脱贫攻坚政策调整与优化

脱贫攻坚的政策特点主要是面向贫困人口和贫困地区，属于特惠性政策。而乡村振兴政策的特点主要是普惠性。从脱贫攻坚到乡村振兴的政策调整与优化是一个长期的复杂过程。

(1)政策调整策略

①政策梳理与评估：全面梳理现行政策，主要对脱贫攻坚期间实施的特惠性政策进行全面梳理，包括产业扶贫、就业扶贫、教育扶贫、健康扶贫、生态扶贫、兜底保障等方面的政策措施。杜志雄和王瑜(2023)认为要加快健全分层分类的社会救助体系，构建兜底保障常态化体制机制，逐步实现县域内城乡统筹，全方位推动形成全面脱贫后的新型兜底保障体系。总体要求是过渡期内，保持主要帮扶政策总体稳定，落实“四个不摘”要求，即摘帽不摘责任、摘帽不摘政策、摘帽不摘帮扶、摘帽不摘监管。

②科学评估政策适应性：分析各项特惠性政策在脱贫攻坚中的作用和效果，评估其是否适应乡村振兴的新要求。识别哪些政策可以直接延续，哪些政策需要调整或退出。

(2)分类调整特惠性政策

对于脱贫攻坚期间新创设的特惠性政策，如义务教育生活补贴、医保报销比例提高等，可逐步缩小与普惠性政策的差距，最终实现并轨；对于原已设立的特惠性政策，如低保、特困救助供养等，可保持特惠内容不变，但调整适用对象，回归政策本来的对象人群。

①保留一批：基础设施、公共服务、人居环境整治、扶贫公益性岗位、控辍保学等政策措施对乡村振兴具有长期意义，可以直接纳入乡村振兴的常规性政策中。

②延期一批：对于易地扶贫搬迁等政策，由于后续扶持工作仍需一段时间，资金和政策支持需适当延长一段时间。

③整合一批：对一些具有相似目标或内容的政策进行整合，形成更加系统、高效的普惠性政策。

④取消一批：对于那些已经完成历史使命、不再适应乡村振兴要求的特惠性政策，应及时取消，避免政策资源浪费。

(3)促进政策向普惠性转变

一是扩大政策覆盖范围。将特惠性政策中行之有效的措施推广到所有农村地区和农户,实现从特惠到普惠的转变。二是优化政策内容。根据乡村振兴的新要求,对政策内容进行优化调整,提高政策的针对性和实效性。三是强化政策衔接。做好脱贫攻坚特惠性政策与乡村振兴普惠性政策的有效衔接,确保政策过渡平稳有序。四是优化普惠性政策。将特惠性扶贫政策转变为普惠性的民生政策,如将兜底政策并入乡村振兴政策的民生领域,形成乡村低收入群体的保障政策;将住房政策并入乡村人居环境整治政策,协同推进乡村住房条件改善与人居环境提升。

(4)建立健全长效机制

一是完善防止返贫监测和帮扶机制。对脱贫不稳定户和边缘易致贫户进行动态监测,及时发现并解决问题,防止返贫致贫。二是加强产业扶贫和就业扶贫。巩固和发展特色产业,提高贫困人口自我发展能力。加强农村金融服务创新,为农村产业发展提供有力支持。将短期突击性举措转向构建长效机制,从特惠临时性帮扶转向普惠包容性支持,从超常规集中资源支持脱贫攻坚转向常态化全面推进乡村振兴。三是提升乡村治理水平。健全自治、法治、德治相结合的乡村治理体系,提高乡村治理效能,为乡村振兴提供有力保障。

4. 共同富裕制度创新与实施

(1)从乡村振兴转向城乡融合发展

从乡村振兴转向城乡融合发展,是推进中国式现代化的必然要求,也是实现城乡共同繁荣的关键路径。乡村振兴是城乡融合发展的重要组成部分,也是实现城乡共同繁荣的基础。乡村振兴旨在解决农村发展不充分、城乡发展不平衡的问题,通过发展现代农业、改善农村人居环境、提高农民收入等措施,推动农村经济社会全面发展。而城乡融合发展则是在乡村振兴的基础上,进一步打破城乡二元结构,促进城乡要素平等交换、公共资源均衡配置,实现城乡经济、社会、文化的全面融合。

①从乡村振兴转向城乡融合发展的必要性

一是推动农业农村现代化。没有农业农村现代化,就没有整个国家的现代化。城乡融合发展可以加快形成工农互促、城乡互补、协调发展、共同繁荣的新型工农城乡关系,为全面推进中国式现代化奠定坚实基础。

二是扩大内需和促进高质量发展。农村既是巨大的消费市场,又是庞大的要素市场。城乡融合发展可以推动人才、土地、资本等要素在城乡之间双向流动和平等交换,畅通城乡经济循环,为构建新发展格局、推进高质量发展提供支撑。

三是促进共同富裕。促进共同富裕最艰巨、最繁重的任务仍然在农村。城乡融合发展可以进一步解放和发展农村社会生产力,推动城乡基本公共服务均等化,缩小城乡居民收入和生活水平差距。

②从乡村振兴转向城乡融合发展的主要措施

一是优化城乡空间布局。通盘考虑城乡建设、资源配置、人口流动和环境保护等因素与产业发展之间的关系,引导大中小城市和小城镇协调发展、集约紧凑布局。推动以县城和重点乡镇为支撑的城乡空间融合,优化城乡功能,完善城乡空间结构。

二是促进城乡要素平等交换。加快土地流转,推动土地规模化经营,提高土地利用率。促进资本循环,加大对乡村企业融资授信支持,引导更多资金流向乡村振兴重点领域和薄弱环节。推进人才交流,提高乡村居民数字技术素养,吸引外来人才参与乡村振兴。

三是推动城乡产业协同发展。立足整个县域统筹规划产业布局,以现代种养业和农产品加工业为基础,大力发展县域特色产业。推动农业与旅游业、观光业、展览业等互联互通,形成协作共进的抱团式发展格局。

四是推动城乡基础设施和公共服务统筹发展。强化城乡基础设施统一规划、统一建设、统一管护,提高农村基础设施完备度。推动农村基本公共服务提质增效,提升县域教育、医疗共同体建设水平,健全农村养老服务体系。

五是深化农村改革。巩固和完善农村基本经营制度,深化农村土地制度改革,完善强农惠农富农支持制度。健全乡村全面振兴投入机制,吸引社会资本投入乡村振兴领域。

(2)共同富裕的制度创新

共同富裕是中国式现代化的重要特征,制度创新是实现共同富裕的关键路径。

①产业融合创新。一是构建现代乡村产业体系。推动乡村产业高质量发展,做好“土特产”文章,发展乡村种养业、加工流通业、休闲旅游业等。如探索“订单合同+服务协作”等复合模式,推进农村产业融合发展。二是强化创新驱动。推动农村产业融合发展,通过品种、技术、模式、机制等方面的变革创新,催生农村新产业新业态新模式。如应用数字农业技术、农业高新技术等培育现代农业生产新模式。

②利益联结创新。一是建立紧密利益联结机制。各地引导龙头企业带动合作社、家庭农场等新型经营主体形成一体化经营组织联盟,采取股份合作、订单合同、服务协作、流转聘用等模式,与农户建立风险共担的利益共同体。二是推动农民增收。通过“保底收益+按股分红”“土地租金+务工工资+返利分红”等多种方式,让农民分享更多产业增值收益。

③要素配置创新

首先,创新土地供给机制。推进“坡地村镇”和“绿色项目点状开发”建设用地试点,建立农村用地绩效评估机制。其次,优化公共服务资源配置。加大各部门信息资源整合力度,推动基本公共服务资源的精确调配和有效整合,以服务半径和服务人口为基本依据,统筹基本公共服务设施布局和共建共享。

(3)共同富裕的实施策略

①推动乡村产业高质量发展

一是深化农村一、二、三产业融合发展。实施农产品加工业提升行动,支持主产区建设加工产业园,完善流通骨干网络,改造提升批发市场,布局建设城郊大仓基地,实施农村电商高质量发展工程。

二是培育新型农业经营主体。鼓励农民合作社发展农产品加工销售,组织开展农业产业化龙头企业认定,支持龙头企业和领军企业通过直接投资、参股经营、签订长期供销合同等方式建设标准化、规模化原料生产基地以及营销设施。

②促进城乡基本公共服务均等化

一是加强数字赋能。打造跨场景、跨系统、跨层级的智慧服务体系,加大各部门信息资源整合力度,科学制定公共服务数字化的具体实施标准,推动农村基本公共服务均等化供给和网络化服务规范化发展。二是构建多元供给体系。调动企业、社会组织、慈善机构等社会力量的积极性,加强政府与市场主体的多方合作,构建基本公共服务多元供给体系。

③强化政策支持与保障

一是加大财政投入。健全种粮农民收益保障机制,完善粮食生产补贴,落实最低收购价政策,加大对产粮大县的支持力度。二是完善金融服务。稳妥有序地开展农村承包土地的经营权、农民房屋所有权、宅基地抵押、林权抵押贷款试点。

2.2.2　经济发展逻辑

从脱贫攻坚到共同富裕的经济发展规律要遵循3个方面的要求:产业兴旺是基础保障、创新驱动是内生动力、区域协调发展是阶段目标。

1. 产业兴旺是基础保障

在从脱贫攻坚到共同富裕的奋斗过程中,产业兴旺是经济发展的基础保障。

(1)产业兴旺是经济发展的重要基石

一是有助于促进经济增长。产业兴旺的表现是各行业的共同繁荣发展,这为整体经济发展提供强大的动力。二是有利于增加就业机会。随着产业的转型升级,企业规模扩大,就业岗位也随之增加,失业率进一步降低。三是有助于提升居民收获感和幸福感。产业兴旺通过增加劳动者的就业机会,进而提升居民的收入水平和生活质量,使百姓增加获得感和幸福感。

(2)产业兴旺是推动社会进步的关键力量

一是促进科技创新。产业的发展需要技术的创新来提供支撑,提高生产效率,降低生产成本。二是优化产业结构。随着产业的兴旺发达,产业结构将逐步调整,高新技术产业和绿色低碳环保产业将得到大力发展,有助于实现经济的可持续发展。三是提升国际竞争力。产业兴旺在提升国家的整体经济实力和国际竞争力方面具有不可替代的重要作用。

2. 创新驱动是内生动力

从脱贫攻坚到共同富裕的奋斗过程中,经济发展逻辑中的创新驱动被视为核心的内生动力。

(1)创新驱动是经济发展的关键因素

创新驱动是指经济增长主要依靠科学技术的创新实现集约的增长方式。这是推动经济持续、健康发展的动力源泉。科技创新实力是国家竞争力的核心体现。在全球化激烈竞争的背景下,只有掌握关键核心技术,才能在国际竞争中立于不败之地。

(2)创新驱动在脱贫攻坚中发挥攻坚作用

一是创新驱动是精准脱贫的重要武器。创新驱动通过提供精准的技术支持、产业扶持和市场对接,帮助贫困地区和贫困人口实现稳定脱贫。二是提升脱贫质量。创新驱动不仅关注贫困人口的收入,还注重提升贫困人口和家庭的可持续发展能力,通过教育扶贫、健康扶贫、文化扶贫等多种方式,帮助贫困人口实现全面发展,防止规模性返贫现象的发生。

(3)创新驱动在共同富裕中发挥催化作用

一是逐步缩小不同层面的发展差距。共同富裕要求全体人民共享改革发展成果,缩小城乡、区域、群体之间的发展差距。创新驱动通过推动区域协调发展促进产业升级和转型。

二是满足人民对美好生活的需求。随着经济的发展和社会的进步,人民对美好生活的需求日益增长。创新驱动通过提供更高质量的产品和服务,满足人民对物质和精神生活的双重需求。

3. 区域协调发展是阶段目标

从脱贫攻坚到共同富裕的奋斗过程中，区域协调发展是重要保障，其核心逻辑在于通过优化区域资源配置缩小区域发展差距，实现全国范围内均衡、可持续的发展格局，从而为共同富裕奠定坚实基础。

(1)区域协调发展是脱贫攻坚与共同富裕的内在要求

一是为从脱贫攻坚走向共同富裕奠定基础。脱贫攻坚战的历史性胜利，解决了绝对贫困问题，为共同富裕的实现奠定了坚实基础。通过精准扶贫、精准脱贫，我国显著缩小了农村贫困人口规模，提高了贫困地区居民的生活水平，为后续的乡村振兴和共同富裕提供了前提条件。

二是共同富裕是全体人民的富裕，不是少数人的富裕，也不是整齐划一的平均主义。这意味着在推进共同富裕的过程中，必须注重区域协调发展，缩小城乡、区域、群体之间的收入差距，确保全体人民能够共享改革发展成果。金冉(2023)认为“山海协作”作为一项福建省省内区域协作制度，通过山区与沿海地区之间人、财、物的交流与协作，在缩小福建省内区域差距方面取得了显著成就。

(2)区域协调发展在经济发展逻辑中的保障作用

一是缩小区域发展差距。区域协调发展通过优化区域布局、促进资源要素合理流动和高效配置，缩小区域发展差距。我国幅员辽阔，各地区自然资源禀赋、发展基础差异较大，通过实施区域协调发展战略，可以发挥各地区的比较优势，实现优势互补、共同发展。

二是推动城乡融合发展。城乡发展不平衡是制约共同富裕的重要因素之一。区域协调发展注重推动城乡融合发展，通过加快农业农村现代化、促进城乡要素平等交换和公共资源均衡配置，打破城乡二元结构，缩小城乡差距，提高农村居民的生活水平。

2.2.3 社会发展逻辑

从脱贫攻坚到共同富裕，下面从教育公平、医疗保障、社会治理等方面分析社会发展逻辑规律。

1. 教育公平是关键

从脱贫攻坚到共同富裕的过程中，教育在实现社会公平、促进经济繁荣和推动社会进步中起到基础性作用。

(1)教育公平是社会公平的重要基础

教育公平是社会公平在教育领域的体现和延展，是实现社会平等的重要途径。共同富裕是社会主义的本质要求，教育公平是社会公平的重要基础，公平有质量的教育有助于社会和谐发展，推动实现共同富裕。

社会公平是社会和谐稳定的基础，而教育公平则是社会公平的重要基石。教育公平的实现，意味着每个人都有平等的机会接受教育，通过知识改变命运，从而打破贫困的代际传递，促进社会阶层的流动。

(2)教育公平是阻断贫困代际传递的根本途径

一是知识改变命运。教育为贫困家庭的孩子提供了改变命运的机会，通过接受良好教育，他们可以获得更好的就业和发展机会，从而摆脱贫困。二是阻断贫困循环。教育公平能够打破“贫困—低教育—贫困”的恶性循环，减少和消除家庭隐性贫困，帮助贫困家庭实现代际向上流动，夯实家庭实现从脱贫到共同富裕的基础。

(3)教育公平是提升人力资本的核心举措

一是提升人力资本积累。亢延锟(2023)认为家庭人力资本投资的决策受到当前接受教育成本(供给端)和教育的未来回报(需求端)两方面的影响。教育是提升人力资本的主要途径，通过对不同层次教育的投入增加可以增加不同群体的教育机会，使每个人都能获得知识和技能，从而提高全社会整体劳动力的基本素质。二是促进经济发展。高质量的人力资本是经济高质量发展的基础，教育公平能够为各行各业输送更多高素质的人才，推动经济持续增长。

2. 医疗保障是支撑

共同富裕是社会主义的本质要求，是中国式现代化的重要特征。医疗保障作为社会保障的重要组成部分，在促进共同富裕中发挥着不可或缺的支撑作用。

(1)促进经济发展

一是稳定社会预期。医疗保障制度分散了疾病风险，使国民对未来形成稳定的预期，从而增加当期消费，扩大内需，拉动生产，促进社会财富积累。二是支持医药产业发展。医保作为医药服务市场的“超级买方”，通过集中带量采购、调整药品目录等措施，促进医药产业的快速发展和技术创新。三是发挥再分配功能。医疗保险通过互助共济方式，使社会成员共担疾病风险，实现社会成员之间的再分配。

(2)保障全民健康

一是提升健康水平。医疗保障制度保障了人民的基本医疗需求，提升了全民健康水平，为实现人的全面发展提供了有力支持。二是缓解健康不平等。合理的医疗保险制度可以改善低收入群体的医疗服务利用状况，缓解不同收入群体间的健康不平等问题。三是促进健康管理。通过增加治未病的投入、门诊保障向健康管理前端延伸等措施，促进基层医疗机构加强健康管理、慢性病管理，防止小病变成大病。

(3)均衡医疗资源配置

通过均衡医疗资源的城乡、区域配置，提升医疗服务供给的均等化和可及性，缩小群体、区域间的健康差距。提高参保质量，继续推进全民医保计划，实现应保尽保，提高参保质量，特别是关注农民工、新业态从业人员等群体的医疗保障问题。

(4)医疗保障与共同富裕的协同发展

医疗保障与共同富裕在价值目标上具有高度统一性。医疗保障不仅是防止因病致贫返贫的重要防线，也是促进社会公平、推动经济可持续发展的重要支撑。在共同富裕的进程中，医疗保障需要与其他政策协同推进，形成全方位的保障体系。

3. 社会治理是保障

从脱贫攻坚到共同富裕，经济发展中基层社会治理的水平是重要保障。

(1)社会治理在经济发展中的基础作用

一是动员社会力量。社会治理通过动员政府、企业、社会组织及广大民众等多元主体，整合社会资源，包括财政资金、扶贫项目、人力资源等，实现各种资源的优化配置和高效利用。

二是构建和谐社会关系。社会治理尤其是农村的基层社会治理在经济发展中起到了调节社会关系、化解社会矛盾的作用；通过建立健全农村的利益协调机制、农民诉求表达机制、家庭矛盾调解机制,维护社会的和谐稳定。三是规范公民和市场主体社会行为。社会治理通过法律法规、政策制度、伦理道德等手段,规范了公民和市场主体的经济行为,维护市场秩序,塑造公平竞争环境;有利于贫困地区和贫困人口的扶贫与扶智相结合,引导树立正确的价值观和发展观。

(2)社会治理在共同富裕中的引导作用

一是确保政策落实到位。社会治理通过建立健全政策执行机制、监督机制等,确保脱贫攻坚和共同富裕的各项政策措施能够得到有效落实。马雯嘉和吴茂祯(2024)认为在脱贫攻坚的初期,由于贫困县自身的经济实力较弱存在帮扶效果不佳的表现;随着脱贫攻坚的深入,政策扶持有效并显著地促进了当地经济发展。

二是促进可持续发展。社会治理在经济发展中不仅注重经济效益,更注重可持续发展,通过推广绿色生产、节能减排等措施,保护生态环境和自然资源。

三是维护社会公平和稳定。社会治理通过完善收入分配制度、加强社会保障体系建设等措施,缩小了城乡、区域、行业之间的收入差距。这既有利于激发广大民众的积极性、主动性和创造性,也有利于维护社会的和谐稳定。

(3)社会治理在社会发展中的关键作用

社会治理是社会运行的稳定器。

一是维护社会秩序。良好的社会治理能够有效化解社会矛盾,维护社会秩序,为经济发展创造稳定的环境。

二是降低社会风险。完善的社会治理机制可以预防和应对各类社会风险,如群体性事件、公共安全事件等,减少对经济发展的干扰。

2.2.4 生态发展逻辑

从脱贫攻坚到共同富裕,拟从生态宜居、绿色发展及生态补偿3个方面进行生态发展逻辑分析。

1. 生态宜居是主要目标

生态宜居是从脱贫攻坚到共同富裕生态发展逻辑中的重要目标,它体现了对乡村生态环境和居住条件的重视,是实现共同富裕的基础条件,体现了高质量发展的要求,是实现人与自然和谐共生的具体实践,也是乡村振兴战略与共同富裕目标的内在统一。在推动乡村振兴和共同富裕的过程中,应始终坚持生态宜居的目标导向,努力实现乡村全面振兴和居民的共同富裕。

(1)生态宜居体现高质量发展的必然要求

在推动高质量发展的过程中,生态宜居是重要的衡量标准之一。高质量发展强调发展的普惠性、平衡性、包容性和全面性,生态宜居正是这些要求的体现。通过保护生态环境、改善居住条件,可以实现城乡、区域之间的协调发展,缩小发展差距,促进共同富裕的实现。

(2)生态宜居是城乡融合发展的关键纽带

一是缩小城乡环境差距。通过生态宜居建设,改善农村生态环境,缩小城乡在生活环境上的差距,推动城乡融合发展。二是促进人口双向流动。生态宜居的农村环境可以吸引城市人口到农村居住和创业,促进城乡人口和资源的双向流动。

(3)生态宜居是实现人与自然和谐共生的具体实践

生态宜居要求乡村建设要遵循自然规律,保护生态环境,实现经济发展与环境保护的良性循环。这一实践体现了人与自然和谐共生的理念,是建设美丽中国、实现中华民族永续发展的必然要求。生态宜居建设可以让乡村居民在享受美好生活的同时,为后代留下绿水青山。

(4)生态宜居是乡村振兴战略与共同富裕目标的内在统一

乡村振兴战略与共同富裕目标在逻辑上是一致的,都是为了让人民过上更加美好的生活。生态宜居作为乡村振兴战略的核心要求之一,与共同富裕的目标紧密相连。生态宜居建设可以推动乡村经济的发展,提高居民的生活水平,缩小城乡差距,最终实现共同富裕。

2. 绿色发展是关键路径

在从脱贫攻坚到共同富裕的奋斗过程中,绿色发展是生态发展逻辑中的关键路径。

(1)绿色发展是经济高质量发展的必然选择

一是转变发展方式。绿色发展强调从传统的资源消耗型、环境污染型发展模式转向资源节约型、环境友好型发展模式,推动经济高质量发展。二是提升竞争力。中国通过绿色发展,培育新兴产业(如新能源、节能环保等),提升经济的可持续竞争力。

(2)绿色发展是脱贫攻坚与生态保护的双赢路径

一是生态扶贫。在脱贫攻坚过程中,发展生态产业(如生态农业、生态旅游等)既保护了生态环境,又帮助贫困人口增收脱贫。

二是绿色就业。绿色发展创造了大量绿色就业岗位(如植树造林、环境治理等),为贫困人口提供了新的收入来源。

(3)绿色发展是缩小城乡差距的重要抓手

一是改善农村环境。绿色发展改善了农村生态环境,提升了农村居民的生活质量,缩小了城乡环境差距。

二是推动城乡融合。绿色发展可促进了城乡资源双向流动,推动了城乡融合发展,为实现共同富裕创造了条件。

3. 生态补偿是有效机制

实施生态补偿机制,可以激励生态保护行为、促进区域协调发展、推动生态文明建设,为共同富裕提供坚实的生态基础。

(1)生态补偿机制的理论分析

从外部性理论的角度分析,生态系统服务的提供者承担了大量生态保护的成本,但这些服务的受益者由于各种原因却可能没有为其支付相应的费用,从而产生了负外部性问题。生态补偿机制通过让受益者向提供者支付相应的补偿,使外部成本内部化,有效激励生态保护行为。

从公共物品理论的角度分析,许多生态系统服务具有公共物品的非排他性、非竞争性特征,如国防、清洁的空气、稳定的气候等。这些服务很难通过市场机制有效提供。政府通过制定生态补偿机制的相关政策或者法律对提供这些公共物品的生态保护行为进行补偿,以弥补市场机制的不足。

从可持续发展理论的角度分析,生态发展强调在满足当代人需求的同时,不损害后代人满足其自身需求的能力。通过补偿机制来减少、杜绝生态恶化现象,可以促进资源的合理利用和生态环境的保护,保障经济社会的长期稳定发展。

(2)生态补偿机制在生态发展逻辑中的重要作用

一是激励生态保护行为。根据外部性理论,通过给予生态保护地区财政转移支付,可以弥补当地因生态保护而放弃的发展机会成本,促进当地政府和居民积极投入到生态保护活动中。

二是促进生态公平。根据公用物品理论,生态保护区一般情况下为生态受益地区提供重要生态服务或产品,但自身却面临着经济发展相对滞后的困境。生态补偿机制通过让生态受益地区向生态保护区提供经济补偿,使生态保护的负担和利益在不同地区之间得到合理分配,体现生态发展的公平。

三是增强生态系统的稳定性。根据可持续发展理论,通过生态补偿机制,可以加大对生态脆弱地区和重要生态功能区的保护力度,减少为了经济利益的短期行为,提高生态系统的自我调节能力,减少自然灾害的发生,保障生态系统的长期稳定和可持续发展。

2.3 理论基础

从脱贫攻坚到共同富裕的理论基础是动态发展的理论体系,涵盖了马克思主义经典理论、中国共产党在不同历史时期的理论创新与实践探索。马克思主义经典理论为脱贫攻坚和共同富裕提供了深刻的理论指导,揭示了生产力发展和生产关系变化等核心要素。中国共产党在不同历史时期的理论创新和实践探索是富有时代使命解决时代之问的创举,为实现共同富裕目标奠定坚实基础。

2.3.1 马克思主义关于社会公平与发展的理论

马克思主义关于社会公平与发展的理论是其社会理论的重要组成部分,深刻揭示了社会发展与公平正义之间的辩证关系。

1. 马克思主义社会公平观的理论内核

(1)社会公平的内涵与实质

社会公平是一个历史范畴,其内涵随着社会的发展而不断变化。社会公平的核心是社会成员在社会资源分配、权利享有和机会获取上的平等。

马克思主义对资本主义制度下的贫困批判就是社会公平的本质批判,即批判资本主义形式公平掩盖实质不公平的现象,马克思主义认为,资本主义制度下的生产关系导致社会财富的巨大创造与严重的贫富分化并存。资本家通过占有工人的剩余价值,积累了巨额财富,而工人阶级则长期处于贫困状态。剩余价值理论揭示了资本主义生产方式的本质,即无产阶级的贫困源于资本主义私有制。批判资本主义形式公平掩盖实质不公平的现象,揭露资本主义“自由平等”的虚伪性及社会公平问题的根源在于生产资料私有制。

(2)社会主义制度下的共同富裕设想

马克思、恩格斯设想的社会主义社会是以生产资料公有制为基础,通过联合劳动生产和按劳分配,实现全体社会成员的共同富裕。共同富裕是社会主义的本质要求,体现了社会主义制度的优越性。社会公平具有历史性,社会公平观受到历史发展演变的制约,受生产力发展水平和生产关系性质的制约。社会主义社会公平与资本主义社会公平具有本质的区别。

(3)社会公平的实现路径

一是经济基础重构。通过公有制消灭剥削,如"剥夺剥夺者"。二是分配正义。《哥达纲领批判》中的阶段性分析指出,未来发展从"按劳分配"到"按需分配"的过渡。最后是制度保障。无产阶级专政对社会公平的维护,打破资本权力垄断。总之,马克思主义对社会公平的理解就是消灭剥削,消除两极分化,实现共同富裕。

2. 马克思主义发展观的核心逻辑

(1)发展的本质与目标

马克思、恩格斯在《共产党宣言》中指出,共产主义社会将消灭阶级对立,实现"每个人的自由发展是一切人的自由发展的条件"。这表明,马克思主义追求的公平不仅仅是经济上的平等,更是全面的社会公平,包括政治权利、社会地位、文化教育等方面的平等。《1844年经济学哲学手稿》中的异化批判不仅包括人的全面发展,即超越物质增长,追求人的能力解放,还包括社会整体进步,即历史唯物主义视角的经济、政治、文化、生态的协调统一。

(2)发展的动力与矛盾

发展的动力与矛盾是紧密相连的,矛盾是事物发展的内在动力。

一是矛盾是事物发展的动力。矛盾是事物发展的根本原因。事物发展的动力源泉是事物的内部矛盾。矛盾的统一性和斗争性相互联结、共同作用,推动着事物的运动、变化和发展。二是矛盾的特殊性与发展道路的多样性。矛盾具有特殊性,不同的事物、不同的发展阶段,其矛盾的性质、特点和表现形式是不同的。这决定了不同事物、不同领域的发展道路和模式是多样的。三是矛盾的解决与事物的进步。矛盾的解决是推动事物发展的关键环节。通过解决矛盾,事物能够克服自身的局限性和不足,实现自我完善和发展。

(3)矛盾在社会发展中的作用

一是社会基本矛盾是推动社会发展的根本动力。社会基本矛盾即生产力和生产关系、经济基础和上层建筑的矛盾。生产力和生产关系的矛盾是更为根本的矛盾,它决定经济基础和上层建筑矛盾的产生与发展。二是阶级斗争是阶级社会发展的直接动力。在阶级社会中,生产资料占有关系的不同导致阶级斗争的产生。阶级斗争是社会基本矛盾在阶级社会中的直接表现,是推动阶级社会发展的直接动力。三是革命、改革、科学技术是社会发展的重要动力。革命是阶级斗争的最高形式,是社会形态的质变。改革是制度创新,用新体制取代旧体制,推动社会在同一形态内的自我完善和发展。科学技术则通过促进人们的生产方式、生活方式和思维方式的变革,推动社会的发展。

(4)矛盾与发展动力在当前中国的体现

一是经济领域的矛盾与发展动力体现在由高速增长阶段转向高质量发展阶段,处在转变发展方式、优化经济结构、转换增长动力的攻关期,长期形成的结构性矛盾和粗放型增长方式仍然是制约中国经济发展的重要因素。解决这些矛盾,推动经济结构的优化和增长方式的转变,是实现经济高质量发展的关键。二是政治领域解决不同利益群体之间的诉求矛盾任务艰巨。完善对政府公共服务职能的有效监督,是推进政治体制改革、实现政治民主化的重要任务。三是人才领域的供需矛盾和高水平创新人才的短缺同时并存。因各项事业的发展而迫切需要大批创新人才,人才成长和使用的有效机制急需完善。解决人才供需矛盾,是推动经济社会发展的重要保障。四是完善市场经济体制需要克服各种障碍。解决市场体制机制障碍,是激发市场活力、推动经济社会发展的重要举措。

矛盾是事物发展的动力源泉,是推动社会发展的根本原因。在认识和解决矛盾的过程中,我们可以更好地理解事物的发展规律,把握事物的本质。运用唯物辩证法的观点来分析问题、解决问题,以此推动事物的发展和社会的进步。

3. 社会公平与社会发展的辩证关系

马克思主义强调社会公平与社会发展是相互促进、相互制约的辩证关系。

(1)社会公平是社会发展的前提

一是消除阶级对立。马克思主义认为,阶级对立是社会不平等的根源。只有消灭阶级对立,才能实现真正的社会公平。在资本主义社会中,资本家占有生产资料,工人则出卖劳动力,这种不平等的生产关系导致了社会的不公平。马克思、恩格斯主张通过无产阶级革命推翻资本主义制度,建立社会主义社会,从而为社会公平创造条件。二是促进社会和谐。在一个公平的社会中,社会成员能够平等地享有资源和发展机会,从而减少因分配方式的不公平而引发的社会动荡,减少社会矛盾和冲突,促进社会的稳定与和谐。

(2)社会发展是实现社会公平的物质基础

一是马克思主义认为,生产力的发展是实现社会公平的物质基础。只有在生产力高度发达的社会中,才有可能实现资源的公平分配。马克思在《资本论》中指出,资本主义社会虽然创造了巨大的生产力,但由于其生产关系的不合理,导致了社会的不公平。二是社会发展需要合理的社会制度来保障社会公平。马克思主义主张通过社会主义制度来实现社会公平。

4. 马克思主义对社会公平与发展的实现路径

(1)消灭私有制

马克思主义认为,私有制是社会不公平的根源,只有消灭私有制,建立公有制,才能从根本上消除社会的不公平。公有制能够保障社会成员平等地享有生产资料,从而为社会公平提供物质基础。

(2)建立社会主义制度

社会主义制度是实现社会公平与发展的制度保障。社会主义制度通过公有制、按劳分配等原则,保障社会成员在生产资料占有、劳动报酬分配等方面的权利。社会主义社会能够更好地利用生产力的发展成果,实现社会的公平与正义。

(3)发展生产力

马克思主义强调,生产力的发展是实现社会公平的物质基础。只有在生产力高度发达的社会中,才有可能实现资源的公平分配。社会主义社会通过科学的计划经济和合理的资源配置,能够更好地推动生产力的发展。

(4)加强社会教育

马克思主义认为,社会教育是实现社会公平的重要手段。通过教育,可以提高社会成员的文化素质和劳动技能,从而为社会公平创造条件。社会主义社会通过普及教育和职业教育,能够使社会成员平等地享有教育机会,提高社会的整体素质。

5. 马克思主义社会公平与发展理论的当代价值

(1)社会公平与发展理论具有重要的现代意义

一是共同富裕是马克思主义对未来社会的重要设想。马克思、恩格斯指出,无产阶级的运动是为绝大多数人谋利益的独立运动,未来社会的生产将以所有人的富裕为目的。二是建立人的全面发展理论。马克思主义认为,人的全面发展是社会发展的核心目标。这一理念为脱贫攻坚和共同富裕提供了理论源头,强调社会发展的最终目标是实现全体人民的富裕。

(2)对社会主义建设的指导

马克思主义关于社会公平与发展的理论为社会主义建设提供了重要的指导。社会主义社会通过公有制、按劳分配等原则,能够更好地保障社会成员的权利,实现社会的公平与正义。在社会主义建设中,我们需要不断推进生产力的发展,完善社会制度,加强社会教育,从而为社会公平创造条件。马克思主义关于社会公平与发展的理论深刻揭示了社会发展与公平正义之间的辩证关系。社会公平是社会发展的前提,社会发展是实现社会公平的物质基础。

2. 3. 2　中国特色社会主义共同富裕思想的历史演进

中国共产党在不同的历史时期对马克思主义理论进行了创新性发展,形成了具有中国特色的脱贫攻坚和共同富裕理论。这是一个伴随着中国革命、建设和改革进程不断深化的过程,不仅是中国共产党人的初心使命,也是社会主义的本质要求,体现了中国共产党对人民幸福生活的不懈追求。

1. 共同富裕思想的萌芽(1921—1949 年)

在新民主主义革命时期,中国共产党的中心任务是推翻帝国主义、封建主义和官僚资本主义的统治,建立人民民主政权,为实现共同富裕奠定政治前提。在革命斗争中,中国共产党深刻认识到,只有取得人民民主政权,才能从根本上改变旧中国的社会性质,为实现共同富裕创造条件。中国共产党在广泛创建农村革命根据地的基础上,深入开展土地革命,实现“耕者有其田”,极大地激发了农民的生产积极性,为共同富裕奠定了群众基础。

2. 共同富裕思想的初步探索(1949—1978 年)

中华人民共和国成立后,党面临的主要任务是巩固新生的人民政权,实现从新民主主义社会向社会主义社会的过渡,建立起符合我国发展实际的社会制度,推进社会主义工业化,为实现共同富裕奠定制度基础和物质基础。1953 年,毛泽东同志在《中共中央关于发展农业生产合作社的决议》中首次使用“共同富裕”的概念,提出“使农民能够逐步完全摆脱贫困状况而取得共同富裕和普遍繁荣的生活”。在社会主义改造过程中,党领导人民确立了社会主义基本制度,建立了独立的、比较完整的工业体系和国民经济体系,为实现共同富裕提供了制度保障和物质技术支撑。在探索过程中,共同富裕的实践经历了一些曲折,但也为后来的改革开放积累了宝贵经验。

3. 共同富裕思想的质的升华(1978—2012 年)

党的十一届三中全会后,我国进入改革开放和社会主义现代化建设新时期,党面临的主要任务是继续探索中国建设社会主义的正确道路,使全体人民摆脱贫困、尽快富裕起来。邓小平同志提出“社会主义的本质是解放生产力,发展生产力,消灭剥削,消除两极分化,最终达到共同富裕”,为共同富裕赋予了新的时代内涵。他主张“让一部分地区、一部分人先富起来,先富带动后富”,为实现共同富裕指明了具体路径。在邓小平理论的指引下,我国实现了从站起来、富起来到强起来的伟大飞跃,人民生活水平显著提高,为共同富裕奠定了坚实的物质基础。

4. 共同富裕思想的深化与拓展(2012 年至今)

党的十八大以来,中国特色社会主义进入新时代,我国社会主要矛盾已经转化为人民日益增长的美好生活需要和不平衡不充分的发展之间的矛盾,党面临的主要任务是兑现全面建成小康社会“一个都不能少”的庄严承诺,将中国特色社会主义的共同富裕道路推向更高的发展阶段。

中国特色社会主义进入新时代以来,中国共产党领导中国人民打赢脱贫攻坚战、全面建成小康社会,注重解决经济社会发展中的不平衡不充分问题,积极促进城乡区域协调发展,为“促进人的全面发展、全体人民共同富裕”创造了良好条件。

中国特色社会主义共同富裕思想的历史演进,是一部党领导人民为实现共同富裕不懈奋斗的壮丽史诗。从萌芽到初步探索,再到质的升华和深化与拓展,共同富裕思想不断与时俱进,为实现中华民族伟大复兴的中国梦提供了强大的精神动力和理论支撑。

5. 共同富裕思想的未来展望

共同富裕是一个长期的历史过程,需要一代又一代人的接续奋斗。我们要充分认识到共同富裕的长期性、艰巨性、复杂性,保持战略定力,坚持循序渐进、量力而行。实现共同富裕必须以高质量发展为前提。要牢牢树立高质量发展理念,推动经济实现质的有效提升和量的合理增长,为共同富裕提供坚实的物质基础。

要不断完善中国特色社会主义制度,发挥社会主义制度的优越性,为实现共同富裕提供制度保障,特别是要完善分配制度,促进居民收入增长,缩小收入分配差距。

2.3.3 发展经济学中的贫困陷阱与包容性增长理论

1. 发展经济学的历史演进

(1)发展经济学的核心问题

发展经济学是研究发展中国家经济发展过程、规律和政策的经济学分支学科,主要关注发展中国家如何从低收入、低水平的经济状态向较高收入、较高水平的经济状态转变。发展经济学试图通过分析这些国家的经济特征,探索促进经济增长、改善社会福利、实现可持续发展的路径。其核心问题包括:为何某些国家长期陷入贫困陷阱?如何衡量和减少收入不平等?资本积累、技术进步、人力资本、自然资源的作用是什么?如何从农业经济转向工业和服务业?城市化如何影响经济发展?政治制度、产权保护、腐败如何影响经济表现?国际贸易、外国直接投资(FDI)、技术转移如何促进或阻碍发展?如何在经济增长中兼顾环境保护和社会包容?

(2)发展经济学的主要研究内容

①经济增长理论

经济增长理论是发展经济学的核心内容之一。它研究发展中国家如何实现国内生产总值(GDP)的持续增长。经济增长理论包括多种模型:如哈罗德-多马模型强调资本积累对经济增长的重要性,一个发展中国家通过鼓励居民储蓄和吸引外资来增加资本存量,进而促进经济的增长;索洛模型则进一步引入了技术进步因素。长期来看,技术进步是实现持续经济增长的关键。技术进步可以提高生产效率,使经济增长摆脱资本积累的限制。

②产业结构调整

发展经济学研究如何优化产业结构,实现从农业向工业再到服务业的转型升级。刘易斯的二元经济理论就很好地解释了发展中国家的产业结构特征。在经济发展过程中,现代工业部门通过提供较高的工资吸引传统农业部门的劳动力,从而实现劳动力从农业向工业的转移。中国经历了典型的劳动力转移阶段。政府可以通过税收优惠、补贴等手段扶持新兴产业的发展。如对新能源汽车生产企业给予税收减免和研发补贴,同时对消费者购买新能源汽车给予购车补贴,促进了新能源汽车产业的兴起,推动产业结构向高端制造业升级。

③国际贸易与经济发展

发展经济学研究发展中国家如何通过参与国际贸易来促进经济增长。一方面,发展中国家可以通过出口获取外汇收入;另一方面,发展中国家也需要应对国际贸易中的各种挑战,如贸易保护主义。发展中国家可以联合起来,通过区域贸易协定(如东盟自由贸易区)来降低贸易壁垒,促进区域内贸易的自由化,增强自身在国际贸易中的竞争力。

④贫困与收入分配

发展经济学研究贫困的成因和缓解贫困的措施。贫困的成因包括教育水平低、就业机会不足、土地分配不均等多种因素。不合理的收入分配会导致社会不稳定,阻碍经济发展。发展经济学研究通过税收、社会保障等政策来调节收入分配。

⑤人口与经济发展

发展经济学研究人口增长与经济发展的关系。一方面,适度的人口增长可以为经济发展提供充足的劳动力资源;另一方面,过快的人口增长会带来资源短缺、就业压力等诸多问题。发展经济学探讨如何通过人口政策来实现人口与经济的协调发展。

(3)发展经济学的理论演变

①早期结构主义理论

结构主义理论强调发展中国家和发达国家之间在经济结构上的差异,认为发展中国家的经济结构存在缺陷,如一些拉美国家的经济结构以初级产品出口为主,市场不完善、产业分散等,这种结构使得拉美国家在国际贸易中处于不利地位。结构主义理论主张通过政府干预来改变这种经济结构,如实施进口替代工业化战略,通过关税保护等手段发展本国的工业,减少进口对产品的依赖。

②新古典主义理论

20世纪80年代以后,新古典主义理论在发展经济学中占据重要地位。“华盛顿共识”是新古典主义理论在发展中国家经济政策改革中的体现。它主张发展中国家应该减少政府干预,加强市场机制的作用,认为私有企业能够更有效地配置资源,强调贸易自由化和金融自由化,主张发展中国家应该降低关税壁垒,开放金融市场,吸引外国投资。过度的金融自由化导致一些国际金融体系脆弱,容易受到国际金融危机的冲击。

③新结构主义理论

新结构主义理论在一定程度上吸收了早期结构主义理论和新古典主义理论的优点。新结构主义理论认为,发展中国家的产业结构应该与本国的要素禀赋结构相适应。它强调政府在产业升级过程中的协调作用。政府可以通过提供基础设施、改善教育和培训体系等方式来促进产业升级,同时也要充分发挥市场在资源配置中的决定性作用。

发展经济学是经济学的一个重要分支,主要研究低收入国家或地区如何实现经济增长、减少贫困、促进社会公平及应对结构转型等问题。它结合了经济学理论、政策分析和社会科学研究方法,关注发展中国家在工业化、全球化、制度变迁等过程中面临的挑战。

(4)发展经济学的研究方法

①动态分析方法:发展经济学关注经济发展的动态过程,强调长期、动态的变化,通过构建动态模型,分析各种因素如何随时间影响经济发展。

②结构分析方法:发展中国家存在鲜明的二元经济结构(传统部门和现代部门并存)。发展经济学通过结构分析,研究这种结构转变的机制和政策措施。

③历史比较分析方法:通过对不同国家经济发展历史的比较,总结经济发展的一般规律和经验教训,为发展中国家提供借鉴。

④多维度综合分析方法:综合考虑制度、文化、社会、环境等多方面因素,对发展中国家经济发展进行全面分析。

(5)发展经济学的挑战与争议

市场与政府:如何平衡自由市场与政府干预?

增长与公平:经济增长是否必然减少不平等?

文化与经济:文化传统(如性别观念、社会信任)如何影响发展路径?

数据与测量:GDP 是否足以衡量发展? 多维贫困指数的应用。

发展经济学没有"一刀切"的解决方案,其核心在于理解不同国家历史、文化、政治和资源的独特性,并通过实证研究探索因地制宜的发展路径。经典文献《贫困与饥荒》(阿马蒂亚·森)、《白人的负担》(威廉·伊斯特利)、《贫穷的本质》(阿比吉特·班纳吉、埃斯特·迪弗洛)等提供了深入分析的视角。

2. 贫困陷阱

贫困陷阱(poverty trap)是发展经济学中的核心概念,指个体、家庭或国家因缺乏初始资源或能力,陷入自我强化的贫困循环中难以自拔的现象。贫困本身成为阻碍摆脱贫困的障碍,导致经济停滞甚至恶化。下面从形成机制、经典理论模型、关键举措、争议与挑战方面进行分析。

(1)贫困陷阱的形成机制

①低资本积累与低生产效率

首先是物质资本匮乏:贫困者缺乏储蓄和投资能力,无法购买生产工具(如农具、种子),导致生产效率低下,收入难以增长(纳克斯的"贫困恶性循环"理论)。其次是人力资本不足:营养不良、缺乏教育和医疗资源导致劳动者体力与认知能力低下,进一步限制其收入潜力。

②健康与营养的恶性循环

一是饥饿与疾病。阿马蒂亚·森(2004)"可行能力"理论指出贫困家庭难以负担足够的食物和医疗服务,疾病频发导致劳动力丧失,收入下降。二是儿童发育迟滞。幼年营养不良影响身体和智力发育,长期限制成年后的就业机会。

③信贷市场失灵

一是缺乏抵押品。穷人无法获得正规贷款,被迫依赖高利贷,债务负担加重贫困。二是风险规避。收入波动性高导致穷人不敢冒险投资（如尝试新作物或创业），维持低水平均衡。三是市场失灵。在贫困陷阱中，由于初始资本和资源的匮乏，即使增加投入也难以实现显著的经济增长。此外，市场失灵可能导致资源配置不当，进一步限制了贫困地区的经济发展。

④制度与社会排斥

一是腐败与低效治理。资源被精英阶层攫取，公共服务的缺失（如教育、基础设施）加剧不平等。二是社会歧视。性别、种族或种姓制度限制部分群体获取资源（如女性被剥夺土地继承权）。

⑤环境与资源退化

生态贫困陷阱是过度开垦导致土地荒漠化，自然灾害（如干旱、洪水）频发摧毁脆弱生计（如撒哈拉以南非洲的旱灾）。

（2）贫困陷阱的经典理论模型

①纳尔逊的低水平均衡陷阱

人口增长与人均收入呈负相关：当收入仅能维持生存时，人口增长会抵消经济增长，使社会陷入低水平均衡。人口陷阱：人口增长过快，资源分配不足，导致人均资源减少，经济发展受限，难以摆脱贫困。

②刘易斯二元经济模型中的劳动力剩余

传统农业部门存在大量隐性失业，劳动力向现代部门转移受阻，导致工资长期停滞。

③班纳吉与迪弗洛的“贫困行为陷阱”

贫困导致认知负荷增加（如为生存疲于奔命），决策短视（如忽视教育投资），进一步强化贫困。对个人来说，贫困陷阱限制了其经济自由和发展机会，使其难以摆脱贫困状态。长期处于贫困状态会给人们带来巨大的心理压力，影响自信心和积极性，形成“心理贫困陷阱”。对社会来说，贫困陷阱加剧了社会不平等和阶层固化，可能引发一系列社会问题，如犯罪率上升、社会稳定下降等。此外，贫困陷阱还影响经济的整体发展潜力和可持续性。

（3）破解贫困陷阱的关键举措

①经济措施提供破解基础

一是增加就业机会，通过产业发展、基础设施建设等方式创造更多就业岗位，提高贫困人口的收入。二是提供金融支持，为贫困人口提供小额信贷、创业基金等金融支持，帮助其开展小生意或农业生产。

②社会措施助力脱贫能力提升

一是提供教育与培训，加大对贫困地区的教育投入，提供免费教育和职业培训，提高贫困人口的教育水平和就业能力。二是完善医疗保障，改善贫困地区的医疗条件，提供基本医疗保障，减少因病致贫返贫现象。

③政策措施提供长效保障

一是完善社会保障体系。建立健全的社会保障体系，提供基本生活保障，减少贫困人口的生活压力。杨穗和赵小漫（2022）认为要坚持在发展中保障和改善民生，不断完善发展型、适应性和可持续性的社会保障制度。二是制定反贫困政策。通过税收政策、土地政策等手段，支持贫困地区和贫困人口的发展。

(4)贫困陷阱的争议与挑战

①援助有效性之争

乐观派主要代表杰弗里·萨克斯认为,大规模援助可打破贫困陷阱,如非洲“千年村庄计划”。怀疑派主要代表威廉·伊斯特利指出,援助可能滋生腐败,扭曲市场信号,这主要依据“白人的负担”理论。

②政策设计的复杂性

如何精准识别最需要帮助的群体,如印度的贫困线划定争议。破解贫困长期可持续性的挑战主要是短期干预可能无法改变结构性因素。

③文化与环境制约

传统观念的束缚不利于跳出贫困陷阱。如一些国家的女性受教育权力,体现为贫困地区抵制现代教育或性别平等。气候变化的威胁主要是全球变暖加剧贫困地区的生态脆弱性,如孟加拉国海平面逐年上升。

贫困陷阱的本质是多重影响因素的叠加效应,需通过系统性干预打破恶性循环。正如中国脱贫攻坚成果的案例表明,结合资源投入、制度变革与技术创新,贫困是可以被破解的。然而解决方案必须因地制宜,并关注长期赋权而非短期救济。正如阿马蒂亚·森所言:“贫困不仅是收入的缺乏,更是发展机会的剥夺。”

3. 包容性增长

包容性增长(inclusive growth)最早由亚洲开发银行于 2007 年提出,强调在保持较快经济增长的同时,更加注重社会领域的发展,特别是弱势群体的参与和受益,让经济增长成果更公平地惠及所有人。其核心在于通过公平的制度设计和政策干预,减少机会不平等,确保增长成果的共享。下面从基本内涵与核心原则、理论基础、关键维度、政策工具与实践案例、挑战与争议、未来方向等方面进行分析。

(1)基本内涵与核心原则

包容性增长基本内涵包括一是经济增长与公平分配的协同:既追求经济效率,也注重减少贫富差距、消除社会排斥。二是机会均等:确保所有人(无论性别、种族、地域)能参与经济活动并从中获益(如获得教育、就业、金融服务)。其与“涓滴效应”的区别表现为反对“先增长后分配”,主张在增长过程中直接解决不平等问题。

核心原则包括一是参与性:所有人(特别是边缘群体)能参与经济决策和生产活动。二是可持续性:经济增长不以牺牲环境或后代利益为代价。三是多维性:关注收入、教育、健康、社会保障等多维度的福祉提升。

(2)理论基础

阿马蒂亚·森(2004)的“可行能力”理论指出贫困不仅是收入低下,更是缺乏实现自由发展的能力,如教育、健康、政治权利。包容性增长需扩大个体的可行能力。库兹涅茨认为经济增长初期不平等加剧,后期自动下降。但现实表明,若无政策干预,不平等可能长期固化,如拉美“中等收入陷阱”尤为明显。德隆·阿西莫格、詹姆斯·鲁宾逊作为新制度经济学的后起之秀 2012 年分析了包容性制度,如民主治理、产权保护比攫取性制度更可能促进广泛受益的增长。社会契约理论认为政府、市场与社会需建立合作机制,通过税收、公共服务和社会保障实现利益再分配。

(3)关键维度

①经济机会的公平分配

一是就业质量。创造正规就业岗位,保障劳动者权益,如最低工资、社会保险。二是中小企业支持。降低创业壁垒,提供融资和技术支持,如印度的“小微企业信贷担保计划”。

②人力资本投资

一是全民教育与技能培训。消除城乡、性别教育差距,如孟加拉国女童教育补贴。二是全民健康覆盖。通过公共医疗体系减少因病致贫,如泰国“30 泰铢医疗计划”。

③社会保障与减贫

一是社会安全网。现金转移支付,如巴西“家庭补助金”、失业救济、养老金普及。二是普惠金融。为低收入者提供储蓄、信贷和保险服务,如肯尼亚 M-Pesa 移动支付。

④区域协调发展

一是基础设施均衡投资,如中国“村村通”工程减少城乡差距。二是产业政策倾斜,如埃塞俄比亚的咖啡加工出口体现为欠发达地区发展特色产业。

⑤性别与少数群体赋权

一是消除歧视性法律,如卢旺达宪法改革内容包括保障女性土地权、继承权。二是少数族群经济参与,如南非《黑人经济振兴法案》通过配额制或专项计划促进包容。

(4)政策工具与实践案例

①财政政策

一是累进税制。高收入群体承担更高税负,用于公共服务(如北欧国家模式)。

二是定向补贴。向贫困家庭提供教育、能源或食品补贴(如印度 LPG 燃气补贴计划)。

②劳动力市场改革

一是最低工资立法。保障底层劳动者收入(如德国行业集体谈判制度)。二是职业培训与就业匹配。通过公共就业服务减少结构性失业(如新加坡“技能创前程”计划)。

③制度创新

一是土地改革。重新分配土地以打破垄断(如韩国 20 世纪 50 年代土地改革)。二是反腐败与透明治理。减少精英俘获(如格鲁吉亚的警察系统改革)。

④技术赋能

一是数字包容。利用技术降低服务门槛(如印度 Aadhaar 生物识别系统简化福利发放)。二是绿色就业。在可再生能源领域创造就业(如南非太阳能产业计划)。

(5)挑战与争议

①效率与公平的权衡。过度再分配可能抑制市场活力(如高福利国家的企业税负压力),可以通过提高公共服务效率(如数字化政务)降低成本。

②全球化与不平等加剧。资本流动和技术进步可能扩大技能溢价,导致低技能劳动者被边缘化(如发达国家制造业外迁)。政策响应可以加强全球税收协调(如跨国公司最低税率),投资终身学习体系。

③政治阻力与既得利益。土地改革、累进税制常遭遇精英阶层反对(如菲律宾土地改革停滞),破解路径是通过社会运动和国际压力推动变革(如拉丁美洲的土著权利运动)。

④测量与评估难题。GDP 增长无法全面反映包容性,需结合多维指标(如人类发展指数、基尼系数、社会流动性指数)。

(6)未来方向

一是技术驱动的包容性:如人工智能与自动化需配套“全民基本收入”(UBI)或技能重塑计划(如芬兰 UBI 实验),区块链技术提升福利发放透明度和效率。二是气候变化应对:绿色转型中保障弱势群体权益(如煤炭工人转岗培训),气候融资向脆弱国家倾斜(如“损失与损害”基金)。三是全球治理合作:国际税收改革防止利润转移(如 OECD“双支柱”方案),债务减免支持发展中国家社会投资(如二十国集团“债务处理共同框架”)。

第3章　中国减贫实践到共同富裕的范式转型

3.1　从脱贫攻坚到共同富裕的政策衔接

3.1.1　政策衔接的理论框架

1. 政策衔接的内涵与意义

政策衔接是指在脱贫攻坚取得全面胜利后，如何将扶贫政策与乡村振兴战略、共同富裕目标进行有效对接，以确保政策的连续性和稳定性，推动农村地区可持续发展。

(1)脱贫攻坚与共同富裕政策衔接的理论基础与实践需求

马克思主义反贫困理论深刻揭示了贫困产生的根源在于资本主义私有制下的剥削关系，指出只有消除私有制，实现生产资料的公平占有和社会财富的合理分配，才能从根本上解决贫困问题。这一理论为我国脱贫攻坚和共同富裕提供了核心思想指引。在脱贫攻坚阶段，我国通过精准帮扶、产业扶贫等措施，打破了贫困地区原有的贫困循环，改善了贫困群众的生产生活条件，这是对马克思主义反贫困理论的创造性实践。在向共同富裕迈进的过程中，仍然需要坚持以人民为中心，通过制度建设和政策调整，进一步优化资源分配，缩小贫富差距，实现全体人民的共同发展，这与马克思主义反贫困理论的本质要求高度契合。

习近平新时代中国特色社会主义思想为脱贫攻坚与共同富裕政策衔接提供了直接且全面的理论指导。这一思想深刻地体现了以人民为中心的发展理念，贯穿于政策制定和实施的每一个环节。在脱贫攻坚的宏伟蓝图中，以人民为中心的发展思想被具体化为将人民的利益置于首位，这要求各级政府和广大党员干部必须全力以赴，以高度的责任感和使命感，解决贫困人口的温饱问题，提升他们的生活质量，确保脱贫成果真正惠及每一位贫困群众。在迈向共同富裕的进程中，以人民为中心的发展思想进一步要求政策制定者更加关注人民在物质生活日益丰富之外，对精神文化、公平正义、生态环境等多方面的需求。政策的制定和实施要以满足人民日益增长的美好生活需要为出发点和落脚点，确保全体人民都能公平地参与发展过程、共享发展成果，从而实现人的全面发展和社会的全面进步。

可持续发展理论强调经济、社会和环境的协调统一，追求发展的长期稳定性和资源的合理利用。脱贫攻坚不仅要解决贫困人口的温饱问题，还要注重贫困地区的生态保护和可持续发展能力的培育。在脱贫过程中，很多贫困地区发展生态农业、乡村旅游等绿色产业，既实现了贫困人口的脱贫增收，又保护了当地的生态环境。在迈向共同富裕的道路上，可持续发展理论依然是重要的指导原则。共同富裕要求在经济持续增长的同时，实现社会公平正义和生态环境的可持续性，这就需要政策在产业发展、资源配置、环境保护等方面进行合理衔接，确保发展的全面性、协调性和可持续性。

从实践的角度看，我国脱贫攻坚虽然取得全面胜利，解决了绝对贫困的问题，但这只是实现共同富裕的阶段性成果。绝对贫困的消除并不意味着贫困问题得到彻底解决,相对贫困仍然存在,并且随着经济社会的发展,人民对美好生活的向往更加强烈,对公平、均衡发展的需求日益迫切。从消除绝对贫困到实现共同富裕是一个必然的发展过程。脱贫攻坚为共同富裕奠定了基础,积累了宝贵经验和一定的物质财富。而共同富裕作为更高层次的发展目标,对经济社会发展提出了更全面、更深入的要求。因此,实现脱贫攻坚与共同富裕政策的有效衔接,是推动我国经济社会持续健康发展、满足人民日益增长的美好生活需要的必然选择。

(2)政策衔接在实现减贫与发展目标中的重要作用

脱贫攻坚成果的巩固离不开政策的持续支持和有效衔接。脱贫攻坚期间,我国实施了一系列特惠性政策,如产业扶贫补贴、易地扶贫搬迁政策、教育医疗保障特惠措施等,这些政策在短期内使贫困人口迅速脱贫。然而,脱贫群众的发展基础仍然较为薄弱,返贫风险较高。通过政策衔接,将脱贫攻坚时期的特惠性政策逐步向可持续的普惠性政策转变,建立防止返贫监测和帮扶机制,持续关注脱贫群众的生产生活状况,及时给予必要的支持和帮助,只有这样才能够有效防止返贫现象的发生,确保脱贫成果经得起历史检验。

政策衔接是推动乡村振兴和实现共同富裕的关键环节。乡村振兴战略是实现共同富裕的重要路径,其目标是实现农村产业兴旺、生态宜居、乡风文明、治理有效、生活富裕。脱贫攻坚为乡村振兴打下了坚实基础,而政策衔接能够促进两者在产业发展、人才培养、生态保护、文化建设等方面的有机融合。例如,在产业方面,将脱贫攻坚时期培育的特色产业进一步升级和拓展,发展壮大农村产业集群,提高产业附加值,带动农民持续增收;在人才方面,通过政策引导吸引各类人才投身乡村建设,为乡村振兴提供智力支持,进而推动农村经济社会全面发展,逐步实现共同富裕的目标。

2. 政策衔接的维度与机制

(1)目标衔接:从消除绝对贫困到实现共同富裕的政策目标转变

脱贫攻坚的主要目标是消除绝对贫困,解决贫困人口的温饱问题,实现"两不愁三保障"。经过多年努力,我国如期完成这一目标,贫困人口全部脱贫,贫困县全部摘帽。而共同富裕的目标则更加全面和长远,它追求的是全体人民在物质生活和精神生活上都实现富足,不仅要实现收入分配的公平合理,缩小城乡、区域和群体之间的差距,还要在教育、医疗、文化、生态等各个领域实现均衡发展,促进人的全面发展和社会的全面进步。

为实现从消除绝对贫困到共同富裕的政策目标转变,需要明确具体的内容和路径。在经济领域,要推动农村产业高质量发展,培育壮大特色优势产业,促进农村一二三产业融合发展,提高农业产业的市场竞争力和附加值,增加农民收入。例如,鼓励发展农产品精深加工,延长产业链,提升农产品的利润空间;发展农村电商、乡村旅游等新业态,拓宽农民增收渠道。在社会领域,要加大对农村教育、医疗、社会保障等公共服务的投入,提高农村公共服务水平,缩小城乡公共服务差距,如加强农村学校基础设施建设,提高农村教师待遇,吸引优秀教师到农村任教,提升农村教育质量;完善农村医疗卫生服务体系,加强基层医疗卫生机构建设,培养高素质的乡村医生队伍,提高农村居民的健康水平。在生态领域,要加强农村生态环境保护和建设,推动绿色发展,打造生态宜居的美丽乡村。通过实施农村人居环境整治提升行动,加强农村垃圾和污水处理,推广生态农业技术,实现农村生态环境的可持续发展。

(2)手段衔接:从精准扶贫到乡村振兴的政策工具与实施路径

精准扶贫是脱贫攻坚的核心手段,通过精准识别贫困对象、精准制定帮扶措施、精准配置扶贫资源,可以增强扶贫的针对性和有效性。在脱贫攻坚过程中,各地根据贫困家庭的实际情况,实施了产业扶贫、易地扶贫搬迁、教育扶贫、健康扶贫、金融扶贫等一系列精准帮扶措施,并取得了显著成效。

随着脱贫攻坚任务的完成,政策手段需要向乡村振兴的方向进行衔接。乡村振兴的政策工具更加多元化和综合化,强调农村的全面发展和可持续发展。

在产业发展方面,从单一的产业扶持向产业融合发展转变,注重培育农村新产业、新业态,推动农业与旅游、文化、康养等产业深度融合。例如,某地区在脱贫攻坚时期发展了特色水果种植产业,为实现产业升级和可持续发展,在乡村振兴阶段,当地政府引导企业投资建设水果加工厂,发展水果采摘、观光旅游项目,同时利用电商平台拓宽水果销售渠道,形成了从种植、加工到销售、旅游服务的完整产业链,不仅增加了农民的收入,还带动了周边农村经济的发展。

在人才培养方面,从注重培养贫困地区的基本劳动力向培养高素质的新型职业农民和乡村人才转变。通过开展职业技能培训、提供创业支持等方式,提高农民的综合素质和就业创业能力。同时,吸引城市人才下乡,鼓励大学生、退伍军人、企业主等投身乡村建设,为乡村发展注入新的活力。

在生态保护方面,从单纯的生态补偿向探索生态产品价值实现机制转变,通过发展生态农业、生态旅游等绿色产业,将生态优势转化为经济优势。

以贫困县为例,在脱贫攻坚阶段,当地政府通过精准识别,确定了一批贫困家庭,并为他们提供了种植、养殖技术培训和小额信贷支持,帮助他们发展特色种植、养殖产业,实现了脱贫致富。在乡村振兴阶段,为了进一步推动产业发展,当地政府出台了一系列优惠政策,吸引了一家农业产业化龙头企业入驻。该企业与当地农户合作,建设了标准化的种植、养殖基地,发展农产品深加工产业,打造了自己的品牌。同时,企业还利用当地的自然风光和民俗文化资源,开发了乡村旅游项目。产业融合发展不仅提高了农产品的附加值,还带动了当地餐饮、住宿、交通等相关产业的发展,为农民创造了更多的就业机会,增加了农民的收入。此外,当地政府还加强了对农村基础设施的建设,改善了农村的交通、水电、通信等条件,为产业发展和乡村振兴提供了有力保障。

(3)主体衔接:从政府主导到多元主体参与的政策执行机制

在脱贫攻坚过程中,政府发挥了主导作用,承担了主要的政策制定、资源投入和组织协调工作。各级政府成立了专门的扶贫工作机构,加大了对贫困地区的财政投入,动员了大量的人力和物力参与扶贫工作。政府通过制定和实施一系列扶贫政策,引导和推动了社会各界参与脱贫攻坚,形成了强大的扶贫合力。

随着脱贫攻坚向共同富裕迈进,政策执行需要从政府主导转变为多元主体参与的协同机制。共同富裕是一个涉及经济、社会、文化等多个领域的系统性工程,需要政府、企业、社会组织、农民等多元主体共同参与。政府在政策制定和宏观调控方面仍然发挥着重要作用,但需要充分调动其他主体的积极性和创造性。企业作为市场主体,具有资金、技术、管理等方面的优势,可以通过投资兴业、产业扶贫、吸纳就业等方式参与乡村建设和共同富裕实践。社会组织具有专业性和灵活性,可以在教育、医疗、文化、环保等领域开展公益活动,提供多样化的公共服务,弥补政府和市场的不足。农民是实现共同富裕的主体力量,需要充分激发他们的内生动力,提高他们的参与度和获得感。

地方政府通过搭建平台,引导企业参与乡村振兴。一家大型农业企业与当地农村合作,投资建设了现代农业产业园,发展高端蔬菜种植和农产品加工产业。企业为农民提供了就业岗位,培训了农业技术,还通过订单农业的方式收购农民的农产品,保障了农民的收入。同时,当地的社会组织积极参与农村教育和文化建设,开展了支教、文化讲座、文艺演出等活动,丰富了农村居民的精神文化生活。农民通过土地流转、劳务合作等方式参与产业发展,不仅获得了租金和工资收入,还学到了先进的农业技术和管理经验。在多元主体的共同参与下,该地区农村经济得到了快速发展,农民生活水平显著提高,乡村面貌焕然一新。

总结这些实践案例的经验,我们发现要实现多元主体有效参与,需要政府完善相关政策法规,提供良好的制度环境和政策支持;加强宣传引导,提高社会各界对乡村振兴和共同富裕的认识和参与热情;搭建有效的沟通协作平台,促进各主体之间的信息共享和合作交流。

脱贫攻坚与共同富裕政策的有效衔接,在目标、手段和主体维度上各有其独特机制,这些机制紧密关联,共同为政策平稳过渡和高效实施提供支撑。

3.1.2 政策衔接的实践效果

1.政策衔接的模式分类与特点

政策衔接在不同地区呈现出多样化的模式,这些模式依据各地的资源禀赋、经济基础和社会环境而形成,各自具有独特的特点和优势。

(1)产业融合驱动型

这种模式以产业融合发展为核心,通过推动农村一、二、三产业深度融合,实现脱贫攻坚成果巩固与共同富裕的有效衔接。在农业生产环节,注重发展现代化、规模化、特色化农业,提高农产品的产量和质量。利用先进的种植、养殖技术,实现农产品的标准化生产,打造具有市场竞争力的农产品品牌。例如,部分地区大力发展有机蔬菜种植,从种子选育、种植管理到采摘加工,都遵循严格的有机标准,生产出的有机蔬菜在市场上备受青睐,价格也相对较高,有效增加了农民收入。

在农产品加工环节,积极引进农产品加工企业,延长农业产业链,提升农产品附加值。农产品加工企业对农产品进行深加工,将初级农产品转化为高附加值的加工品,如水果加工成果汁、果脯,粮食加工成各类食品等。这不仅增加了农产品的市场竞争力,还创造了更多的就业机会,让农民能够在家门口就业,获得工资性收入。

同时,借助农村的自然风光、民俗文化等资源,发展乡村旅游、休闲农业等新兴业态。打造乡村旅游景点,开发民俗文化体验项目,吸引城市居民前来观光旅游、休闲度假。游客在体验乡村生活的同时,带动了当地餐饮、住宿、农产品销售等相关产业的发展,进一步拓宽了农民的增收渠道。这种模式的特点在于充分挖掘农村产业的多种功能,通过产业之间的相互渗透、相互促进,形成完整的产业体系,提高农村经济的整体效益,促进农民持续增收致富。

(2)生态优先发展型

以生态保护为前提,将生态优势转化为经济优势是这一模式的核心。在政策衔接过程中,高度重视农村生态环境保护,加大对生态环境的治理和修复力度。加强对森林、河流、湖泊等自然生态系统的保护,严格控制污染排放,推进农村环境综合整治,改善农村人居环境。例如,通过实施农村"厕所革命",建设污水处理设施,加强对生活垃圾的分类处理,使农村环境得到显著改善。

在保护生态环境的基础上,积极探索生态产品价值实现机制。发展生态农业,推广绿色种植、养殖技术,生产绿色、有机农产品,满足市场对高品质农产品的需求。同时,借助良好的生态环境,发展生态旅游、森林康养等绿色产业。利用农村优美的自然风光和清新的空气,开发生态旅游线路,建设森林康养基地,吸引游客前来休闲养生。这些绿色产业不仅为游客提供了优质的生态服务,也为当地带来了可观的经济收入。

此外,建立健全生态补偿机制,对为生态保护做出贡献的农民和农村集体经济组织给予合理补偿。通过财政转移支付、生态产品交易等方式,让生态保护者得到相应的经济回报,提高他们参与生态保护的积极性。这种模式的优势在于实现生态保护与经济发展的良性互动,既保护了农村的生态环境,又促进了农村经济的可持续发展,为共同富裕奠定了坚实的生态基础。

(3)城乡融合推进型

该模式以打破城乡二元结构、促进城乡融合发展为目标,通过加强城乡之间的要素流动和资源共享,实现脱贫攻坚与共同富裕的政策衔接。在基础设施建设方面,加大对农村基础设施的投入,推进城乡基础设施互联互通。加强农村道路交通建设,提高农村公路的通达性和质量,实现城乡道路的无缝对接;完善农村供水供电、通信网络等基础设施,使农村居民能够享受到与城市居民同等的基础设施服务。

在公共服务方面,推动城乡公共服务均等化,加强农村教育、医疗、文化等公共服务设施建设,提高农村公共服务水平。通过城乡学校结对帮扶、教师交流轮岗等方式,提升农村教育质量;推进城乡医疗卫生一体化改革,建立城乡统一的医疗保障体系和分级诊疗制度,提高农村居民的医疗保障水平;加强农村文化设施建设,开展丰富多彩的文化活动,丰富农村居民的精神文化生活。

同时,促进城乡产业协同发展。引导城市产业向农村延伸,鼓励城市企业在农村投资兴业,带动农村产业发展。例如,城市的农产品加工企业可以在农村建立生产基地,带动农民发展种植、养殖产业;农村的特色产业可以与城市的市场需求相结合,通过电商、物流等渠道,将农产品销售到城市。此外,加强城乡人才交流,鼓励城市人才到农村创业就业,同时也为农村人才提供到城市学习、培训的机会,促进城乡人才的合理流动。这种模式的特点在于,可以从根本上解决城乡不平衡、不充分的发展问题,通过城乡融合发展,实现城乡资源的优化配置,让农村居民能够共享城市发展的成果,加快共同富裕的进程。

2. 政策衔接对农村发展的综合影响

(1)经济维度:产业繁荣与经济增长

政策衔接对农村经济发展产生了积极而深远的影响。在产业发展方面,通过政策引导和支持,农村特色产业不断壮大,产业融合发展趋势明显。农产品加工、农村电商、乡村旅游等新业态蓬勃发展,拓宽了农民的增收渠道。以农村电商为例,越来越多的农产品通过电商平台走向全国乃至全球市场,据统计,2023 年全国农村网络零售额达到 2.3 万亿元,同比增长 11.6% ,带动了大量农民就业和增收。同时,政策衔接推动了农村基础设施建设的持续投入,改善了农村的交通、通信、物流等条件,为农村经济发展提供了有力支撑。例如,交通条件的改善降低了农产品的运输成本,提高了农产品的市场竞争力;通信网络的普及促进了农村电商的发展,使农民能够更便捷地获取市场信息,拓展销售渠道。

(2)社会维度:民生改善与社会和谐

在社会领域,政策衔接提升了农村公共服务水平,促进社会公平正义。教育、医疗、文化等领域的政策持续向农村倾斜,农村居民享受到了更加优质的公共服务。在教育方面,农村学校的办学条件不断改善,师资队伍素质逐步提高,越来越多的农村孩子能够接受良好的教育,为农村发展培养了人才。例如,通过实施"特岗计划"等政策,吸引了大量优秀教师到农村任教,提高了农村学校的教育教学质量。在医疗方面,农村医疗卫生服务体系日益完善,基层医疗卫生机构的服务能力不断提升,农民的健康得到了更好的保障。同时,文化设施不断丰富,文化活动日益多样,满足了农民的精神文化需求,促进了农村社会的和谐稳定。如农村文化礼堂的建设,为农民提供了文化活动场所,丰富了农民的业余生活。

(3)生态维度:绿色发展与生态宜居

从生态维度来看,政策衔接推动了农村生态环境保护和绿色发展。在脱贫攻坚与共同富裕政策的引导下,农村更加注重生态建设,加大对环境污染的治理力度,推广生态农业和绿色生产方式。例如,通过实施农村人居环境整治提升行动,许多农村地区的垃圾和污水得到有效处理,村庄环境更加整洁美观。同时,发展生态旅游、生态农业等绿色产业,实现了生态与经济的良性互动,促进了农村的可持续发展。如某农村地区通过发展生态农业,减少了化肥、农药的使用,保护了土壤和水源,同时生产出的绿色农产品深受市场欢迎,提高了农民的收入。

3.2 从脱贫攻坚到共同富裕的制度创新

3.2.1 巩固拓展脱贫攻坚成果的制度创新

1. 防止返贫监测与帮扶机制的建立与完善

脱贫攻坚取得全面胜利,并不意味着贫困问题被彻底解决。返贫风险如同高悬的达摩克利斯之剑,时刻威胁着脱贫成果的稳定性。因此,建立并完善防止返贫监测与帮扶机制成为当务之急。这一机制是一项系统且复杂的制度创新,涵盖监测体系构建、风险评估、精准帮扶及动态管理等多个环节。

监测体系构建是整个机制的基础。传统的监测方式主要依赖人工定期走访,效率较低且容易出现遗漏。随着大数据、云计算等现代信息技术的飞速发展,利用数字化手段构建全方位监测信息平台成为趋势。该平台整合民政、教育、医疗、农业农村等多部门数据,打破信息孤岛,实现数据实时共享与动态更新。例如,通过医保报销数据监测脱贫户的医疗支出情况,若短期内医疗费用大幅增加,系统自动预警,提示可能存在因病致贫风险;借助教育部门的学籍数据,能及时掌握脱贫家庭学生的辍学信息,预防因学致贫现象发生。同时，结合实地走访，深入了解脱贫户生产生活实际状况，将数字化监测与实地调研有机结合，确保监测数据的准确性和全面性。

风险评估是精准识别返贫风险的关键步骤。综合考虑收入水平、家庭资产、突发重大事件等多维度因素，运用科学的评估模型对脱贫户进行风险分级。除了收入这一关键指标外，还需关注家庭资产的稳定性，如因自然灾害导致的农业生产设施受损、房屋倒塌等情况；突发重大事件，如家庭成员突发重大疾病、遭遇意外事故等，也会对家庭经济状况产生巨大冲击。根据风险分级结果，将脱贫户分为高、中、低三个不同风险等级，为后续精准帮扶提供依据。

精准帮扶是防止返贫的核心举措。针对不同风险等级和致贫原因，制定差异化帮扶措施。对于因产业发展失败面临返贫的家庭，提供技术指导、资金支持和市场信息服务。以某脱贫地区的水果种植户为例，由于市场价格波动，导致水果滞销，面临亏损。当地政府协调农业专家，为种植户提供水果保鲜技术和品种改良方案，延长水果销售期，提高水果品质；同时，组织电商平台与种植户对接，拓宽销售渠道，帮助其渡过难关。对于因突发重大疾病、意外事故等导致生活困难的家庭，启动临时救助和医疗救助等综合保障措施，保障其基本生活需求。

动态管理确保帮扶措施的有效性和及时性。建立定期回访制度，跟踪帮扶效果，根据脱贫户实际情况的变化及时调整帮扶措施。若经过一段时间帮扶，某脱贫户风险等级降低，可逐步减少帮扶资源投入；若帮扶效果不佳或出现新的风险因素，则应及时调整帮扶策略，形成闭环管理，切实保障脱贫成果的可持续性。

2. 脱贫地区特色产业可持续发展的制度保障

脱贫地区特色产业是巩固拓展脱贫攻坚成果、实现可持续发展的重要支柱。然而，特色产业在发展过程中面临诸多挑战，如市场波动、技术落后、资金短缺等。因此，建立健全特色产业可持续发展的制度保障体系至关重要。

产业规划与指导制度是特色产业发展的“指南针”。政府应结合当地资源禀赋、市场需求和产业基础，制定科学、合理的特色产业发展规划。在规划制定过程中，充分开展市场调研，深入分析产业发展趋势和潜在风险。例如，在一些山区，森林资源丰富，空气清新，具有发展林下经济的天然优势。政府可制定林下经济发展规划，明确发展中药材种植、家禽养殖等产业方向，并制定详细的发展路线图，包括产业布局、发展阶段目标、重点项目建设等内容，引导产业有序发展。同时，加强对特色产业的技术指导，建立专家服务团队，为企业和农户提供技术咨询、培训等服务，解决产业发展中的技术难题。

土地流转与经营制度创新是特色产业规模化、集约化发展的关键。完善土地流转服务平台，规范土地流转程序，保障农民合法权益。明确土地流转双方的权利和义务，签订规范的土地流转合同，防止土地流转过程中的纠纷。探索土地入股、土地托管等新型经营模式，让农民分享产业发展增值收益。以某脱贫县为例，其推行“公司+合作社+农户”的土地入股模式，农民以土地入股合作社，合作社与企业合作发展特色水果种植产业。企业负责提供技术、开拓市场，合作社组织农民进行生产管理。农民不仅能获得土地租金收入，还能参与合作社分红，同时在果园务工获取工资，实现了多渠道增收。

金融支持制度是特色产业发展的“助推器”。建立特色产业发展基金，由政府财政出资引导，吸引社会资本参与，为产业项目提供启动资金和发展资金。鼓励金融机构创新金融产品，推出针对特色产业的小额信贷、供应链金融等产品。例如，“果树贷”以果树作为抵押物，为水果种植户提供贷款，解决其资金周转难题。完善农业保险制度，扩大特色农产品保险覆盖范围，降低产业发展风险。针对特色农产品价格波动大、易受自然灾害影响等特点，开发价格指数保险、气象指数保险等创新型保险产品，保障农民和企业的利益。

3. 脱贫人口就业创业支持政策的优化与创新

就业创业是脱贫人口持续增收的根本途径。优化与创新脱贫人口就业创业支持政策，对于巩固拓展脱贫攻坚成果、促进脱贫地区经济社会发展具有重要意义。

职业技能培训制度的完善是提升脱贫人口就业能力的关键环节。根据市场需求和脱贫人口自身特点，制订个性化培训方案。市场需求是培训方向的重要导向，随着经济社会发展，不同行业对劳动力技能要求不断变化。例如，随着电商行业的兴起，企业对电商运营、直播带货等技能人才的需求大量增加；家政服务市场对专业月嫂、养老护理员等需求持续增长。针对有外出务工意愿的脱贫人员，开展电工、焊工、家政服务等技能培训；对希望在本地发展的人员，进行特色农产品加工、乡村旅游服务等培训。加强培训与就业的衔接，建立培训就业一体化服务机制。与企业签订订单式培训协议，根据企业用人需求开展培训，确保培训后有稳定就业岗位。同时，为参加培训的脱贫人员提供生活补贴、交通补贴等，提高其参与培训的积极性。

创业扶持政策创新激发脱贫人口创业活力。降低创业门槛，简化创业审批流程，为脱贫人口提供创业绿色通道。减少烦琐的审批环节，实行“一站式”服务，提高创业效率。设立创业担保贷款风险补偿基金，加大创业担保贷款额度，提高贷款贴息比例。某地区为脱贫人员提供最高额度达 20 万元的创业担保贷款，并给予全额贴息，减轻创业资金压力。建设创业孵化基地，为创业脱贫人员提供免费或低成本的办公场地、设备设施、创业指导等服务。创业孵化基地配备专业的创业导师，为创业者提供项目策划、市场分析、财务管理等方面的指导，提高创业成功率。

就业服务与权益保障制度为脱贫人口稳定就业保驾护航。搭建线上线下一体化就业服务平台，整合岗位信息，及时发布招聘信息。线上平台利用互联网技术，实现岗位信息的快速传播和精准匹配；线下平台通过举办招聘会、就业帮扶活动等，为脱贫人口提供面对面的就业服务。加强对企业招用脱贫人口的政策支持，给予税收减免、社保补贴等优惠政策，鼓励企业吸纳脱贫人口就业。强化劳动权益保障，加大劳动监察执法力度，确保脱贫人口工资按时足额发放，劳动安全卫生条件得到保障。定期开展劳动权益专项检查，对侵犯脱贫人口劳动权益的行为进行严肃查处，维护其合法权益。

3.2.2 推进共同富裕的制度创新

1. 收入分配制度创新：分层次针对性施策

针对不同收入群体有针对性地实施不同收入群体的制度。扩大中等收入群体、调节过高收入、取缔非法收入。收入分配制度创新是实现共同富裕的核心环节，关系社会公平正义和经济可持续发展。陈思思（2023）认为以经济的高质量发展为基础，创建收入结构平衡的橄榄型社会，最终实现全体人民全面发展的价值目标，是我国共同富裕道路的科学方案。扩大中等收入群体，关键在于提升劳动者素质和就业质量。加大教育投入，尤其是职业教育和技能培训，提高劳动者专业技能水平。职业教育是培养高素质技术技能人才的重要途径,通过深化产教融合、校企合作,让职业教育与市场需求紧密结合。例如,鼓励职业院校与企业共建实习实训基地,共同制订人才培养方案,使学生在学习过程中就能掌握实际工作所需技能。完善工资制度,建立工资正常增长机制,推动企业合理提高职工工资水平。通过行业集体协商,确定合理的工资增长幅度,保障劳动者收入与经济发展同步增长。同时,鼓励劳动者通过创业增加收入,为创业者提供政策支持和服务保障,拓宽收入渠道。

调节过高收入,需完善税收制度。加强个人所得税征管,优化累进税率结构,提高高收入群体税收贡献。对资本所得、财产转让所得等加强税收监管,防止税收流失。开征房产税、遗产税等税种,调节财富分配差距。试点房地产税,根据房产面积、价值等因素合理征收,抑制房产投机行为,调节财富分配。房地产税的征收能够促使房产资源合理配置,减少闲置房产,同时增加财政收入,用于改善民生和社会公共服务。

取缔非法收入,要强化市场监管和法律约束。加强对市场主体的监管,严厉打击偷税漏税、走私贩私、非法集资等违法违规行为。完善法律法规,加大对非法收入行为的惩处力度,提高违法成本。建立健全社会信用体系,将非法收入行为纳入信用记录,对违法者进行联合惩戒。例如,对偷税漏税企业,不仅要依法追缴税款、处以罚款,还要将其列入失信企业名单,在市场准入、融资贷款、政府采购等方面进行限制,维护公平公正的市场秩序和收入分配环境。

2. 社会保障制度创新:多层次保障体系构建与完善

构建多层次社会保障体系是推进共同富裕的重要保障,能够有效应对社会风险,保障人民基本生活,促进社会公平正义。

在基本社会保险方面,持续扩大覆盖范围,将灵活就业人员、新业态从业人员等纳入社保体系。随着经济社会的发展,就业形式日益多样化,灵活就业人员和新业态从业人员数量不断增加。以快递员、外卖配送员等为代表的新业态从业人员,工作流动性大、劳动关系复杂、参保难度较大。通过出台针对性政策,简化参保手续,降低参保门槛,将他们纳入社会保险覆盖范围。提高养老保险待遇水平,完善养老金调整机制,确保养老金与物价指数、工资增长指数挂钩。加强医疗保险制度整合,提高医保统筹层次,实现异地就医直接结算,减轻群众医疗负担。推进城乡居民基本医疗保险和城镇职工基本医疗保险的融合,提高保障的公平性和统一性。

补充保险制度的发展为社会保障提供多层次支持。鼓励企业建立企业年金和职业年金,提高职工退休后的收入水平。企业年金和职业年金作为企业和事业单位补充养老保险制度,由企业和职工共同缴费,职工退休后可以获得额外的养老金收入。发展商业健康保险、商业养老保险等商业保险产品,满足不同层次人群的个性化保障需求。商业保险公司推出的长期护理保险,为失能老人提供护理费用保障,减轻家庭负担。长期护理保险可以有效缓解失能老人家庭的经济压力,提高失能老人的生活质量。

社会救助与福利制度的优化体现社会公平。完善最低生活保障制度,提高保障标准,精准识别救助对象,做到应保尽保。加强特困人员供养服务,提升供养机构服务质量。发展残疾人福利、儿童福利等专项福利事业,保障特殊群体的基本生活和发展权益。建立残疾人托养服务机构,为智力、精神和重度肢体残疾人提供生活照料、康复护理等服务。通过优化社会救助与福利制度,让发展成果更多、更公平惠及全体人民。

3. 公共服务均等化制度创新:基本公共服务均衡发展

公共服务均等化是共同富裕的重要体现,关乎人民群众的获得感、幸福感和安全感。制度创新是实现教育、医疗、文化等公共服务均衡发展的关键。

在教育领域,推进教育资源均衡配置制度改革。加大对农村、贫困地区和薄弱学校的教育投入,改善办学条件,缩小城乡、区域和校际差距。实施教师交流轮岗制度,鼓励优秀教师到薄弱学校任教,提高薄弱学校教育教学质量。某地区建立教师“县管校聘”制度,教师由县级教育部门统一管理,定期在县域内学校之间交流轮岗,促进师资均衡分布。同时,利用互联网技术,开展在线教育,让偏远地区的学生也能享受到优质教育资源。建设教育资源共享平台,汇聚优质课程、教学案例等资源,供教师和学生免费使用。

在医疗方面,完善分级诊疗制度是实现医疗服务均等化的核心。明确各级医疗机构功能定位,引导患者合理就医。加强基层医疗卫生机构建设,提高基层医疗服务能力,培养全科医生队伍。建立双向转诊机制,实现小病在基层、大病到医院、康复回基层的有序就医格局。推进医疗信息化建设,实现远程医疗服务全覆盖,让偏远地区的群众也能享受到优质医疗资源。通过远程医疗系统,基层医生可以与上级医院的专家进行视频会诊,获取诊断和治疗建议,提高基层医疗服务水平。

在文化公共服务方面,创新文化资源分配制度。加大对农村和偏远地区的文化设施建设投入,如建设乡镇综合文化站、农家书屋等文化场所。实施文化惠民工程,开展送戏下乡、电影放映等文化活动,丰富基层群众文化生活。推动文化产业与公共文化服务融合发展,利用文化产业发展成果反哺公共文化服务。鼓励文化企业参与农村文化建设,开发具有地方特色的文化产品和服务,如民俗文化旅游、传统手工艺产品开发等,既促进文化产业发展,又丰富群众文化生活。

3.2.3 政策衔接与制度创新的协同推进

1. 政策衔接与制度创新的互动关系及协同机制

政策衔接与制度创新在从脱贫攻坚到共同富裕的进程中相互依存、相互促进,共同推动经济社会发展。政策衔接为制度创新提供实践基础。从脱贫攻坚到共同富裕,政策目标发生转变,脱贫攻坚阶段主要解决绝对贫困问题,是面向特殊人群和地区的政策;共同富裕追求全体人民的全面发展和社会公平正义,政策目标的调整引导着制度创新的方向。史志乐(2023)认为全面推进乡村振兴的根本落脚点是让农村居民增收,让农村居民共享经济社会发展成果。在脱贫攻坚向乡村振兴有效衔接过程中,产业扶持政策从单纯帮助贫困地区发展特色产业以实现脱贫,转变为推动农村产业兴旺,实现产业融合发展。政策在实践过程中发现的问题和积累的经验,为制度创新提供了现实依据。在脱贫攻坚过程中,发现部分贫困地区产业发展缺乏可持续性,根源在于土地流转不规范、金融支持不足等问题,这些实践反馈促使在制度创新过程中,针对这些问题进行制度设计和完善,推动制度不断优化,形成渐进式制度创新与改革。

制度创新为政策衔接提供保障和关键支撑。完善的制度体系能够确保政策的有效实施和持续推进。制定返贫监测与帮扶机制,为巩固和拓展脱贫攻坚成果政策的落实提供制度保障。通过建立精准的监测体系、有效的帮扶措施和动态管理机制,保障脱贫户不返贫,使巩固拓展脱贫攻坚成果的政策得以顺利执行。多层次医疗保障制度为推进共同富裕政策的实施奠定坚实基础。完善的社会保障体系能够缓解社会矛盾,保障人民基本生活,为经济发展创造稳定的社会环境,促进共同富裕政策的有效实施。制度创新还能优化政策执行环境,提高政策执行效率。通过简化行政审批流程、建立信息共享平台等制度创新举措,打破部门之间的壁垒,提高政策执行的协同性和效率,促进政策目标的实现。

2. 典型地区在政策衔接与制度创新中的成功经验

在从脱贫攻坚迈向共同富裕的进程中,不少地区积极探索政策衔接与制度创新,形成了各具特色且行之有效的发展模式,为其他地区提供了宝贵的经验与借鉴。

以浙江省湖州市安吉县为例,安吉县在生态、产业、社会等多方面的政策衔接与制度创新上成果斐然。在生态领域,安吉县构建了一套严密的生态文明制度体系。为了守护好绿水青山,安吉县制定了严格的环境准入标准,对高污染、高能耗企业坚决说"不"。同时,创新生态补偿机制,设立专项资金,对积极参与生态保护的农户和企业给予经济补偿。例如,安吉县对在生态公益林建设、河道生态修复等方面做出贡献的主体,按照面积或成效给予相应的资金奖励。这一制度不仅提高了各方保护生态的积极性,还为生态环境的持续改善提供了经济保障。

在产业发展方面,安吉县将生态优势转化为产业优势,实现了脱贫攻坚与乡村振兴在产业政策上的无缝衔接。早期,安吉县通过发展竹制品加工、白茶种植等特色产业帮助农民脱贫致富。随着时代的发展,为推动产业升级,政府出台了一系列政策鼓励产业融合创新。一方面,引导竹制品企业向高端化、创意化方向发展,开发竹纤维纺织品、竹制工艺品等高附加值产品;另一方面,将白茶种植与乡村旅游相结合,打造集茶叶采摘、加工体验、茶文化品鉴于一体的乡村旅游项目。在这一过程中,政府还建立了产业服务平台,为企业提供技术研发、市场推广、人才培训等全方位服务,促进了特色产业的可持续发展。

安吉县的成功经验表明,政策衔接与制度创新要以生态保护为前提,要挖掘生态资源的经济价值,实现生态与经济的良性互动,产业发展要注重政策的延续性和创新性,要推动产业融合升级,提升产业竞争力;各地要持续加大公共服务领域的制度创新力度,促进城乡公共服务均衡发展,让发展成果更多、更公平地惠及全体人民。

广东省佛山市南海区则在城乡融合发展的政策衔接与制度创新方面走出了一条独特的道路。在土地制度改革上,南海区积极探索农村集体经营性建设用地入市制度,通过完善相关法律法规和操作流程,允许农村集体经营性建设用地在符合规划和用途管制的前提下,与国有土地同等入市、同权同价。这一举措激活了农村土地资源,为农村产业发展和基础设施建设提供了土地要素保障。例如,某村利用集体经营性建设用地引入一家大型企业建设产业园区,不仅增加了村集体的土地出让收入,还为村民创造了大量就业机会,促进了农村经济的发展。

在产业政策衔接上,南海区以制造业为基础,推动传统产业转型升级与新兴产业培育协同发展:一方面,出台专项政策鼓励传统制造业企业进行智能化改造,对实施智能化升级的企业给予资金补贴、税收优惠等支持;另一方面,大力培育新能源、新材料、电子信息等新兴产业,打造产业发展新引擎。为了促进产业集聚发展,南海区还建设了多个特色产业园区,配套完善的基础设施和公共服务,吸引企业入驻。

在社会治理方面,南海区创新基层治理模式,构建了多元主体参与的协同治理机制;鼓励社会组织、企业、乡贤等参与农村事务管理,成立了多个社区发展基金会,募集社会资金用于农村公益事业建设;利用大数据、人工智能等技术建立基层治理智慧平台,实现了对农村事务的实时监测和高效管理。比如,通过平台可以及时掌握农村环境卫生、社会治安等情况,发现问题后迅速调配资源进行处理。

这些典型地区的成功实践充分证明,政策衔接与制度创新是从脱贫攻坚迈向共同富裕的关键驱动力。各地应结合自身实际,借鉴先进经验,不断探索适合本地的发展路径,持续推动经济社会发展,向着共同富裕的目标稳步迈进。

3.3 从减贫实践到共同富裕范式转型的总结

3.3.1 中国减贫实践的历史进程

早期探索阶段:自中华人民共和国成立以来,中国共产党就致力于消除贫困。从土地革命时期的“耕者有其田”,到中华人民共和国成立后的土地改革,中国废除了封建土地制度,为减贫奠定了制度基础。

改革开放后的减贫实践:自改革开放后,中国通过农村经济体制改革和经济增长带动减贫,实施了一系列开发式扶贫方针,引导贫困地区的群众以市场为导向,调整经济结构,开发当地资源,提高自我发展能力。

精准扶贫方略的实施:党的十八大以来,中国提出了精准扶贫方略,这是打赢脱贫攻坚战的法宝。中国通过精准识别、精准施策、精准帮扶、精准退出方略,确保了脱贫攻坚取得全面胜利。

3.3.2 中国减贫实践到共同富裕的范式转型

从消除绝对贫困到共同富裕的目标转变:消除绝对贫困是共同富裕的前提和基础。中国通过精准扶贫方略,历史性地解决了困扰中华民族几千年的绝对贫困问题,为走向共同富裕奠定了坚实的基础。随着绝对贫困的消除,中国的发展进入了新的阶段,共同富裕成为新的奋斗目标。共同富裕不仅要求物质生活的富裕,还要求精神生活的富裕,是全体人民共同富裕,而不是少数人的富裕。

从单一减贫到多维治理的范式转型:在减贫实践中,中国逐渐认识到贫困问题的复杂性和多样性,从单一的经济扶贫转向经济、社会、文化等多维度的综合治理。通过加强基础设施建设、提升公共服务水平、促进教育、医疗、文化等事业的发展,为贫困地区和贫困群众创造更好的发展条件,增强其自我发展能力。

从政府主导到多元主体协同共治的格局转变:在减贫实践中,中国政府发挥了主导作用,注重调动社会各界的力量,形成了政府、社会、市场协同推进的大扶贫格局。随着共同富裕目标的提出,这种多元主体协同共治的格局将进一步深化和拓展,形成全社会共同参与、共同推进共同富裕的良好氛围。

从注重短期脱贫到关注长期发展的理念转变:在减贫实践中,中国不仅关注贫困人口的短期脱贫问题,还注重培养其长期发展能力,防止返贫现象的发生。在共同富裕的实践中，中国将继续坚持这一理念，通过实施乡村振兴战略、促进城乡融合发展等措施，推动贫困地区和贫困群众实现长期稳定的发展。

3.3.3　中国减贫实践到共同富裕的范式转型的意义

丰富了人类反贫困理论：中国的减贫实践走出了一条中国特色减贫道路，形成了中国特色反贫困理论，为全球减贫事业提供了宝贵经验和有益借鉴。

提振了各国特别是广大发展中国家消除贫困的信心：中国作为世界上最大的发展中国家，成功消除了绝对贫困，为其他国家选择适合自己的减贫发展道路提供了参考和借鉴。

为破解现代国家治理难题提供了中国方案：中国的减贫实践体现了中国共产党对社会主义本质要求的深刻理解和不懈追求，为破解现代国家治理难题提供了有益的经验和启示。

推动了全球减贫事业的发展：中国通过积极参与国际减贫合作，分享减贫经验和技术，为推动全球减贫事业的发展做出了重要贡献。

中国减贫实践到共同富裕的范式转型是一个深刻而系统的过程，体现了中国共产党对社会主义本质要求的深刻理解和不懈追求。随着这一转型的深入推进，中国将为实现全体人民共同富裕的目标不懈努力，不断开创中国特色社会主义事业新局面。

第4章　国际比较视野下的减贫与共同富裕

4.1　问题提出与理论框架

4.1.1　问题提出：减贫与共同富裕的全球性和紧迫性

减贫与共同富裕是全球性的议题，其紧迫性日益凸显。各国应共同承担责任，加强国际合作，共同推进全球减贫和共同富裕事业。

1. 减贫的全球性与紧迫性

尽管全球减贫事业取得了显著成就，但贫困问题仍然严峻。根据世界银行的数据，目前全球仍有数亿人口生活在极端贫困之中，他们面临食物短缺、缺乏基本医疗服务和教育机会等困境。

首先，表现为贫困问题的全球性影响。贫困不仅影响贫困人口的生存和发展，还对整个社会的稳定和发展造成威胁。贫困导致社会不平等加剧，影响社会稳定；同时，贫困地区的经济发展滞后，也会拖累全球经济的增长。其次，减贫也是国际社会的共同责任。消除贫困是联合国2030年可持续发展议程的首要目标。各国应共同承担责任，加强国际合作，共同推进全球减贫事业。

2. 共同富裕的全球性和紧迫性

首先，共同富裕是人类社会的共同理想。实现共同富裕是千百年来人类共同的梦想和价值追求。无论是中国的"大同"思想，还是西方的"乌托邦""理想国"理论，都体现了人们对共同富裕的向往；其次，共同富裕是实现全球可持续发展的关键。

共同富裕不仅是经济发展的目标，更是社会进步的重要标志，只有实现共同富裕，才能确保全球经济的可持续发展，促进社会的和谐稳定。但是也要意识到共同富裕面临的严峻挑战。尽管各国都在为实现共同富裕而努力，但面临诸多挑战。例如，经济发展不平衡、贫富差距扩大、社会不平等加剧等问题，都制约了共同富裕的实现。

4.1.2　理论框架：减贫与共同富裕的驱动机制

1. 关键理论视角

减贫与共同富裕的关键理论介绍如下。

(1)福利国家理论：北欧模式中的高税收-高福利体系，如瑞典的全民医疗与教育。

(2)包容性增长理论：世界银行倡导的经济增长与机会平等协同，如韩国"新村运动"。

(3)马克思主义政治经济学：生产资料分配与社会公平的关系，如古巴的全民社会保障。

(4)新发展主义：拉美国家对资源再分配与本土化发展的探索，如巴西 Bolsa Família 计划。

(5)分析的主要维度包括经济政策：土地改革、产业政策、税收调节，如法国的财富税。

(6)社会政策：普惠性社会保障，如德国的“哈茨改革”。

(7)教育医疗投入，如印度的“全民医保计划”。

(8)制度环境：腐败治理，如新加坡的廉政体系。

(9)公民参与：如巴西的参与式预算。

2. 驱动机制

(1)减贫的驱动机制

一是政策驱动。政府通过制定和实施扶贫政策，为减贫提供制度保障。罗良清等(2022)认为扶贫政策包括财政补贴、税收优惠、产业扶持、教育支持等，旨在帮助贫困人口提高收入水平、改善生活条件。二是市场驱动。市场经济的发展为减贫提供了强大动力。通过市场机制的作用，贫困地区和贫困人口可以参与到市场竞争中，通过发展产业、提高生产效率等方式实现脱贫。三是社会驱动。社会组织、企业和个人等社会力量的参与，为减贫提供了多元化支持。这些力量可以通过捐赠资金、提供技术支持、开展志愿服务等方式，帮助贫困人口解决实际问题。四是创新驱动。科技创新在减贫中发挥着越来越重要的作用，通过引入新技术、新模式和人工智能，可以提高农业生产效率，增加农产品附加值，为贫困地区和贫困人口创造更多收入来源。五是国际合作驱动。国际合作是减贫的重要推动力，通过与其他国家和地区开展合作，可以借鉴先进经验和技术，共同应对贫困问题，实现共赢发展。

(2)共同富裕的驱动机制

一是经济增长驱动。经济增长是实现共同富裕的物质基础，通过促进经济持续稳定增长，可以提高全社会的收入水平，为实现共同富裕提供有力保障。二是收入分配调节驱动。合理的收入分配制度是实现共同富裕的关键，通过调节收入分配，可以缩小贫富差距，提高低收入群体的收入水平，促进共同富裕的实现。三是社会保障驱动。完善的社会保障体系是实现共同富裕的重要支撑，通过建立健全的社会保障体系，可以为低收入群体提供基本生活保障，减轻他们的后顾之忧，促进共同富裕的实现。四是教育驱动。教育是实现共同富裕的重要途径，通过提高教育水平，可以增强人们的就业能力和创业能力，提高收入水平，为实现共同富裕提供有力支持。五是区域协调发展驱动。区域协调发展是实现共同富裕的重要保障，通过促进不同地区之间的协调发展，可以缩小地区间的发展差距，实现共同富裕的目标。

(3)减贫与共同富裕驱动机制的综合分析

减贫与共同富裕的驱动机制是相互关联、相互作用的。政策驱动、市场驱动、社会驱动、创新驱动和国际合作驱动等机制共同作用于减贫过程，促进贫困人口脱贫致富。同时，经济增长驱动、收入分配调节驱动、社会保障驱动、教育驱动和区域协调发展驱动等机制则共同作用于共同富裕过程，推动全社会实现共同富裕。

在实践中，需要综合运用这些驱动机制，形成合力，共同推动减贫与共同富裕目标的实现。例如，政府可以制定有利于贫困地区和贫困人口发展的政策，同时引导市场力量和社会力量参与减贫事业;通过加强教育投入、提高教育质量,为贫困人口提供更多的发展机会;通过完善社会保障体系、提高社会保障水平,为贫困人口提供基本生活保障;通过促进区域协调发展、缩小地区间发展差距,为实现共同富裕创造有利条件。

减贫与共同富裕的驱动机制是多方面的、综合性的。只有综合运用这些机制,形成合力,才能有效推动减贫与共同富裕目标的实现。

4.2 国际比较与关键变量

4.2.1 发达国家经验

1. 北欧福利模式

北欧福利模式是指北欧国家(包括丹麦、瑞典、挪威、芬兰和冰岛)所实行的一套以高福利、高税收、全民覆盖为特征的社会福利制度,其核心是通过国家干预和再分配手段,实现社会公平与经济发展的平衡。

(1)主要特点

①全民覆盖与高度保障

医疗保障。北欧国家实行全民公费医疗,无论城乡、贫富,公民都能享受免费或低成本的医疗服务。北欧国家建立了一整套全民社会福利制度,涵盖公民从出生到死亡的各个方面,包括医疗、教育、养老、失业、工伤、住房、育儿等。这些福利项目不仅面向本国公民,也向符合条件的外来移民开放。

教育保障。从幼儿园到大学,教育全部免费,部分国家还为大学生提供生活津贴。

养老保障。北欧国家的养老金制度较为完善,退休者可以享受相当于退休前收入70%左右的养老金,这些养老金通常与物价挂钩,不受通货膨胀影响。

家庭福利。提供高额的育儿补贴、长期的产假和育儿假,鼓励生育和家庭发展。北欧国家的育儿政策非常完善,包括产假、陪产假、父母假等。例如,瑞典父母可以共享480天的育儿假,其间享受相当于原工资80%的津贴。此外,政府还提供日间照料服务和在家照料补贴,以支持家庭育儿。

②提高税收支撑

北欧国家的税收占GDP的比重较高,如瑞典2020年税收占GDP的比重达42.6%。高税收用于支持广泛的福利项目,同时通过累进税制调节收入分配,缩小贫富差距。北欧国家的高福利是通过高税收来实现的。个人工资的1/3以上用于缴纳个人所得税,瑞典人平均要拿出60%以上的收入缴纳各种税费。高税收政策不仅积累了大量的公共资金以支持社会福利,还抑制了贫富差距的扩大。

③强调就业与社会参与

北欧福利模式以全民就业为基础,政府通过职业培训、就业补贴等措施促进就业,鼓励公民参与劳动。北欧国家注重实现充分就业,政府通过职业培训、按职位空缺匹配岗位等措施,帮助失业者重新就业。在经济低迷时期,政府还会通过以工代赈等方式,创造就业机会。

④社会服务完善

提供全面的社会服务，如公共托儿所、社区中心、老年护理等，以减轻家庭负担，提高生活质量。

⑤社会公平与性别平等

北欧国家强调社会公平和性别平等，通过政策支持女性就业，减少性别歧视。例如，挪威的产假政策鼓励父亲参与育儿，规定父亲必须休满一定时间的育儿假。

(2)可持续性挑战

尽管北欧福利模式在社会公平和生活质量方面取得了显著成效，但也面临着一些挑战，如高税收对个人和企业储蓄与投资的抑制，以及福利制度可能滋生的“懒人”现象。此外，人口老龄化和移民问题也对福利体系的可持续性提出了挑战。

(3)对其他国家的启示

北欧的福利模式为其他国家提供了实现共同富裕和社会公平的借鉴。其成功经验在于通过国家干预和社会保障体系，平衡经济增长与社会公平。然而，这种模式也依赖于特定的社会文化背景和经济条件，其他国家在借鉴时需要结合自身实际情况。

总之，北欧的福利模式是基于其深厚的历史文化传统和社会契约理论形成的，核心在于通过高税收支持高福利，实现社会公平与经济发展的平衡。

2. 美国“工作福利制”

美国的“工作福利制”是一种将社会福利与就业相结合的制度，其核心理念是通过提供就业培训、工作机会和相关支持，鼓励有劳动能力的福利接受者参与工作，从而减少对长期福利的依赖，强调个人责任与政府支持的平衡，这一制度的核心是“以工作换福利”。下面从历史背景与发展、主要内容、面临的挑战、批评与争议4方面进行分析。

(1)历史背景与发展

①传统福利制度的困境

20世纪中期，美国的“抚养未成年子女家庭援助”(AFDC)项目为低收入家庭提供现金援助，但批评者认为其导致“福利依赖”，削弱工作动机。20世纪90年代，福利改革呼声高涨。

②1996年福利改革

克林顿政府签署《个人责任与工作机会法案》(PRWORA)，以“贫困家庭临时援助计划”(TANF)取代AFDC，标志工作福利制的确立。TANF的核心首先是时间限制，即联邦资助的现金援助最多60个月(各州可缩短)。其次是工作要求，受助者需在2年内参与工作或培训(如每周工作30小时)。最后是州级有自主权，各州可设计具体实施方案，灵活调整资格标准和激励措施。

(2)主要内容

一是从“救济福利”向“工作福利”的转变。20世纪90年代，美国政府将社会保障管理的权力从联邦政府移交给州和地方政府，权力下移，减少中间环节，提高了效率。制定鼓励个人就业的政策，要求有劳动能力的福利接受者在接受福利的同时必须参加就业技能培训，并在规定的时间内找到工作。

二是提供就业培训与再教育。美国政府通过立法实施了一系列职业教育、培训和工作鼓励计划，帮助失业者和在职者提升技能，适应市场需求，培训旨在减少因劳动者知识和技能老化造成的失业。

三是雇主提供的福利支持,包括带薪休假与灵活工作安排、教育援助、健康与福利计划。雇主通常会提供带薪年假、病假等福利,同时支持灵活工作安排,如远程工作、弹性工作时间等,以帮助员工更好地平衡工作与生活;为员工报销教育经费并提供教育援助,支持员工参加大学课程、职业培训等,以提升其技能和职业发展;提供医疗保险、牙科保险、视力保险等健康福利,以及健身补贴、健康咨询等健康促进计划。

(3)面临的挑战

一是福利申请与管理的复杂性。申请社会福利需要填写大量表格和材料,流程烦琐,导致许多需要帮助的人在申请过程中半途而废。社会保障体系管理成本高,机构重叠,导致效率低下,浪费严重。

二是福利水平的不均衡。不同州之间的福利水平差异较大,失业保险金额在各州之间存在巨大差异,且大部分州的失业保险福利水平相对较低。医疗保险费用高昂,覆盖范围有限,导致许多人无法获得必要的医疗服务。

三是就业市场的不稳定性。尽管"工作福利制"鼓励就业,但美国的就业市场存在高度的灵活性和不稳定性,尤其是在经济不景气时期,失业率上升,工作机会减少。

四是福利依赖与社会公平问题。部分人群可能因长期依赖福利而失去就业的动力,导致"福利依赖"现象的普遍存在。福利制度的覆盖范围和效果存在差异,一些真正需要帮助的人未能得到充分救助,而一些人可能滥用福利制度。

五是人口老龄化与财政压力。随着人口老龄化加剧,社会保障体系的财务负担日益沉重,养老金和医疗保健支出不断上升。政府需要寻找新的资金来源,以确保社会福利的可持续性。

六是社会福利对家庭结构的影响。社会福利制度逐渐改变了家庭价值观,一些人忽视了照顾家庭的责任,导致单亲家庭和离婚家庭比例上升。

七是政治与意识形态的分歧。美国社会福利政策的发展受到政治和意识形态的影响,不同政党对福利政策的理念和偏好存在差异,导致政策的摇摆和不稳定。

(4)批评与争议

一是贫困陷阱与脆弱性。时间限制可能导致家庭在失业或经济危机时失去安全网。

二是行政障碍与惩罚性。复杂的申请流程和严格的工作要求使部分弱势群体如低技能者、单亲母亲难以合规。"制裁"措施可能加剧贫困,研究显示约半数受助者因未能满足要求被削减福利。

三是种族与性别不平等。非裔和拉丁裔家庭更易受制裁影响。单亲母亲需平衡工作与育儿,但托儿支持不足。

四是经济周期的影响。经济衰退期间,就业机会减少,缺乏弹性应对机制,如2008年金融危机期间福利覆盖率未显著上升。

美国工作福利制体现了"从福利到工作"的理念转型,在一定程度上推动了劳动力参与,但也暴露了安全网收缩、结构性不平等等问题。未来政策需在个人责任与社会支持之间寻求更精细的平衡。

4.2.2　新兴经济体实践

1. 新兴经济体与发展中国家比较

新兴经济体与发展中国家有哪些区别与联系呢？下面主要从定义、涵盖范围、经济表现与发展阶段、国际地位与影响力等方面进行分析。

(1)定义

新兴经济体：通常指某一国家或地区的经济蓬勃发展，成为新兴的经济实体。然而，国际上并没有一个公认的准确界定。这些经济体往往具有较快的经济增长速度、较大的经济规模和人口总量、较高的经济开放程度等特点。

发展中国家：指经济、技术、人民生活水平程度较低的国家，与发达国家相对。同样，国际上也没有一个统一的、为人们所普遍接受的定义。这些国家通常人均GDP相对较低，地域辽阔，人口众多，拥有广大的市场和丰富的自然资源。

(2)涵盖范围

新兴经济体涵盖范围较为广泛，但并非所有的发展中国家都是新兴经济体。英国《经济学人》杂志曾将新兴经济体分成两个梯队：第一梯队为中国、巴西、印度、俄罗斯和南非(金砖国家)；第二梯队包括墨西哥、菲律宾、土耳其、印度尼西亚、埃及、阿根廷、波兰、匈牙利、马来西亚等“新钻”国家。二十国集团中的部分发展中国家也被视为新兴经济体。

发展中国家：涵盖范围更广，几乎包括了世界上所有非发达国家的经济体。发展中国家占世界陆地面积和总人口的70%以上，主要分布在亚洲、非洲、拉丁美洲等地区。

(3)经济表现与发展阶段

新兴经济体通常表现出强劲的经济增长势头，经济结构不断优化，创新能力逐渐增强。这些经济体在全球化进程中积极吸引外资，扩大对外贸易，提升国际竞争力。部分新兴经济体已经开始向发达国家行列迈进。

发展中国家经济表现参差不齐，整体增速放缓成为“新常态”。尽管增速高于发达经济体，但部分发展中国家仍面临贫困、失业、基础设施落后等问题。发展中国家需要继续努力提升经济发展水平，改善人民生活条件。

(4)国际地位与影响力

新兴经济体在国际舞台上逐渐崭露头角，成为推动全球经济增长的重要力量。新兴经济体之间的合作日益加强，共同应对全球性挑战。这些经济体在国际贸易、金融等领域的影响力逐渐扩大。

发展中国家在国际事务中发挥着重要作用，但整体国际地位仍有待提升。发展中国家需要加强团结合作，共同争取更多的国际支持和发展机遇，通过南南合作、南北对话等方式，推动全球治理体系改革和完善。

新兴经济体与发展中国家虽然有一定的重叠，但并非完全相同的概念。新兴经济体通常指那些经济蓬勃发展、具有较大潜力和影响力的发展中国家，而发展中国家则是一个更广泛的概念，涵盖了所有经济、技术、人民生活水平程度较低的国家。在实际应用中，需要根据具体的研究主题和语境来界定这两个概念的范围和内涵。

2. 新兴经济体典型模式比较

新兴经济体在减贫与共同富裕实践中具有典型模式，结合政策工具、实施路径与成效挑战,以6个有代表性的国家案例展开分析比较。

(1)中国:精准扶贫与乡村振兴联动模式

中国在减贫方面采取的核心措施包括:一是精准识别,2014年建档立卡识别贫困人口9 899万,动态调整机制防止“漏评错退”;二是多维干预,“五个一批”工程(发展生产脱贫一批、易地搬迁脱贫一批、生态补偿脱贫一批、发展教育扶智脱贫一批、社会保障兜底脱贫一批);三是对口帮扶,东部省份与西部贫困县“结对子”(如上海帮扶云南),央企定点扶贫。

在以上措施基础上取得了显著成效:2020年消除绝对贫困,贫困县农村居民可支配收入年均增长30%。与乡村振兴衔接:2023年中央财政投入1 560亿元支持脱贫地区特色产业。面临的挑战包括:返贫风险,部分脱贫户依赖政策补贴,内生发展动力不足;城乡差距仍然存在,2023年城乡收入比2.45∶1,农村公共服务仍存短板。

(2)巴西:有条件现金转移支付(CCT)模式

巴西减贫与共同富裕方面采取的核心措施包括Bolsa Família计划(2003年启动):向极端贫困家庭每月发放现金(约40美元),条件包括儿童入学率、疫苗接种率。同时进行政策整合:合并原有碎片化补贴,建立统一登记系统。

取得了不错的成效:贫困率从2003年的35%降至2020年的23%,儿童辍学率下降50%。女性赋权:90%补贴由女性领取,提升家庭资源支配权。

面临严峻挑战:财政依赖,计划占政府开支4%,经济衰退期难以为继;就业激励不足,部分家庭陷入“福利陷阱”,缺乏向上流动通道。

(3)印度:以工代赈与普惠金融结合模式

印度采取的核心措施包括《国家农村就业保障法》(MGNREGA):每年为每户提供100天公共工程就业(如修路、挖井),工资直达银行账户。普惠金融:2014年“Jan Dhan计划”为3.5亿穷人开设零门槛银行账户,推动数字支付普及。

取得的成效:农村失业率下降2.5%,女性劳动参与率提升至30%(2023年)。

面临的挑战:执行低效,项目延迟拨款率达40%,工资拖欠普遍;技能错配,多数岗位为低技能体力劳动,难以促进产业升级。

(4)南非:种族矫正性经济赋权模式

南非采取的核心措施包括《黑人经济振兴法案》(BEE):要求企业向黑人转让股权(矿业公司需26%黑人持股),政府采购向黑人企业倾斜。土地再分配:目标将30%农地转移至黑人所有者(目前完成不足10%)。

取得的成效主要包括黑人中产阶级从1994年30万增至2023年600万,种族财富差距缩小。黑人控股企业市值占比从0升至23%(2023年)。

面临的挑战:精英俘获,政策红利集中于少数黑人寡头,底层受益有限;外资撤离,股权强制转让导致部分跨国公司撤资(如壳牌退出部分业务)。

(5)印尼:资源收益共享与社区主导发展模式

印尼采取的核心措施包括《乡村基金法》:将国家财政收入的1%直接拨付至7.4万个村庄,由村民大会决定用途(如修路、建学校)。社区林业权:授予原住民森林管理权,通过可持续伐木增收(如加里曼丹社区林业项目)。

取得的成效主要是2015—2023年累计拨付乡村基金120亿美元,贫困率从11%降至9.5%。森林砍伐率下降30%,社区环保意识增强。

存在的挑战主要表现为：地方腐败，部分村主任挪用资金（2022 年审计发现 15%资金滥用）；资源诅咒，过度依赖矿产与棕榈油出口，经济结构单一化。

（6）越南：出口导向增长与包容性工业化模式

越南采取的核心措施包括劳动密集型产业驱动：吸引外资（如三星投资 180 亿美元建厂），创造纺织、电子装配岗位。土地承包到户：1986 年“革新开放”后，小农可长期租赁土地，提高农业生产力。

取得的成效主要有贫困率从 1993 年 58%降至 2023 年 5%，成为全球增长最快经济体之一。女性就业率 62%（制造业占比 70%），性别平等指数东盟领先。

面临的严峻挑战主要是：如何跨越中等收入陷阱，人均 GDP 仅 4 000 美元，产业升级面临技术壁垒；劳工权益争议，最低工资仅 200 美元/月，罢工事件频发。

3. 新兴经济体关键启示

新兴经济体在减贫与共同富裕实践中典型模式比较见表 4-1。

表 4-1　新兴经济体在减贫与共同富裕实践中典型模式比较

国家	核心理念	优势	短板
中国	国家主导系统干预	快速消除绝对贫困	行政成本高，市场活力低
巴西	社会政策精准滴灌	短期见效快，赋权女性	财政不可持续，依赖转移支付
印度	就业保障+金融包容	提升底层参与感	低技能锁定，腐败严重
南非	结构性种族正义	打破历史性不平等	加剧新精英垄断
印尼	资源收益地方分权	激活社区自治能力	治理能力不足，资源依赖
越南	增长红利共享	融入全球价值链促就业	劳工保护与产业升级困境

4. 新兴经济体减贫与共同富裕的共性经验及未来挑战

（1）共性经验

一是混合型政策工具：国家主导（如中国）与市场激励（如越南）结合，避免单一路径依赖。

二是技术赋能：数字支付（印度）、大数据识别（中国）降低政策执行成本。

三是社会参与：巴西社区监督委员会、印尼村民大会增强政策合法性。

四是国际资源整合：利用世行贷款（印尼）、外资技术（越南）弥补本土短板。

（2）未来挑战

一是超越绝对贫困：从收入维度转向多维贫困（教育、健康、环境权益）。

二是平衡效率与公平：避免过度再分配抑制市场活力（如南非外资撤离）。

三是绿色共富：将生态保护纳入减贫框架（如印尼社区林业、中国生态补偿）。

四是全球合作：应对粮食危机、债务陷阱等跨国性贫困诱因。

新兴经济体的实践表明，减贫与共同富裕需根植于本土制度文化，在政府能力、市场机制与社会赋权间寻找动态平衡，而非简单复制他国模板。

4.2.3　影响减贫与共同富裕的关键变量

在减贫与共同富裕实践中到底受到哪些关键变量影响呢？根据以上发达国家模式与

新兴经济体的实践比较，下面主要从经济结构转型、政治制度与治理能力、文化与价值观等方面进行分析。

1. 经济结构转型

主要从经济结构转型的定义与特征、经济结构转型如何推动减贫与共同富裕、结构转型对减贫与共同富裕的潜在挑战、优化结构转型减贫效应的关键路径等方面进行分析。

（1）经济结构转型的定义与特征

经济结构转型指一国经济从低附加值产业（如农业、传统制造业）向高附加值产业（如服务业、高新技术产业）转变的过程，通常伴随以下特征。

产业升级：农业占比下降，工业和服务业占比上升，数字经济等新业态涌现。

技术渗透：自动化、数字化技术替代传统劳动密集型生产。

要素配置优化：资本、劳动力、数据等要素向高效率部门流动。

全球化参与：从低端代工转向全球价值链中高端环节。

（2）经济结构转型如何推动减贫与共同富裕

①创造就业与收入提升

非农就业机会扩张：工业化与服务业发展吸纳农村剩余劳动力，如中国改革开放后农民工向制造业转移，贫困率从 1981 年的 88%降至 2015 年的 0.7%（世界银行数据）。

工资水平上涨：高附加值产业提高劳动生产率，带动劳动者收入增长。例如，韩国在 1970—1990 年制造业升级期间，人均 GDP 增长超 10 倍，基尼系数从 0.36 降至 0.29。

②打破贫困代际传递

人力资本投资激励：产业结构升级增加对技能劳动力的需求，促使家庭投资教育。中国高等教育毛入学率从 2000 年的 12.5%升至 2023 年的 60%，助力低收入群体向上流动。

社会保障体系完善：经济实力增强后，政府可扩大公共服务覆盖（如医保、养老金），降低脆弱性贫困。

③区域均衡发展潜力

产业梯度转移：发达地区产业升级后，传统产业向欠发达地区转移，带动当地就业。如中国“西部大开发”中承接东部制造业，四川、重庆等地贫困率显著下降。

城乡要素流动：城市化促进土地、劳动力市场化，农民通过土地流转、进城务工增加财产性收入。

（3）经济结构转型对减贫与共同富裕的潜在挑战

①结构性失业与技能错配

技术替代风险：自动化可能淘汰低技能岗位，如制造业机器人取代流水线工人，导致“技术性失业”。

教育滞后效应：贫困群体难以负担技能培训，陷入“低技能—低收入”循环。例如，印度 IT 服务业虽然繁荣却未能惠及文盲率高的农村地区。

②收入分配差距扩大

资本与劳动回报分化：高附加值产业往往资本密集型，资本所有者获利更多。全球前 1%的人口财富占比从 1995 年的 33%升至 2021 年的 45%（世界不平等报告）。

区域发展不平衡：资源向中心城市集聚，欠发达地区被边缘化。如中国东部沿海的 GDP 一度为西部的 3 倍。

③社会政策配套不足

福利制度滞后：部分国家在转型中忽视社会保障网建设，如拉美国家在20世纪80年代新自由主义改革后贫困率反弹。

环境代价转嫁：高污染产业转移至贫困地区，牺牲生态换取短期增长，如非洲采矿业引发的“资源诅咒”。

（4）优化结构转型减贫效应的关键路径

①构建包容性产业政策

发展劳动密集型服务业：旅游业、养老护理等产业可吸纳低技能劳动力，避免过度依赖资本密集型增长。

支持小微企业与数字经济：电商平台为偏远地区提供市场接入渠道，如中国拼多多助农模式。

②强化人力资本投资

普及职业教育与技能培训：德国“双元制”教育体系将企业需求与培训结合，青年失业率长期低于欧盟平均水平。

定向教育补贴：巴西“家庭补助金计划”要求受助家庭保障子女入学，阻断贫困代际传递。

③完善再分配与社会保护

累进税制与转移支付：北欧国家通过高税收、高福利将基尼系数控制在0.25左右。

普惠性社会保障：中国新型农村合作医疗覆盖超10亿人，大幅降低因病致贫风险。

④促进区域协调发展

基础设施互联互通：高速公路、高铁网络缩小区域市场分割，如中国“八纵八横”铁路网。

生态补偿与产业协作：浙江对丽水市实施生态补偿，支持绿色产业替代传统工业。

经济结构转型本身不必然导向减贫与共同富裕，其效果取决于产业路径选择、社会政策配套与利益分配机制。成功的转型需平衡效率与公平：一方面通过技术创新释放增长潜力；另一方面通过教育、税收和社会保障构建“共享型”制度框架。中国的经验表明，政府主动引导转型方向，弥合市场缺陷，是实现减贫与共富的关键。未来，随着绿色转型、人工智能等新趋势加速，如何避免技术性排斥、构建更具韧性的包容性经济结构，将是全球共同挑战。

2. 政治制度与治理能力

政治制度与治理能力是影响减贫与共同富裕的核心变量之一。它们决定了资源的分配效率、政策的持续性、社会公平的保障能力及应对复杂挑战的韧性。理解其作用机制需从制度设计、权力结构、政策执行和社会动员等维度展开分析，并结合不同国家的实践对比其效果差异。

（1）政治制度与减贫、共同富裕的底层逻辑

①政治制度：权力结构与资源分配

首先是集中与分权的平衡，集中式政治制度（如中国）可通过顶层设计快速整合资源、推进大规模减贫计划（如脱贫攻坚战），但需防范地方执行僵化；分权制（如印度）可能更贴近地方需求，但易因利益博弈导致政策碎片化。

其次是政策延续性,长期稳定的政治制度(如一党主导制)有利于延续减贫战略(如中国"五年规划");多党轮替制可能因政党更迭导致政策中断(如巴西扶贫计划随政府换届频繁调整)。

②治理能力:政策执行与公共服务

一是行政效能,高效的官僚体系能精准识别贫困群体、分配资源(如中国精准扶贫中的"建档立卡");低效治理则易滋生腐败或资源错配(如印度公共分配系统中的粮食流失)。

二是基层渗透力,强治理能力可直达基层(如中国"驻村工作队"),弱治理能力则易形成"政策悬浮"(如非洲部分国家中央政策难以在部落地区落地)。

(2)政治制度与治理能力的作用机制

①资源动员与再分配

一是财政能力,税收制度、转移支付和公共支出方向直接影响减贫。北欧高福利国家通过累进税制和高比例社会保障支出将贫困率控制在5%以下;而拉美国家受限于税收征管能力,贫困率长期居高不下。

二是土地与产权制度,中国农村土地集体所有制为农民提供基本保障,避免失地贫困化;印度在土地私有制下,贫富分化加剧"无地农民"问题。

②社会公平的保障

一是反腐败与权力监督,新加坡通过强化法治和廉政建设,确保扶贫资金不被截留;墨西哥则因系统性腐败导致"繁荣计划"(progresa)资金流失率达30%。

二是利益集团博弈,美国农业补贴政策受游说集团影响,大量资源流向富裕农场主而非贫困人口;中国通过"脱贫攻坚责任制"压制地方精英对资源的攫取。

③危机应对与韧性

一是社会冲突调节,南非种族隔离制度遗留的阶层矛盾导致贫困问题种族化,治理难度倍增;卢旺达通过族群和解政策重建社会信任,贫困率从2000年的60%降至2020年的38%。

二是适应性政策创新,印度因基层治理薄弱出现返乡农民工大规模返贫。

(3)典型案例对比

①中国:集中式制度与靶向治理

制度优势:党的领导贯穿中央统筹、省负总责、市县抓落实的脱贫攻坚体系。2013—2020年动员25.5万个驻村工作队、300多万名干部下乡,实现9 899万农村贫困人口脱贫。治理工具创新:"精准扶贫"通过大数据识别贫困人口,"东西部协作"实现跨区域资源调配,体现制度弹性。

②北欧:民主社会主义的福利型治理

高共识政治:多党制下仍维持福利政策共识(如瑞典各党均支持"从摇篮到坟墓"福利体系),通过高税收(GDP占比超45%)支撑教育、医疗普惠服务,基尼系数为0.25~0.28。社会伙伴关系:政府、工会、雇主协会三方协商机制(如丹麦"弹性安全"模式)平衡效率与公平,减少结构性失业。

③拉美:制度脆弱性与治理陷阱

民粹主义循环:阿根廷通过短期现金转移支付(如"Universal Child Allowance")缓解贫困,但缺乏产业支撑导致财政不可持续,贫困率在2017—2020年从25.7%反弹至42%。司法与行政碎片化：巴西联邦制下州政府与中央政府博弈，亚马孙地区生态保护与贫困问题长期无解，贫困率至今达29.4%。

(4)关键挑战与争议

①效率与公平的张力

首先是权威效率与民主参与的博弈：集中制可以快速推进改革，但可能忽视弱势群体诉求（如中国城市化中的征地矛盾）；民主制注重程序正义，但决策缓慢（如印度《土地征用法》改革搁置十年）。

其次是短期政绩与长期投入的矛盾：选举政治下，领导人倾向于可见的基建项目而非人力资本投资（如非洲国家热衷修路而非建学校）。

②制度移植的风险

一是本土化适配：西方多党制在非洲“水土不服”（如肯尼亚选举引发族群冲突）；中国扶贫模式难以复制到弱国家能力的地区。

二是路径依赖：苏联解体后俄罗斯的私有化导致寡头垄断，贫困率从1991年的1.5%飙升至1998年的34%。

(5)优化方向：构建“发展型治理”框架

①制度设计原则

一是包容性决策机制：越南通过“祖国阵线”吸纳社会组织参与扶贫规划，平衡集中与多元利益。

二是法治化资源分配：印尼在《村庄法》中规定，至少10%的中央转移支付用于扶贫，减少地方任意性。

②治理能力提升路径

一是数字化治理工具：印度Aadhaar生物识别系统减少福利冒领，中国“防止返贫监测平台”实时追踪脱贫户状况。

二是基层能力建设：埃塞俄比亚仿效中国建立“发展型官僚体系”，培训基层官员项目管理能力。

③国际经验互鉴

一是政策工具箱整合：结合中国大规模动员能力、北欧社会协商机制、新加坡反腐技术，形成“混合治理”模式。

二是全球公共品供给：通过国际组织（如世界银行）推广普惠金融、数字身份等减贫基础设施。

综上所述，政治制度是“操作系统”，治理能力是“算力”。政治制度为减贫与共同富裕提供规则框架，治理能力则决定政策执行效能。成功的减贫需要适配性制度——根据历史传统、社会结构选择集中或分权路径；穿透性治理——打破“最后一公里”执行障碍；动态化调适——在稳定与改革间平衡，避免制度僵化。

中国实践证明，强有力的政治制度与渐进式治理能力提升可创造减贫奇迹；北欧模式显示，高共识民主制度同样能实现公平发展。未来，面对气候变化、技术革命等新挑战，各国只有在制度韧性、社会包容性、政策创新性上持续突破，才能实现真正的共同富裕。

政治制度与治理能力是影响减贫与共同富裕的关键变量，政治制度决定了资源分配的基本框架和权力结构，而治理能力则直接影响政策的实施效果和社会公平。通过优化政治制度和提升治理能力,可以更有效地推动减贫和共同富裕的实现。

3. 文化与价值观

文化与价值观是影响减贫与共同富裕的深层变量,它们通过引导思想认识塑造社会行为、制度设计和政策执行的方式,潜移默化地影响资源分配、社会流动和发展模式。理解其作用机制需从文化传统、社会规范、价值取向及其与经济发展的互动关系入手,结合不同国家和地区的实践进行分析。

(1)文化与价值观的核心内涵

文化传统包括历史积淀的信仰、习俗、伦理和社会结构(如儒家文化、基督教文化、部落文化)。社会规范指对贫困的态度(耻辱感与同情心)、对财富的认知(集体共享与个人积累),也包括价值取向,如对教育、工作、家庭、政府的看法(如"读书改变命运"与"宿命论")。

(2)文化与价值观如何影响减贫与共富

①塑造个体行为与动机

一是教育观念。东亚国家历来重视教育,推动人力资本积累。韩国在1960—1990年通过教育投资实现经济腾飞,贫困率从1965年的40%降至1995年的5%。

二是工作伦理。新教伦理强调勤奋与节俭(如马克思·韦伯《新教伦理与资本主义精神》),促进资本积累与经济增长;而部分地区的"宿命论"可能削弱脱贫动力。

②影响社会信任与合作

一是集体主义与个人主义的博弈。集体主义文化(如中国、日本)更易形成互助网络(如农村合作社),但可能抑制个人创新;个人主义文化(如美国)鼓励竞争,但可能加剧贫富分化。

二是社会资本。高信任社会(如北欧)通过非正式网络(如社区组织)补充正式福利制度;低信任社会(如拉美)因腐败和暴力削弱减贫效果。

③决定制度设计与政策偏好

一是对政府的期待。儒家文化强调"仁政",民众对政府主导减贫有较高期待(如中国精准扶贫);美国文化强调个人责任,福利政策更倾向于"工作福利制"。

二是对不平等的容忍度。北欧文化崇尚平等,支持高税收高福利;印度种姓制度长期固化阶层,阻碍社会流动。

(3)典型案例分析

①东亚模式:儒家文化与国家主导

一是中国。儒家"家国同构"理念支持政府主导减贫(如"脱贫攻坚战"),家庭内部互助(如"养儿防老")缓解社会保障压力。

二是韩国。"教育立国"理念推动人力资本投资,1960—1990年文盲率从78%降至2%,贫困率从40%降至5%。

②北欧模式:福利文化与平等主义

一是瑞典。"人民之家"理念强调社会团结,支持高税收、高福利,基尼系数长期低于0.3。

二是芬兰。教育平等理念(如"不让一个孩子掉队")推动普惠教育,社会流动性高。

③拉美模式:天主教文化与民粹主义

一是巴西。天主教"解放神学"推动社会运动(如"无地农民运动"),但民粹主义政策(如现金转移支付)缺乏可持续性。

二是墨西哥。“庇护主义”文化导致资源分配依赖个人关系,削弱制度公平性。

④非洲模式:部落文化与外部冲击

一是卢旺达。族群和解政策重建社会信任,贫困率从2000年的60%降至2020年的38%。

二是南非。种族隔离文化遗留的阶层矛盾导致贫困问题种族化,治理难度倍增。

(4)文化与价值观的潜在挑战

①文化惯性

一是传统束缚。印度种姓制度限制低种姓群体向上流动,贫困率长期居高不下。

二是性别歧视。中东地区女性劳动参与率低(如沙特阿拉伯仅22%),削弱家庭脱贫能力。

②价值观冲突

一是现代与传统价值观的冲突。非洲部分部落文化抵制现代教育(如马赛族),阻碍人力资本积累。

二是全球化冲击。消费主义文化侵蚀传统节俭观念(如中国农村“彩礼攀比”导致返贫)。

③政策适配性

一是文化排斥。西方扶贫模式在非洲因忽视部落文化而失效(如“结构调整计划”)。

二是价值观差异。中国“精准扶贫”强调政府主导,难以复制到个人主义文化主导的国家。

(5)优化方向:文化赋能与价值重塑

①文化赋能

一是本土化减贫策略。结合地方文化设计政策(如印度“自助小组”利用社区网络推广小额信贷)。

二是文化产业发展。通过文化旅游(如云南丽江)、手工艺(如非洲蜡染)创造就业。

②价值重塑

一是教育引导。推广现代价值观(如性别平等、环保意识)与传统文化结合(如中国“新乡贤文化”)。

二是媒体传播。通过影视、社交媒体塑造积极脱贫叙事(如韩国《寄生虫》引发贫富差距讨论)。

③国际经验互鉴

一是跨文化对话。学习北欧平等主义、东亚教育理念、非洲社区互助经验。

二是全球价值观共建。联合国可持续发展目标(SDGs)倡导包容性文化。

总之文化是“软实力”,价值观是“指南针”,文化与价值观通过影响个体行为、社会信任和制度设计,深刻塑造减贫与共同富裕的路径与成效。成功的减贫需要尊重文化多样性,避免“一刀切”政策;推动价值创新,融合传统与现代;构建文化自信,通过本土化实践增强内生动力。面对全球化与数字化的冲击,如何在多元文化中寻找共识、在价值冲突中构建包容性发展模式,将是实现减贫与共同富裕的关键因素。在减贫过程中,政府应充分发挥文化的引领和塑造作用,激发贫困地区的内生动力;在共同富裕过程中,应强化社会主义核心价值观的引领作用,凝聚全社会共识,形成共同奋斗的精神支柱。通过文化扶贫、价值观引领和文化产业发展等措施,可以推动贫困地区经济社会发展,实现减贫和共同富裕的双重目标。

4.3 挑战、争议与政策启示

4.3.1 挑战与争议:全球共性与区域差异

1. 全球化悖论

全球化是当代世界经济发展的重要特征,但其对减贫与共同富裕的影响却呈现出复杂的“悖论”现象:一方面,全球化通过促进经济增长、技术扩散和资源流动,为减贫提供了重要机遇;另一方面,全球化也可能加剧不平等,导致部分群体被边缘化。以下从全球化对减贫与共同富裕的双重影响、全球化悖论的成因及破解全球化悖论的路径三个方面展开分析。

(1)全球化对减贫与共同富裕的双重影响

①全球化的积极效应

经济增长与减贫:全球化通过贸易、投资和技术转移,推动发展中国家融入全球价值链,创造就业机会,提高收入水平。例如,中国通过改革开放融入全球经济,实现了7.7亿农村贫困人口脱贫,占同期全球减贫人口的70%以上。

技术扩散与能力提升:全球化促进了先进技术和管理经验的传播。例如,中国通过“一带一路”倡议,将农业技术(如菌草旱稻、番茄嫁接)推广到非洲和东南亚,帮助当地农民提高产量和收入。

国际合作与资源整合:全球化推动了国际减贫合作机制的建立。例如,G20启动“抗击饥饿与贫困全球联盟”,旨在通过多边合作解决全球贫困问题。

②全球化的消极效应

不平等加剧:全球化可能导致资源和财富向发达国家或精英阶层集中。例如,撒哈拉以南非洲和南亚地区集中了全球83.2%的极端贫困人口,而发达国家则从中获取了大量资源和市场。

边缘化与脆弱性:部分发展中国家因缺乏竞争力,在全球价值链中被边缘化。例如,低收入国家的失业率从2018年的20%上升至2023年的21%,加剧了贫困和不平等。

环境与社会成本:全球化可能加剧资源掠夺和环境破坏,影响贫困人口的生计。例如,气候变化导致的极端天气事件使贫困人口更易陷入粮食不安全。

(2)全球化悖论的成因

①经济结构失衡

全球价值链的分工不平等:发达国家占据高附加值环节,发展中国家多处于低端制造和资源出口环节,导致收益分配不均。

市场机制的不完善:发展中国家市场机制不健全,难以充分利用全球化机遇,反而可能因外部冲击陷入困境。

②政策与制度缺陷

国内政策不足:部分发展中国家缺乏有效的扶贫政策和社会保障体系,难以应对全球化带来的风险。

国际治理不公:国际金融机构和贸易规则的制定往往偏向发达国家,发展中国家在决策中缺乏话语权。

③社会与文化因素

教育与技能差距:贫困人口因缺乏教育和技能,难以参与高附加值经济活动,易陷入“低技能—低收入”的循环。

文化排斥与身份认同:全球化可能削弱本土文化,导致社会排斥和身份认同危机,进一步加剧贫困。

(3)破解全球化悖论的路径

①优化国内政策与制度

推动包容性增长:通过产业升级、人力资本投资和社会保障体系建设,确保经济增长惠及全体民众。例如,中国通过“精准扶贫”实现了农村贫困人口全部脱贫。

加强政府作用:政府应在经济发展和减贫中发挥积极作用,制定专项反贫困行动,弥补市场机制的不足。

②改革国际治理体系

促进公平贸易与投资:推动国际金融机构和贸易规则改革,确保发展中国家在全球价值链中获得公平收益。

加强多边合作:通过G20、联合国等平台,整合国际减贫资源,推动全球减贫公共品的供给。

③提升社会与文化韧性

投资教育与技能培训:提高贫困人口的教育水平和技能,增强其参与全球经济的能力。

保护本土文化与社会资本:在全球化进程中保护本土文化,增强社会凝聚力,避免文化排斥和身份认同危机。

④推动绿色与可持续发展

应对气候变化:通过国际合作和技术转移,帮助发展中国家应对气候变化,减少其对贫困人口的负面影响。

促进绿色经济:发展绿色产业和可持续农业,创造就业机会的同时保护生态环境。

全球化是“双刃剑”,既为减贫与共同富裕提供了重要机遇,也带来了新的挑战。破解全球化悖论的关键在于:国内政策的优化——推动包容性增长,强化政府作用;国际治理的改革——促进公平贸易,加强多边合作;社会文化的韧性——投资教育,保护本土文化;绿色发展的转型——应对气候变化,推动可持续发展。

通过系统性应对,全球化可以成为实现减贫与共同富裕的重要动力,而非障碍。中国在减贫与全球化中的成功经验为世界提供了重要借鉴,但也需在未来的国际合作中进一步探索更具包容性和可持续性的发展模式。

2. 技术革命的双刃剑

(1)技术革命的积极效应

①推动经济增长与就业转型

新经济形态的崛起:数字经济(如电子商务、平台经济)创造了大量的灵活就业岗位。例如,中国农村电商带动超3 000万人就业,助力“农产品上行”和农民增收。

生产效率提升:农业技术(如精准农业、基因编辑)提高粮食产量,降低贫困风险。印度通过推广耐旱作物品种,减少农村贫困人口约3 000万。

全球化技术扩散:发展中国家借助技术后发优势实现跨越式发展。如肯尼亚移动支付系统M-Pesa覆盖90%家庭,提升金融包容性,使贫困率下降2%。

②增强社会服务的普惠性

数字公共服务:数字技术优化公共服务供给。如印度Aadhaar生物识别系统减少了福利冒领,巴西“家庭补助金计划”通过数字化精准发放补贴。

教育与医疗普惠:在线教育(如印度BYJU'S)和远程医疗(如非洲“无人机送药”)突破地域限制,降低贫困群体获取服务的成本。

③赋能弱势群体与区域均衡

数字技能提升:非洲卢旺达推行“数字大使计划”,培训乡村青年成为技术推广员,缩小城乡数字鸿沟。

区域产业升级:中国贵州通过大数据中心建设,从贫困省转型为“中国数谷”,人均GDP增速连续多年位居中国前列。

(2)技术革命的消极挑战

①加剧不平等与结构性失业

技能鸿沟扩大:高技能劳动者与低技能劳动者收入差距拉大。经济合作与发展组织(OECD)国家中,技术密集型行业工资增速是传统行业的2倍以上,美国硅谷与“锈带”地区分化显著。

低端岗位替代:自动化技术淘汰劳动密集型岗位。世界银行预测,发展中国家约2/3的现有岗位可能被机器取代,如孟加拉国的服装业工人便面临着失业的风险。

②数字鸿沟与边缘化

基础设施差异:全球仍有29亿人未接入互联网(ITU数据),撒哈拉以南非洲互联网普及率仅36%。

数据垄断与排斥:科技巨头垄断数据资源,发展中国家在数字产业链中处于弱势。例如,非洲80%的数据中心由欧美企业控制,本土企业难以参与竞争。

③环境与社会风险

技术依赖的脆弱性:单一技术路径(如转基因作物)可能因气候变化或市场波动导致贫困反弹。如印度农民因转基因棉花抗虫性下降而陷入债务危机。

伦理与隐私问题:人工智能算法偏见可能强化社会歧视。例如,美国信贷算法对少数族裔的歧视性评分,限制其脱贫机会。

(3)国际比较:技术赋能的差异化路径

①发达国家:技术红利与分配矛盾

美国:硅谷创新驱动经济增长,但未转化为普惠共享。如美国加州贫困率高达18%(全美最高),零工经济劳动者缺乏社会保障。

北欧:通过“弹性安全”模式(如丹麦),将技术红利用于全民技能培训,失业率长期低于5%,基尼系数维持在0.25~0.28。

②新兴经济体:技术跃升与包容性挑战

中国:“数字扶贫”模式整合电商(如拼多多助农)、直播带货与智慧农业,但城乡数字鸿沟依然存在(农村互联网普及率58%,城镇达80%)。

印度:"数字印度"计划推动数字身份(aadhaar)与在线政务,但印度农村地区仅有25%的家庭拥有智能手机,技术渗透不均衡。

③低收入国家:技术依赖与自主性缺失

非洲:依赖外部技术援助(如中国援建5G基站),本土创新能力不足,数字主权受限;埃塞俄比亚仅5%的人口使用互联网。

拉美:数字平台经济(如Uber、Rappi)创造非正式就业,但劳动者缺乏权益保障,巴西零工劳动者中60%收入低于最低工资标准。

(4)破解双刃剑效应的关键路径

①政策设计:平衡效率与公平

全民数字技能培训:德国"工业4.0"计划将职业教育纳入国家战略,确保工人适应技术变革。

普惠技术基础设施:中国"村村通宽带"工程覆盖超98%行政村,印度免费WiFi覆盖农村公共场所。

②国际合作:技术共享与规则共建

技术转移机制:在"南南合作"的框架下,中国向非洲输出农业无人机、光伏技术,减少专利壁垒。

全球数据治理:推动联合国《数字合作路线图》,防止数据垄断并保障发展中国家数字主权。

③社会保护:抵御技术风险

社会保障创新:芬兰试点"全民基本收入",缓解自动化失业冲击;中国将快递员、网约工纳入工伤保险。

伦理与监管框架:欧盟《人工智能法案》禁止算法歧视,要求技术开发符合人权原则。

④本土化创新:技术适配与文化融合

因地制宜的技术路径:非洲国家推广太阳能微电网(如肯尼亚M-KOPA),替代传统电网的高成本模式。

传统文化赋能:秘鲁通过区块链技术认证土著手工艺品产权,提升传统产业附加值。

技术革命的双刃剑效应本质上是技术逻辑与社会逻辑的冲突。破解矛盾的关键在于:目标重置是技术发展,应以减贫与共同富裕为导向,而非单纯追求效率或利润;制度创新是构建包容性政策框架,平衡市场激励与社会保护;全球协作指打破技术垄断,推动技术红利共享。中国"数字扶贫"与北欧"技能社会"表明,技术能否成为共同富裕工具,取决于社会制度的引导与价值选择。未来,随着人工智能、生物技术等的进一步渗透,各国需在技术赋权与风险控制间找到动态平衡,避免技术成为新的不平等之源。

3. 生态约束与公平转型

在国际比较视野下,减贫与共同富裕中的生态约束与公平转型是一个复杂而重要的议题。

(1)生态约束与减贫的关系

生态约束指的是在减贫过程中,由于生态环境资源的有限性和脆弱性,对减贫行动和策略产生的限制和约束。

生态约束对减贫的影响体现在许多贫困地区,生态环境问题往往是导致贫困的重要原因之一。例如,土地退化、水资源短缺、自然灾害频发等都会严重影响农业生产,导致贫困人口的生计受到影响。同时,一些减贫策略如果忽视了生态环境保护,可能会加剧生态破坏,形成恶性循环。

生态约束下的减贫策略:在减贫过程中,必须充分考虑生态环境因素,实施绿色减贫策略。这包括推广生态农业、发展可再生能源、加强生态保护和修复等措施。

(2)公平转型与共同富裕的关系

公平转型是指在经济结构调整和发展模式转变的过程中,确保社会成员能够公平地分享转型带来的利益,同时减轻对弱势群体的负面影响。

公平转型是实现共同富裕的重要途径。通过公平转型,可以打破原有的利益格局,促进资源的合理分配和社会公平,为全体人民创造更多的发展机会和福利。

一些国家和地区通过实施公平转型策略,成功实现了经济结构的优化和升级,保障了社会成员的基本权益。例如,通过提供职业培训和教育机会,帮助传统产业工人向新兴产业转型;通过完善社会保障体系,减轻转型对弱势群体的冲击。

(3)国际比较视野下的生态约束与公平转型

不同国家的生态约束与减贫策略也不同。在一些发展中国家,由于生态环境问题严重,减贫工作面临着巨大挑战。这些国家需要更加注重生态环境保护和修复,实施绿色减贫策略。同时,通过国际合作和技术引进,提高减贫工作的效率和可持续性。相比之下,一些发达国家在减贫过程中更加注重生态环境保护和可持续发展。它们通过制定严格的环保法规和标准,推动绿色产业的发展和技术的创新,为减贫工作提供了有力支持。

在公平转型方面,不同国家也有不同的实践经验和教训。一些国家通过实施积极的就业政策和社会保障措施,成功实现了经济结构的优化和升级,同时保障了社会成员的基本权益。然而,也有一些国家在转型过程中忽视了社会公平问题,导致贫富差距进一步拉大和社会矛盾激化。

综上所述,国际比较视野下的减贫与共同富裕中的生态约束与公平转型是一个复杂而重要的议题。各国应根据自身的国情和发展阶段,制定符合实际的减贫和转型策略,加强国际合作和交流,共同应对全球性的减贫和可持续发展挑战。通过实施绿色减贫策略和公平转型策略,可以实现经济、社会和环境的协调发展,为全体人民创造更多的发展机会和福利。

4.3.2 政策启示:构建减贫共同富裕的协同路径

政策启示主要从阶梯式社会保障、财富再分配机制方面进行分析。

1. 阶梯式社会保障

阶梯式社会保障是一种具有层次性和差异性的社会保障模式,旨在满足不同群体、不同层次的社会保障需求,实现社会保障的公平与效率。

其主要特点包括:层次性,社会保障体系被划分为不同的层次,每个层次对应不同的保障水平,一般来说,层次越高,保障水平也越高;差异性,不同层次的社会保障在保障内容、保障方式等方面存在差异,以满足不同群体的需求;公平性,阶梯式社会保障通过合理的层次划分和差异设置,旨在实现社会保障的公平与效率。

(1)实践形式

在实践中,阶梯式社会保障可以体现为多种形式分层瞄准,绝对贫困多用现金转移,相对贫困适合技能培训,脆弱群体宜用托底救助。

阶梯式医保支付率:根据居民的年龄、健康状况等因素,设定不同的医保支付率。对老年人、慢性病患者等群体给予更高的支付比例,以减轻其医疗负担。

阶梯式养老保险缴费与待遇:养老保险设定不同的缴费档次,缴费档次越高,将来领取的养老金也越高。同时,根据缴费年限、缴费基数等因素,确定不同的养老金待遇水平。

阶梯式社会救助:根据不同群体的贫困程度和救助需求,提供不同层次的社会救助。对极度贫困的家庭提供基本生活救助,对因病致贫的家庭提供医疗救助等。

(2)阶梯式社会保障的优势

满足多元化需求:阶梯式社会保障能够根据不同群体的需求提供差异化的保障,满足多元化的社会保障需求。

提高保障效率:阶梯式社会保障通过合理的层次划分和差异设置,能够提高社会保障资源的利用效率,避免资源的浪费和重复建设。

促进公平与效率:阶梯式社会保障在保障公平的同时,也能够激发人们的积极性和创造力,提高社会的整体效率。

(3)实施阶梯式社会保障的具体举措

科学划分层次:在实施阶梯式社会保障时,需要科学划分层次,确保每个层次都能够覆盖到相应的群体,并且层次之间的差距合理。

完善制度建设:需要建立健全的社会保障制度,包括缴费制度、待遇确定制度、基金管理制度等,确保阶梯式社会保障的顺利实施。

加强监管与评估:需要加强对社会保障体系的监管和评估,及时发现和解决问题,确保社会保障体系的健康运行。

2. 财富再分配机制

财富再分配机制是构建减贫与共同富裕协同路径的核心工具之一,旨在通过调节收入与财富分配,缩小贫富差距,增强社会公平性。骆凡(2024)在考虑瑞典与我国国情差异的基础上,认为在迈向共同富裕的过程中,需要对现有激励机制从优化现有分配机制等三个方面进行进一步优化。有效的财富再分配机制不仅能够缓解贫困,还能促进经济可持续发展和社会稳定。以下从财富再分配的必要性、主要工具、国际实践及优化路径四个方面展开分析。

(1)财富再分配的必要性

一是促进社会公平。财富再分配通过转移支付和公共服务,为弱势群体提供基本保障,增强社会流动性。

二是支持经济增长。低收入群体边际消费倾向更高,财富再分配可扩大内需,推动经济可持续发展。

三是维护社会稳定。贫富差距过大可能引发社会冲突,财富再分配有助于构建和谐社会。

(2)财富再分配的主要工具

一是税收制度。累进所得税:高收入者缴纳更高比例的税款(如瑞典最高边际税率达

57%),用于资助社会福利。资本利得税与遗产税:对财富增值和代际转移征税,防止财富过度集中(如法国遗产税最高税率达45%)。数字税与碳税:针对新兴经济形态(如平台经济)和环境外部性征税,实现公平与可持续发展。

二是转移支付。现金补贴:直接向低收入群体发放补贴(如巴西的"家庭补助金计划"覆盖1 400万人)。实物援助:提供食品、住房等基本生活保障(如印度的"公共分配系统"向贫困家庭提供低价粮食)。

三是公共服务。教育与医疗:普惠性公共服务(如芬兰免费教育、中国新型农村合作医疗)提升人力资本,阻断贫困代际传递。社会保障:养老金、失业保险等(如德国"社会市场经济"模式)为弱势群体提供安全网。

四是资产再分配。土地改革:重新分配土地资源(如韩国20世纪40年代土改)促进农村减贫。股权共享:员工持股计划(如美国ESOP)让劳动者分享企业利润。

(3)国际实践与经验

一是北欧模式,高税收高福利。瑞典累进税制(税收占GDP的44%)支撑全民福利(如免费教育、医疗),基尼系数为0.25~0.28。挪威主权财富基金(全球最大)将石油收益转化为全民福利,贫困率低于5%。

二是拉美模式,体现现金转移支付。巴西"家庭补助金计划"覆盖1 400万人,贫困率从2003年的26%降至2014年的8%。墨西哥"繁荣计划"通过现金补贴提升儿童入学率和健康水平。

三是东亚模式,特色是政府主导与普惠服务。中国的"精准扶贫"通过财政转移支付实现9 899万农村贫困人口脱贫;新型农村合作医疗覆盖超10亿人;韩国1960—1990年通过土地改革和教育投资,贫困率从40%降至5%。

四是美国模式,体现为市场化与社会保护。累进税制:联邦所得税最高边际税率37%,但资本利得税较低(20%),导致财富集中。社会保障:食品券计划(SNAP)覆盖4 200万人,但福利水平较低。

(4)优化财富再分配机制的路径

一是完善税收制度。扩大税基:将数字经济、金融资产纳入征税范围(如欧盟数字税)。优化税率结构:提高资本利得税和遗产税,降低劳动所得税(如德国的"双重所得税"改革)。

二是增强转移支付精准性。大数据识别:利用数字技术(如印度的Aadhaar系统)精准定位贫困群体。动态调整机制:根据经济周期和贫困率变化调整补贴标准(如巴西"家庭补助金计划"指数化)。

三是提升公共服务质量。教育与技能培训:投资职业教育和终身学习(如丹麦的"弹性安全"模式),增强低收入群体就业能力。医疗与养老普惠:扩大医保覆盖(如中国的"大病保险")和养老金统筹(如日本国民年金)。

四是推动资产再分配。土地制度改革:保障农民土地权益(如中国的"三权分置"),促进农村资产增值。员工持股与合作社:推广员工持股计划(如美国的ESOP)和合作社模式(如西班牙的蒙德拉贡),让劳动者分享财富。

五是加强国际合作。全球税收协调:推动OECD"全球最低企业税"(15%),防止跨国企业避税。技术转移与资金支持:发达国家向发展中国家提供技术援助和资金支持(如绿色气候基金)。

第 5 章　土地要素配置优化的保障机制

本章内容突出问题导向，紧扣“共同富裕”目标，突出土地要素配置的公平与效率双重维度；侧重系统思维，构建涵盖制度、权益、技术、风险四维保障机制；强调理论实践结合，融入典型案例和国际比较，增强对策可行性；瞄准创新视角，探索数字技术、碳中和等新变量对土地要素配置的影响。

5.1　核心问题与理论基础

5.1.1　研究的背景与意义

1. 同富裕目标下土地要素配置的战略价值

在共同富裕目标下，土地要素配置不仅是经济效率问题，更是社会公平与可持续发展的核心议题。作为最基本的生产要素，土地配置直接影响城乡发展格局、收入分配结构及区域协调水平，其战略价值体现在以下维度。

（1）土地要素配置与共同富裕的逻辑关联

资源再分配的基础载体：土地作为不可再生的稀缺资源，其权属与收益分配直接决定财富分布的起点公平。合理的土地制度可打破城乡二元分割，促进资源均衡流动。

经济增长与社会公平的枢纽：土地市场化配置提升经济效率，而公平的收益共享机制（如农民土地增值收益分配）则保障社会正义，二者协同推动共富。

城乡融合的关键抓手：通过土地要素跨区域、跨用途优化配置，可缩小城乡差距，激活农村内生发展动力。

（2）土地要素配置的战略价值维度

①促进城乡融合发展与农民增收

农村土地制度改革：中国推行的“三权分置”（所有权、承包权、经营权分离）允许土地经营权流转，推动规模化经营。截至 2022 年，全国土地流转面积达 5.5 亿亩，占承包耕地面积的 36%，带动农民财产性收入增长（2022 年，农民人均可支配收入中财产净收入占比提升至 2.5%）。刘双良（2024）认为，宅基地“三权分置”助力乡村振兴具有特定的作用方向，理论上可通过加速农村产业发展、提升农村居住环境、促进城乡文化交流、优化乡村治理结构、增加农民财产收入等途径发挥助力乡村振兴推动作用。

集体经营性建设用地入市：破除“非农化”限制后，农村集体土地可直接入市交易，让农民分享土地增值收益。浙江德清试点中，入市土地超 4 000 亩，村集体收益超 30 亿元，农民分红人均超万元。

②支撑乡村振兴与产业升级

土地指标跨区域交易：城乡建设用地增减挂钩政策允许欠发达地区将节余指标向发达地区转让，所得资金反哺乡村振兴。如四川凉山州通过指标交易获资金超100亿元，用于易地搬迁与产业配套。

现代农业与文旅融合：土地整合为现代农业园区（如山东寿光蔬菜基地）和乡村旅游（如浙江安吉“田园综合体”）提供空间载体，创造就业并提升乡村经济附加值。

③平衡区域发展与资源分配

土地要素市场化改革：建立全国统一的建设用地市场（如2023年启动的“跨省域补充耕地国家统筹”），促进发达地区与欠发达地区的资源互补。例如，云南昭通通过输出耕地指标，获得上海、广东资金支持，用于本地基础设施与产业培育。

生态用地补偿机制：通过横向生态补偿（如浙江对丽水市的生态补偿）和碳汇交易，将生态保护区的土地价值货币化，实现“绿水青山”向“金山银山”转化。

④保障粮食安全与生态安全

耕地保护与集约利用：严守18亿亩耕地红线，通过高标准农田建设提升粮食产能，确保低收入群体粮食安全。

生态用地刚性管控：划定生态保护红线（占国土面积25%以上），限制开发性用地扩张，防止生态脆弱地区因过度开发陷入“环境贫困”。

（3）中国实践：土地制度改革与共富成效

农村土地确权赋能：2013—2018年全国完成承包地确权登记，2亿农户获“土地身份证”，推动经营权抵押贷款超1.2万亿元，激活农村“沉睡资产”。

宅基地“三权分置”试点：浙江义乌等试点允许宅基地使用权流转，农民通过出租闲置宅基地发展民宿，户均年增收超5万元。

土地增值收益共享：深圳、成都等地探索“留用地安置”模式，征地时按10%～15%比例留给村集体开发，农民可持续获得租金与分红。

（4）当前挑战与优化路径

①当前挑战

土地财政依赖：地方政府过度依赖土地出让收入（2022年占地方财政收入的37%），推高房价并加剧财富分化。

农民权益保障不足：征地补偿标准偏低（部分地区仅为土地市场价的30%），失地农民长期生计缺乏保障。

市场化机制不健全：土地要素跨区域流动仍受行政壁垒限制，城乡统一的建设用地市场尚未完全形成。

②优化路径

深化产权制度改革：赋予农民更完整的土地用益物权，试点宅基地跨村流转、承包地经营权入股等创新形式。

重构土地收益分配机制：提高征地补偿比例（如参考韩国的“市价补偿法”按市场价100%补偿），探索土地增值收益调节金（如英国的“土地开发税”）用于反哺农村。

健全市场化配置体系：建立全国性土地交易平台，推进建设用地、补充耕地指标跨省交易，促进区域资源均衡。

强化法治与监管：完善《中华人民共和国土地管理法》配套细则，严控违规征地与生态用地侵占，建立土地纠纷仲裁机制。

(5)国际经验借鉴

①德国“土地整理”模式：通过土地置换、重划实现规模化经营，农民合作社(如巴伐利亚的农村更新计划)提升土地利用效率。

②日本“都市农业”政策：允许城市近郊农地多功能利用(如观光农园)，提升土地附加值并稳定农民收入。

③巴西“无地农民运动”教训：土地分配严重不均导致社会冲突，警示需通过渐进改革平衡效率与公平。

土地要素配置是共同富裕的核心杠杆。土地要素配置的战略价值在于其双重属性，既是经济增长的“发动机”，也是社会公平的“调节器”。在共同富裕的目标下，需通过制度改革将土地从“财富攫取工具”转化为“共享发展平台”，实现效率与公平的再平衡。中国实践表明，土地市场化改革与农民权益保障的协同推进，能够释放巨大的共同富裕潜能。未来，需进一步打破制度壁垒、创新收益分配模式，使土地真正成为普惠性发展的基石。

2. 脱贫攻坚与共同富裕阶段土地政策的衔接逻辑

脱贫攻坚与共同富裕阶段的土地政策衔接逻辑，是确保从消除绝对贫困到实现共同富裕的平稳过渡和可持续发展的关键。这一衔接逻辑的核心在于通过土地政策的优化与调整，巩固拓展脱贫攻坚成果，同时为乡村振兴和共同富裕提供制度保障和资源支撑。以下从目标一致性、政策延续性、资源配置优化、制度创新及实践案例等几个方面展开分析。

(1)目标一致性：从消除贫困到共同富裕

①脱贫攻坚阶段的目标

脱贫攻坚的核心任务是消除绝对贫困，土地政策聚焦于保障贫困人口的基本生存和发展需求，如通过土地流转、易地扶贫搬迁等方式解决“两不愁三保障”问题。

②共同富裕阶段的目标

共同富裕强调缩小城乡差距、区域差距和收入差距，土地政策需进一步优化资源配置，促进城乡要素流动，推动农村产业升级和农民增收。

③衔接逻辑

土地政策从“保基本”向“促发展”转变，既要巩固拓展脱贫攻坚成果，防止返贫，又要为乡村振兴和共同富裕提供长效支撑。

(2)政策延续性：从短期攻坚到长效保障

①脱贫攻坚政策的延续

土地流转与规模经营：继续支持贫困地区土地流转，促进农业规模化、集约化经营，巩固脱贫成果。

易地扶贫搬迁后续扶持：确保搬迁群众土地权益，通过土地复垦、生态修复等方式盘活资源。

②乡村振兴政策的衔接

集体经营性建设用地入市：推动农村集体土地市场化，增加农民财产性收入。

土地指标跨区域交易：通过城乡建设用地增减挂钩政策，支持欠发达地区发展。

③衔接逻辑

土地政策从“超常规举措”向“常态化机制”转变,确保政策平稳过渡,避免“政策悬崖”效应。

(3)资源配置优化:从扶贫导向到发展导向

①脱贫攻坚阶段的资源配置

土地资源向贫困地区倾斜:新增建设用地指标优先保障扶贫项目,支持基础设施和产业发展。

生态保护与扶贫结合:通过生态补偿、退耕还林等方式,实现生态保护与脱贫双赢。

②共同富裕阶段的资源配置

城乡土地要素市场化:打破城乡土地二元结构,促进土地要素自由流动,推动城乡融合发展。

土地资源的高效利用:通过高标准农田建设、土地整治等方式,提升土地利用效率,支持现代农业和乡村产业。

③衔接逻辑

土地政策从“扶贫导向”向“发展导向”转变,注重资源的高效配置和可持续利用,为共同富裕提供物质基础。

(4)制度创新:从单一扶贫到多元共富

①脱贫攻坚阶段的制度创新

精准扶贫机制:通过土地确权、建档立卡等方式,确保扶贫资源精准到户。

土地金融创新:探索土地经营权抵押贷款,解决贫困地区融资难题。

②共同富裕阶段的制度创新

土地增值收益共享机制:通过土地入市、股权合作等方式,让农民分享土地增值收益。

土地与产业融合机制:推动“土地+产业+金融”深度融合,支持农村新业态发展。

③衔接逻辑

土地政策从“单一扶贫工具”向“多元共富平台”转变,通过制度创新激发农村内生发展动力。

(5)实践案例:中国经验

土地流转与产业融合:浙江省德清通过集体经营性建设用地入市,农民分享土地增值收益,户均增收超万元。

易地扶贫搬迁与后续扶持:贵州省通过土地复垦和生态修复,盘活搬迁群众土地资源,支持后续产业发展。

土地指标跨区域交易:四川省凉山通过城乡建设用地增减挂钩政策,获资金超 100 亿元,用于乡村振兴。

脱贫攻坚与共同富裕阶段的土地政策衔接,本质上是从消除绝对贫困到实现共同富裕的制度化转型。其逻辑在于:目标一致性,确保政策从“保基本”向“促发展”转变;政策延续性,实现从“超常规举措”到“常态化机制”的平稳过渡;资源配置优化,推动土地资源从“扶贫导向”到“发展导向”的高效利用;制度创新,构建从“单一扶贫工具”到“多元共富平台”的长效机制。通过以上路径,土地政策不仅能够巩固拓展脱贫攻坚成果,还能为乡村振兴和共同富裕提供坚实的制度保障和资源支撑。

3. 当前土地要素配置低效的主要矛盾与突破方向

(1)当前土地要素配置低效的主要矛盾

①城乡二元结构矛盾

土地权属分割:城乡土地权属分割(国有土地与集体土地)导致资源配置效率低下,农村土地难以市场化流转。混合用地等土地产权体系的缺失阻碍了新产业与新业态的发展,不利于地方因地制宜地发展新质生产力。农村宅基地所有权、资格权、使用权“三权”分置和农村承包地所有权、承包权、经营权“三权”分置的改革方向虽已明确,但如何真正实现与农业现代化建设的有效衔接,还需要不断推进土地政策创新。赵艳霞和李莹莹(2018)运用对比分析的方法,发现我国宅基地演进的过程可以看作是政治偏好与经济偏好相互博弈的过程,突出表现为产权权能的细化、产权强度的适应性及使用权主体范围的扩大与缩小。

要素流动受限:农村土地要素(如宅基地、集体经营性建设用地)难以与城市资本、技术等要素高效结合,制约城乡融合发展。

土地布局分散:建设用地布局不合理,缺乏统筹规划,导致土地利用效率低下。

工业用地利用效率不高:部分工业用地存在闲置、低效利用等问题,未能充分发挥土地的生产潜力。

土地市场与产权制度不完善:城乡二元分割的土地市场导致土地资源错配,土地要素不能平等交换;农村土地不能自由转换为国有土地,限制了土地要素的自由流动和高效配置。

②市场化机制不健全

土地市场发育不足:农村土地市场尚未完全建立,交易平台缺失、信息不对称问题突出。市场在土地资源配置中的作用未能充分发挥,导致土地资源配置效率低下。城乡统一建设用地市场尚未形成,市场主体利用集体经营性建设用地的意愿较弱,城乡用地同地同权同价同责,缺乏制度保障。全国统一土地要素有形市场和无形市场的建立受到不同区域差异化制度安排的阻碍。

价格形成机制扭曲:征地补偿标准偏低(部分地区仅为市场价的30%),农民难以分享土地增值收益。

③土地利用效率低下

粗放式开发:部分地区过度依赖土地财政,导致建设用地扩张过快,土地利用效率低下(如“鬼城”现象)。城市规划缺乏前瞻性,导致土地资源的无序开发和利用,难以适应未来城市发展的需要。

土地利用效率低下,存在大量的闲置和低效用地。农村建设用地存在大量闲置低效与新增建设项目用地保障难并存的现象,如“一户多宅”“面积超占”及大片破旧危房普遍存在,而村庄公共服务设施和生活基础设施配套及新立户农户住宅建房却无地可用。

产业用地问题:市场主体盘活存量产业用地的积极性不高,许多产业用地面临闲置,产业深度转型发展缺乏空间。耕地碎片化:农村承包地细碎化(户均耕地不足10亩),难以实现规模化、集约化经营。土地资源监管体系不完善,监管手段落后,导致土地资源的违规使用和浪费现象难以得到有效控制

④政策与制度障碍

法律与政策滞后:《中华人民共和国土地管理法》等法律法规未能完全适应市场化改革

需求，宅基地“三权分置”等政策落地困难。同时，赵艳霞等（2015）认为再好的政策目标都需要科学的执行来保障政策的执行效果，激励各级主体的耕地保护政策执行可以在政策资源、利益分配、激励措施等方面进一步推进耕地保护政策实施。

地方政府行为扭曲：土地财政依赖导致地方政府过度追求短期收益，忽视长期可持续发展。

土地供应与市场需求脱节：土地供应与市场需求之间存在脱节，导致土地资源供需不平衡。土地利用结构不合理，部分城市存在商业和住宅用地过度集中，而忽视了公共设施和绿地的建设。土地使用权的期限和续期政策不明确，影响了土地使用者的长期投资和规划。郭柳娜等（2024）认为随着经济的发展和城市化进程的推进，农村地区人口对土地的依存程度呈降低的趋势，特别是东部发达的沿海地区降低更明显，以前人多地少的矛盾逐步向“人少地闲”转变，农村土地资源配置和利用效益或有降低态势。

⑤生态与粮食安全压力

生态用地侵占：建设用地扩张挤占生态空间，加剧生态环境压力（如湿地减少、森林退化）。

耕地保护与开发矛盾：城市化与工业化需求与 18 亿亩耕地红线之间存在冲突，部分地区出现耕地“非农化”“非粮化”现象。

（2）突破方向与优化路径

①深化土地产权制度改革

赋予农民更完整的土地权利：推进宅基地“三权分置”改革，允许宅基地使用权跨村流转，探索承包地经营权入股、抵押等创新形式。加快农村土地确权登记颁证，为土地市场化流转奠定基础。清晰界定土地产权，保护土地所有者和使用者的合法权益，为土地要素的高效配置提供制度保障。

②健全土地市场化配置机制

建立城乡统一的建设用地市场：推动集体经营性建设用地入市，打破城乡土地二元分割，促进土地要素自由流动。

完善土地交易平台：建立全国性土地交易平台，推动土地指标跨区域交易（如城乡建设用地增减挂钩）。

推进土地要素区域差异化配置：转变单一要素与单一资源的供给思路，完善土地要素不同类型或功能、不同产权权属，以及不同空间位置的组合供应机制，探索形成可行的供应方案，更好满足地方差异化发展需求。加强对大城市或大型都市圈土地要素配置的宏观政策倾斜，考虑不同级别城市差异化的空间发展诉求。

③优化土地利用结构与效率

推进土地集约利用：通过土地整治、高标准农田建设等方式，提升土地利用效率（如浙江“千村示范、万村整治”工程）。

盘活存量建设用地：鼓励城市更新、旧城改造，减少新增建设用地需求（如深圳“城市更新条例”）。

④重构土地收益分配机制

提高征地补偿标准：参考市场价制定征地补偿标准，确保农民分享土地增值收益（如韩国的“市价补偿法”）。

探索土地增值收益调节金:将部分土地增值收益用于反哺农村(如英国的“土地开发税”)。

⑤强化生态与粮食安全保障

严守生态保护红线主要是划定并严格保护生态空间,如森林和湿地,防止建设用地无序扩张。落实耕地保护制度是通过高标准农田建设、耕地占补平衡等措施,确保18亿亩耕地红线不被突破。

⑥推动政策与制度创新

完善法律法规的主要任务是修订《中华人民共和国土地管理法》《中华人民共和国农村土地承包法》等,为土地市场化改革提供法律保障。优化地方政府考核机制可以考虑将土地利用效率、生态保护等纳入地方政府考核指标,减少对土地财政的依赖。

⑦加强科技与数据赋能

推广智慧土地管理:利用遥感、GIS等技术,实现土地资源动态监测与精准管理。

建设土地大数据平台:整合土地权属、交易、利用等信息,提升土地资源配置效率。

运用新一代信息技术提升土地资源管理水平:加强数据解读、分析和使用,对土地资源进行精细化管理,提高土地资源管理的精准性和权威性。

实现土地资源从图层管理到立体空间管理的转变:运用信息化手段辅助决策,提高节约集约用地水平。

(3)国际经验借鉴

德国“土地整理”模式:通过土地置换、重划实现规模化经营,提升土地利用效率(如巴伐利亚农村更新计划)。

日本“都市农业”政策:允许城市近郊农地多功能利用(如观光农园),提升土地附加值并稳定农民收入。

美国“土地信托”制度:通过非营利组织保护生态用地,防止过度开发(如加州的土地信托保护湿地)。

土地要素配置低效的矛盾本质上是制度性、结构性与技术性问题的叠加。破解这些矛盾需要深化产权改革:赋予农民更完整的土地权利;健全市场机制,建立城乡统一的土地市场;优化利用结构,提升土地利用效率与可持续性;重构收益分配,确保农民分享土地增值收益;强化政策创新,完善法律法规与政府考核机制。通过系统性改革,土地要素配置将从低效走向高效,为乡村振兴与共同富裕提供坚实支撑。

5.1.2 核心问题提出

通过前面的研究背景与意义梳理,拟对如何通过土地要素优化促进城乡融合与收入分配公平、如何改革土地要素市场化构建共同富裕目标的协同机制2个核心问题进行分析。

1. 如何通过土地要素优化促进城乡融合与收入分配公平

通过土地要素优化促进城乡融合与收入分配公平,是推动乡村振兴和共同富裕的重要路径。土地作为最基本的生产要素,其配置效率直接影响城乡资源流动、产业发展和居民收入分配。要促进城乡融合与收入分配公平,需在制度创新、资源配置、收益分配和公共服务等方面综合施策。

(1)制度创新:打破城乡土地二元壁垒

深化土地产权改革,赋权农民:推进宅基地“三权分置”(所有权、资格权、使用权分离),允许使用权跨村流转,激活农村闲置资产。集体土地入市:允许集体经营性建设用地直接入市交易,与国有土地“同权同价”。建立城乡统一市场,推动建设用地指标跨区域交易,发达地区购买欠发达地区节余指标,反哺乡村振兴。

(2)资源配置:提升土地利用效率与协同性

集约利用土地,高标准农田建设:整合碎片化耕地,发展规模化现代农业,提升农业附加值。城市更新与存量盘活:改造低效工业用地,发展科创园区或商业综合体。产业用地融合即“土地+产业”融合:农村土地与城市资本结合,发展乡村旅游、康养等新业态。城乡产业链延伸:城市企业向农村转移加工环节,形成“总部+基地”模式。

(3)收益分配:构建公平共享机制

土地增值收益共享,提高征地补偿标准:按市场价补偿农民,确保增值收益合理分配。土地收益调节金:提取部分土地增值收益用于农村社保与公共服务。

多元增收渠道,土地入股分红:农民以土地经营权入股企业,分享长期收益。

资产证券化试点:探索农村土地经营权信托,吸引社会资本投资。

(4)公共服务均等化:缩小城乡差距

土地收益反哺农村基建,将土地出让金的一定比例定向用于农村道路、水利、网络等基础设施建设。教育与医疗资源下沉,通过土地政策支持乡村学校、医院用地,吸引优质资源下乡。

(5)挑战与应对策略

土地财政依赖:改革地方政府考核机制,降低土地出让收入占比(如深圳市土地财政依赖度已降至20%)。农民权益保障不足:建立土地纠纷仲裁机构,推广“一村一法律顾问”制度。市场化风险:完善土地交易风险评估体系,引入保险机制对冲流转风险。

总之土地要素优化需通过“产权改革—市场配置—收益共享—服务均等”的系统性路径。短期:加快土地确权与入市,激活农村资产。中期:构建城乡统一市场,推动产业融合。长期:完善收益分配与社会保障,实现可持续公平。中国的“三权分置”“增减挂钩”等实践已初见成效,未来需进一步打破行政壁垒、强化法治保障,使土地真正成为城乡融合与共富的纽带。

2. 如何构建土地要素市场化改革与共同富裕目标的协同机制

构建土地要素市场化改革与共同富裕目标的协同机制,是实现资源高效配置与社会公平共享的关键。这一机制的核心在于通过市场化改革释放土地要素潜力,同时通过制度设计确保改革红利惠及全体人民,特别是低收入群体。

(1)明确协同机制的目标与原则

目标:实现土地要素的高效、有序流动和优化配置,提高土地利用效率和产出效益;促进城乡融合发展,缩小城乡差距,推动全体人民共同富裕。

原则:一是市场主导,政府引导。充分发挥市场在资源配置中的决定性作用,同时加强政府的宏观调控和监管,确保土地要素市场化改革的方向正确。二是公平与效率并重。在保障公平的前提下,提高土地要素的配置效率,实现经济效益和社会效益的双赢。三是城乡融合,协调发展。推动城乡土地要素市场的互联互通,促进城乡经济、社会、文化等各方面的协调发展。

(2)推进土地要素市场化配置改革

①建立健全城乡统一的建设用地市场

允许农村集体经营性建设用地入市,与国有建设用地同等入市、同权同价;完善城乡建设用地增减挂钩政策,盘活存量建设用地,优化土地资源配置。

②深化产业用地市场化配置改革

推行长期租赁、先租后让、租让结合、弹性年期出让等多样化的供地方式,满足不同产业和企业的用地需求;支持利用划拨土地上的存量房产发展国家鼓励的新产业、新业态,促进产业升级和经济发展。

③鼓励盘活存量建设用地

加快国有企业存量低效用地再开发利用,通过自主、联营、入股、转让等多种方式盘活存量土地;建立批而未供和闲置土地台账,制定"一宗一策""一地一案"的处置措施,提高土地利用效率。

(3)促进城乡融合发展,缩小城乡差距

①推动城乡基本公共服务均等化

加大农村教育、医疗、文化等公共服务的投入,提高农村公共服务水平;推动城乡社会保障制度的衔接和并轨,实现城乡社会保障的公平和可持续。

②促进城乡产业协同发展

鼓励城市资本、技术、人才等要素向农村流动,支持农村产业发展;推动城乡产业链、供应链的深度融合,形成优势互补、协同发展的产业格局。

③深化农村宅基地制度改革

稳慎推进农村宅基地制度改革试点,探索宅基地所有权、资格权、使用权"三权分置"的实现形式;完善农村宅基地退出机制,为农村产业发展腾出空间。

(4)完善土地管理体制,保障土地要素市场化改革顺利进行

①加强土地规划管理

科学编制国土空间规划,合理安排土地资源的数量、空间和时序;严格实施土地利用年度计划,控制建设用地总量,提高土地利用效率。

②强化土地执法监管

加大对违法用地的查处力度,维护土地市场秩序;完善土地督察制度,加强对地方政府土地利用行为的监督检查。

③推进土地管理信息化建设

利用现代信息技术手段,提高土地管理的效率和透明度;建立土地市场动态监测和预警机制,及时发现和解决问题。

(5)建立协同机制的保障措施

①加强组织领导

成立由相关部门组成的土地要素市场化改革与共同富裕协同机制领导小组,负责统筹协调各项工作;制订详细的工作计划和实施方案,明确责任分工和时间节点。

②加大政策支持力度

出台一系列配套政策措施,支持土地要素市场化改革和城乡融合发展;加大财政投入,

为土地要素市场化改革和城乡融合发展提供资金保障。

③加强宣传引导

加大对土地要素市场化改革和城乡融合发展的宣传力度,提高全社会的认知度和支持度;及时总结和推广典型经验和做法,发挥示范带动作用。

构建土地要素市场化改革与共同富裕目标的协同机制,是实现高质量发展,推动城乡融合发展和全体人民共同富裕的重要途径。通过深化土地要素市场化配置改革,促进城乡融合发展,缩小城乡差距,可以激发全社会的创造力和市场活力,推动经济持续健康发展。同时,加强组织领导、加大政策支持力度和加强宣传引导等措施,可以为协同机制的顺利实施提供有力保障。未来,应继续深化土地要素市场化改革,完善城乡融合发展体制机制,为实现全体人民共同富裕的目标奠定坚实基础。

5.1.3 土地要素配置促进共同富裕的理论基础

通过前面的核心问题剖析,下面拟从马克思地租理论与土地要素价值实现、新制度经济学视角下的产权激励、空间正义理论对土地公平配置的启示三方面分析土地要素配置促进共同富裕的理论基础。

1. 马克思地租理论与土地要素价值实现

马克思的地租理论是其政治经济学体系的重要组成部分,揭示了土地私有制下土地收益分配的本质规律。在当代土地要素市场化改革中,这一理论仍具有重要的解释力和指导意义。以下从马克思地租理论的核心内涵、土地要素价值实现的逻辑等方面展开分析。

(1)马克思地租理论的核心内涵

马克思在《资本论》中系统分析了资本主义土地所有制下的地租形式,主要包括级差地租和绝对地租。

级差地租包括级差地租Ⅰ和级差地租Ⅱ。级差地租Ⅰ:因土地自然条件(如肥沃度、地理位置等)差异产生的超额利润。例如:城市中心地块与郊区地块因区位差异产生租金差异。级差地租Ⅱ:因连续追加投资(如基础设施、技术改良等)带来的生产率提升产生的超额利润。例如:工业园区通过道路和管网建设提升土地价值。

绝对地租:土地私有制垄断下,无论土地质量如何,租地者必须支付的最低租金。

本质:土地所有权对剩余价值的直接攫取。

理论内核:地租的本质是剩余价值的特殊转化形式,土地私有制导致社会财富向土地所有者集中,加剧阶级矛盾。

(2)土地要素价值实现的逻辑

在社会主义市场经济中,土地要素的价值实现需兼顾效率与公平,马克思地租理论为以下实践提供理论支撑。

一是土地所有权与使用权分离。中国实行土地公有制(国有与集体所有),通过“三权分置”将使用权市场化,释放级差地租潜力。案例:农村承包地经营权流转,农民获得级差地租Ⅱ(如规模化经营带来的增值收益)。

二是土地增值收益分配机制。土地增值源于社会整体进步(如基础设施投资、人口集聚),而非土地所有者个体劳动,因此需通过税收、调节金等方式实现社会共享。案例:中国征收土地增值税,部分收益用于乡村振兴和公共服务。

三是绝对地租的公有制转化。在土地公有制度下,绝对地租转化为国家或集体收入,用于公共福利而非私人资本积累。案例:国有土地出让金纳入财政预算,支持城市建设和社会保障。

(3)当代实践与理论创新

一是级差地租的现代形态。数字经济与区位价值:电商园区、数据中心等新业态重塑土地级差地租Ⅰ(如杭州未来科技城的地价溢价)。生态价值纳入地租体系:碳汇交易、生态补偿机制拓展了级差地租的内涵(如云南普洱通过森林碳汇交易获得收益)。

二是土地要素市场化改革。集体经营性建设用地入市:打破城乡二元分割,实现与国有土地"同权同价",释放农村级差地租(如浙江德清集体土地入市试点)。土地指标跨区域交易:通过"增减挂钩"政策将欠发达地区的级差地租Ⅰ转化为发展资金(如四川凉山土地指标交易获资超百亿元)。

三是共同富裕导向的分配机制。土地增值收益共享:通过股权合作、留用地安置等模式,让农民分享城市化中的级差地租Ⅱ(如深圳南山区留用地开发模式,村民获长期分红)。社会保障替代绝对地租:以土地收益反哺农村养老、医疗,削弱土地私有制下的剥削性(如苏州提取土地出让金20%投入农村社保)。

(4)面临挑战与解决路径

面临挑战:土地财政依赖导致地方政府过度追求短期级差地租,推高房价与债务风险;集体土地入市中农民议价能力不足,级差地租被资本过度攫取。优化方向:构建"政府-市场-社会"协同机制,通过税收、规划调控级差地租分配(如房产税试点);强化农民土地权益保障,探索集体土地入市的合作开发模式(如"农民+企业+政府"三方股权合作);将生态价值纳入地租核算体系,推动绿色发展(如建立全国性碳汇交易市场)。

(5)理论生命力与制度创新

马克思地租理论揭示了土地收益分配的本质矛盾,而在社会主义制度下,通过土地公有制与市场化改革的结合,能够实现地租的"去剥削化"和"社会化共享"。

当前中国实践表明:理论创新,将级差地租与生态价值、数字经济结合,拓展地租内涵;制度创新,通过"三权分置"、指标交易等机制,实现土地要素效率与公平的统一。未来需进一步探索土地增值收益的全民共享机制,使马克思地租理论在共同富裕目标下焕发新的实践价值。

2.新制度经济学视角下的产权激励

新制度经济学(new institutional economics)以产权理论为核心,强调产权安排对经济行为和经济绩效的深远影响。产权激励作为新制度经济学的重要议题,揭示了产权界定、保护与交易如何影响资源配置效率、创新动力和社会福利。以下从产权激励的理论基础、作用机制及现实应用等方面展开分析。

(1)产权激励的理论基础

产权是对资源的使用、收益和转让的权利束,包括使用权、收益权和转让权。

其功能主要包括激励功能:清晰的产权界定激励主体高效利用资源;约束功能,产权保护防止外部性行为(如"搭便车");交易功能,产权可交易性促进资源流动与优化配置。

科斯定理的核心观点认为在交易成本为零的条件下,无论初始产权如何分配,资源最终会流向最有效率的使用者。其现实意义在于交易成本普遍存在,因此产权安排需最小化交易成本,实现资源最优配置。诺斯的制度变迁理论指出产权制度是经济增长的关键,有效的产权安排能够降低不确定性,激励投资与创新。制度变迁是渐进过程,产权改革需与政治、文化等非正式制度相协调。

(2)产权激励的作用机制

一是资源配置效率:清晰的产权界定减少“公地悲剧”,激励资源高效利用。中国农村土地承包制通过赋予农民土地使用权,显著提高农业生产率。

二是产权可交易性促进资源流动,实现帕累托改进。如碳排放权交易市场通过产权界定与交易,降低减排成本。

三是创新与投资激励:产权保护(如知识产权)激励创新主体投入研发,获取长期收益。美国硅谷通过专利制度保护技术创新,成为全球科技中心。

四是稳定的产权预期降低投资风险,吸引资本流入。如中国自贸区通过完善产权保护制度,吸引外资企业入驻。

五是社会福利提升:产权改革促进收入分配公平,减少寻租与腐败。鲜明的对比是俄罗斯私有化改革因产权分配不公导致贫富差距扩大,而中国渐进式改革避免了类似问题。

六是产权共享机制(如股权激励)实现利益相关者共赢。

(3)现实应用与案例分析

农村土地产权改革:“三权分置”改革,将土地所有权、承包权、经营权分离,赋予农民更完整的产权,激活土地流转市场。如浙江德清通过集体经营性建设用地入市,农民分享土地增值收益。土地确权登记,明确产权归属,减少纠纷,提高资源配置效率。如中国农村土地确权覆盖率达98%,为土地流转奠定基础。

知识产权保护与创新:专利制度激励企业研发投入,推动技术进步。中国2022年发明专利授权量达79.8万件,居全球第一。知识产权交易市场促进技术扩散与产业化。上海知识产权交易中心年交易额超百亿元,推动科技成果转化。

环境产权与可持续发展:碳排放权交易通过产权界定与交易,激励企业减排。

中国碳市场覆盖45亿吨排放量,成为全球最大碳市场。生态补偿机制将环境资源产权化,实现生态保护与经济发展的平衡。浙江丽水通过生态补偿机制,将绿水青山转化为金山银山。

(4)面临挑战与优化路径

面临的挑战包括产权界定与保护的难题:部分资源(如空气、海洋)难以清晰界定产权,导致“公地悲剧”。产权保护执法成本高,发展中国家尤为突出。

产权分配公平性问题:私有化改革可能导致资源向少数人集中,加剧贫富差距。集体产权中成员权益分配不公,引发内部矛盾。交易成本与制度环境:高交易成本阻碍产权交易,需完善市场基础设施(如交易平台、法律框架)。非正式制度(如文化、习俗)可能制约产权改革效果。

优化路径主要有完善产权法律体系:制定清晰的产权界定与保护规则,降低交易成本。创新产权共享机制:通过股权合作、收益分成等方式实现利益共享。强化制度环境建设:推动法治化、市场化改革,提升产权制度执行力。

总之产权激励是制度创新的核心。新制度经济学视角下的产权激励,揭示了产权安排对资源配置、创新动力和社会福利的深远影响。在社会主义市场经济中,通过产权改革与制度创新,能够实现效率与公平的统一。效率提升:清晰的产权界定与保护激励资源高效利用与创新。公平保障:产权共享机制确保发展成果惠及全体人民。未来需进一步探索产权激励在数字经济、绿色发展等领域的应用,为高质量发展提供制度保障。

3. 空间正义理论对土地公平配置的启示

(1)空间正义理论的核心内涵

空间正义理论源于批判地理学和社会学,强调空间资源分配的社会公平性,其核心观点包括:空间是社会关系的产物,空间不仅是物理存在,更是权力、资本和文化的载体,反映社会结构中的不平等;反对空间排斥与剥夺,弱势群体常因制度或市场机制被排除在优质空间资源之外(如中心城区、公共设施);强调"城市权利",大卫·哈维提出,所有人应平等享有塑造城市空间的权利,包括居住、参与决策和分享发展成果。

(2)土地配置中的不正义现象

一是权力与资本主导下的空间剥夺。征地与强制搬迁:农民和原住民在城市化中失去土地,补偿不足(如中国部分地区的"低征高卖"现象)。土地增值收益分配失衡:土地开发收益多流向政府与开发商,原住民仅获有限补偿(如深圳旧改中村民仅分得30%~40%收益)。

二是空间隔离与社会分化。保障房边缘化:保障性住房多布局在远郊,加剧低收入群体通勤成本与机会剥夺(如北京天通苑、回龙观"睡城"现象)。公共服务设施不均:优质教育、医疗资源集中于城市中心,郊区与农村供给不足。

三是生态空间侵占。工业与地产开发挤占生态用地,弱势群体承担环境代价(如化工厂周边居民健康风险)。

(3)空间正义理论对土地公平配置的启示

一是政策制定:从"效率优先"到"公平导向"。包容性规划机制:建立多元主体参与的土地决策平台,确保农民、市民等群体在规划中的话语权。如巴西阿雷格里港的"参与式预算"模式,市民直接决定公共土地用途。土地收益再分配制度:征收土地增值税,设立调节基金,将部分增值收益用于反哺弱势群体。如德国征收土地交易税(3.5%~6.5%),用于补贴保障性住房建设。

二是土地权利:强化弱势群体的空间赋权。确权与使用权保障:明确农民土地承包权、宅基地使用权,允许其通过入股、租赁参与开发。如浙江德清集体经营性建设用地入市,农民分享土地增值收益超30亿元。反对强制驱逐:完善征地法律程序,引入第三方评估与听证制度,避免暴力拆迁。如印度《土地征收法》规定,需获得80%受影响家庭同意方可征地。夏方舟和张松培(2024)认为应当以土地要素为关键抓手,充分优化利用土地要素激发劳动者"新素质"、支撑劳动资料组合"新模式"、发展产业"新业态"、推动"新技术"革命性升级、深化土地要素制度改革赋予"新动能"。

三是空间规划:打破隔离与促进融合。混合用地与职住平衡:在核心区域配建保障房,避免低收入群体被边缘化。如新加坡组屋政策要求每个社区混合不同收入阶层居民。公共服务均等化:通过土地规划强制配建学校、医院等设施,缩小城乡差距。如中国"15分钟生活圈"规划要求社区步行范围内覆盖基本公共服务。

四是生态正义:平衡开发与保护。生态用地刚性管控:通过立法保护森林、湿地等生态空间,限制开发性侵占。如新西兰《资源管理法》规定,土地开发不得损害生态环境。环境补偿机制:向生态保护区居民支付补偿金,弥补其发展权受限的损失。如浙江丽水通过生态补偿资金,每年向农民支付每亩林地100元。

(4)实践挑战与应对策略

一是利益集团阻力。应对策略是强化土地信息公开与公众监督,削弱开发商与地方政府的合谋空间。

二是制度执行偏差。应对策略是建立独立的土地纠纷仲裁机构,确保政策落地(如香港土地审裁处)。

三是技术工具局限。应对策略是利用大数据与GIS技术监测土地分配公平性,例如识别公共服务"盲区"。

空间正义理论为土地公平配置提供了从理念到实践的全方位启示。价值层面:将公平正义纳入土地政策的核心目标,超越单纯的经济效率逻辑。制度层面:通过赋权、参与和再分配机制,重塑土地权利与利益格局。技术层面:借助规划工具与技术手段,实现空间资源均衡布局。未来,需在土地制度改革中持续嵌入空间正义理念,通过"公平优先、多元共治"的路径,构建包容、可持续的土地资源配置体系。

5.2 中国土地要素配置现状与问题诊断

5.2.1 实践进展

1.农村"三块地"改革试点经验

农村"三块地"改革(土地征收、集体经营性建设用地入市、宅基地制度改革)是中国土地制度改革的核心内容。自2015年启动试点以来,各地通过制度创新破解城乡二元土地壁垒,激活农村土地要素,推动乡村振兴与城乡融合发展。以下结合典型案例,总结试点经验与启示。

(1)改革背景与目标

核心矛盾:城乡土地权能不平等,农村土地市场化受限;农民土地权益保障不足,财产性收入渠道狭窄;土地资源配置低效,制约乡村振兴与城乡融合。改革目标:破除土地制度二元结构,建立城乡统一的建设用地市场;赋予农民更多土地财产权利,增加财产性收入;优化土地资源配置,支撑农村产业升级。

(2)试点核心内容与成效

①土地征收制度改革

核心措施:缩小征地范围(仅限公共利益需要),提高补偿标准(按市场价补偿),规范征地程序(引入听证与社会风险评估)。典型案例如浙江义乌建立"区片综合地价"动态调整机制,征地补偿标准提高至市场价的80%,农民满意度显著提升;广东南海推行"留用地安置"政策,按征地面积10%~15%返还村集体开发,村集体年租金收入超千万元。

②集体经营性建设用地入市

核心措施:允许农村集体经营性建设用地直接入市交易,与国有土地“同权同价同责”,收益由集体与农民共享。典型案例如浙江德清累计入市土地超400宗、面积4 000余亩,村集体获收益超30亿元,农民户均分红超万元;四川泸县探索“作价入股”模式,村集体以土地入股与企业合作开发,年分红收益达土地出让金的15%。

③宅基地制度改革

核心措施:探索宅基地“三权分置”(所有权、资格权、使用权分离),允许使用权流转、抵押和退出。典型案例如江西余江推行“有偿退出+流转”模式,退出宅基地的农民每亩可获4万元~6万元补偿,全县腾退宅基地1.2万亩用于复耕或产业项目;浙江义乌允许宅基地跨村流转,农户将闲置宅基地改建为民宿,年租金收入每户超5万元。

(3)关键经验总结

一是产权明晰是基础。确权颁证保障农民权益(如全国农村土地确权登记完成率超98%),降低交易风险。

二是市场化机制是核心。建立城乡统一土地交易平台(如成都农村产权交易所),推动土地要素自由流动。

三是收益共享是关键。集体土地入市收益按“村集体提留30%~50%+农民分红”分配,兼顾发展与保障(如德清模式)。

四是制度协同是保障。土地改革与产业、金融政策联动(如重庆“地票”制度与乡村振兴项目结合)。

(4)面临的挑战

一是土地财政依赖。地方政府对土地出让收入过度依赖,挤压农村土地市场化空间。

二是农民权益保障不足。部分地区补偿标准偏低,农民在土地交易中议价能力弱。

三是区域差异显著。东部沿海地区市场化程度高,中西部地区改革动力不足。

四是生态与粮食安全压力。建设用地扩张与耕地保护矛盾突出。

(5)优化方向与建议

一是深化产权制度改革。扩大宅基地使用权流转范围,试点跨县域交易。孙晓勇(2023)认为应继续充分给予地方灵活制定宅基地政策的空间,引导地方探索有效的价值实现路径;更加注重保护集体经济组织的成员权益,进一步合理把握宅基地改革与乡村治理现代化之间的衔接关系。

二是完善收益分配机制。建立土地增值收益调节金(如提取入市收益的20%用于农村社保)。

三是强化制度配套。推动《中华人民共和国土地管理法》修订,明确集体土地入市细则;建立土地纠纷仲裁机构,保障农民权益。

四是探索多元化路径。中西部地区可借鉴“指标交易”(如城乡建设用地增减挂钩),东部地区探索“土地+产业”融合开发。

(6)典型模式对比(表 5-1)

表 5-1　农村土地改革典型模式比较

模式	核心特点	代表地区	成效
德清入市模式	集体土地直接入市,收益按比例分配	浙江德清	村集体增收超 30 亿元,农民分红户均万元
重庆地票模式	农村建设用地复垦生成指标,跨区域交易	重庆	累计交易地票 35 万亩,反哺农村资金超 700 亿元
余江宅改模式	宅基地有偿退出与集约利用	江西余江	腾退宅基地 1.2 万亩,盘活闲置资源
义乌三权分置	宅基地使用权跨村流转,激活民宿经济	浙江义乌	农户年租金收入超 5 万元,乡村旅游兴起

农村土地改革从“试点破冰”到“全国推广”。农村“三块地”改革通过产权赋能、市场激活和收益共享,为城乡融合发展提供了制度样本。未来需进一步总结试点经验,突破法律与利益藩篱,构建“效率与公平兼顾、保护与发展协同”的土地制度体系,为乡村振兴与共同富裕注入持久动力。

2. 城乡建设用地增减挂钩政策成效

城乡建设用地增减挂钩政策是中国土地制度改革的重要举措,旨在通过优化城乡土地资源配置,缓解城市建设用地需求压力,同时促进农村土地集约利用和耕地保护。下面拟从该政策的主要成效及存在的问题等方面进行分析。

(1)政策成效

一是缓解城市建设用地压力。通过农村建设用地拆旧复垦,腾出建设用地指标用于城市发展,有效缓解了工业化、城镇化对建设用地的需求压力。如亳州市通过增减挂钩项目腾退建设用地指标 1.14 万亩,超额完成年度任务,为城市建设提供了用地保障。

二是促进农村土地集约利用。政策推动农村低效、闲置建设用地的复垦,提高了土地利用效率。例如,百色市通过增减挂钩项目复垦农用地约 5.5 万亩,预计每年增加农业产值 1.5 亿元。亳州市通过规划引领,将增减挂钩与美丽乡村建设结合,优化了农村生产、生活、生态空间布局。

三是支持脱贫攻坚与乡村振兴。增减挂钩节余指标交易为贫困地区提供了资金支持。例如,百色市通过跨省域调剂节余指标,为 6 个贫困县筹措扶贫资金 32.24 亿元。贺州市将节余指标交易收益反哺农村,用于修建道路、路灯、篮球场等基础设施,切实改善了农民生活条件。

四是优化城乡土地资源配置。政策通过“拆旧建新”实现了城乡土地资源的动态平衡。例如,亳州市通过增减挂钩项目提供建设用地指标 1.51 万亩,保障了 170 多个农业农村发展和城镇化建设项目用地。

(2)存在的问题

一是政策执行偏差。部分地区在实施过程中偏离了耕地占补平衡的初衷,存在“重指标,轻质量”的现象,复垦耕地质量不达标。

二是农民权益保障不足。在拆旧复垦过程中,部分农民未能充分参与决策,补偿标准偏低,导致农民利益受损。

三是后期监管机制不完善。复垦后的耕地存在被非法占用或撂荒的风险,缺乏长效管护机制。

四是区域发展不平衡。经济发达地区更容易通过指标交易获取资金,而欠发达地区因市场化程度低,政策效益有限。

(3)优化建议

一是完善政策设计。强化耕地质量监管,确保复垦耕地达到农业利用标准。提高农民参与度,合理制定补偿标准,保障农民权益。

二是加强后期监管。建立长效管护机制,防止复垦耕地被非法占用或撂荒。引入第三方评估机构,确保项目验收透明公正。

三是推动区域均衡发展。加大对欠发达地区的政策倾斜,提高其市场化能力。探索跨区域指标交易机制,促进资源均衡配置。

城乡建设用地增减挂钩政策在缓解城市建设用地压力、促进农村土地集约利用和支持乡村振兴方面取得了显著成效,但也存在执行偏差、农民权益保障不足等问题。未来需要通过完善政策设计、加强监管和推动区域均衡发展,进一步提升政策效果,为实现城乡融合发展提供有力支撑。

3. 集体经营性建设用地入市探索

集体经营性建设用地入市是中国农村土地制度改革的重要组成部分,旨在打破城乡土地二元结构,赋予农村集体土地与国有土地同权同价的市场地位。这一改革探索始于2013年党的十八届三中全会提出的“建立城乡统一的建设用地市场”,并在后续政策试点中逐步推进。从相关背景、路径、挑战及未来方向等方面梳理分析。

(1)政策背景与意义

改革动因:一是城乡土地二元分割。过去农村集体土地需经政府征收为国有土地后方可入市,导致农民和集体无法直接分享土地增值收益。二是乡村振兴需求。通过盘活农村闲置土地资源,为乡村产业、基础设施提供用地保障,推动城乡融合发展。三是经济效率提升。释放农村土地市场潜力,优化土地资源配置,缓解城市土地供应紧张问题。

2019年,《中华人民共和国土地管理法》修订,明确集体经营性建设用地在符合规划的前提下可直接入市,与国有土地“同权同价”。2020年,《中华人民共和国民法典》进一步确认集体建设用地使用权可依法流转。

(2)入市实施路径

①确权登记

完成集体土地所有权、使用权确权,明确产权主体(如村集体经济组织),保障交易合法性。

②规划与用途管控

土地需符合国土空间规划,用途限定为工业、商业等经营性领域,不得用于商品住宅开发。

③入市方式

一是直接入市:集体经济组织通过出让、出租、作价出资(入股)等方式将土地推向市场。出让:集体经营性建设用地可以通过出让的方式进入市场,由受让人支付土地出让金,取得一定年限的土地使用权。出租:土地所有者可以将土地出租给使用者,收取租金,这种方式适合短期或中期的项目。作价入股:集体经营性建设用地可以作价入股,与社会资本合作,共同设立企业或增资扩股。例如上海金山区和嘉定区的项目中,集体经济组织以土地使用权作价入股,分享市场运作收益。

二是指标交易:部分地区试点“增减挂钩”或“占补平衡”指标跨区域交易,扩大土地价值辐射范围。

④收益分配机制

政府通过土地增值收益调节金(如20%~50%)参与分配,剩余收益归集体经济组织和农民。部分地区探索收益用于乡村振兴、社保补贴或股权分红,保障农民长期权益。

政府调节金:试点地区政府通过计征调节金的方式参与土地增值收益分配,但存在计征基数不确定、依据不统一、比例跨度大等问题。

集体留存:约2/3的试点地区在村级层面提取一定比例的净收益留存,但农村集体经济组织能力薄弱,难以有效保障集体利益。

农户分配:入市收益属村集体的,由村委会提出分配草案,经村民会议或村民代表会议讨论通过后实施。

(3)试点经验与典型案例

浙江德清:全国首批试点,通过建立“入市交易平台”规范流程,累计入市土地超500宗,村集体增收超30亿元。

北京大兴:利用集体建设用地建设租赁住房,探索“共有产权”模式,缓解城市住房压力。

成都郫都区:推行“作价入股”模式,农民以土地经营权入股企业,共享产业发展红利。

盂县试点:作为山西省首批试点县之一,盂县已顺利完成试点工作。自2023年以来,盂县完成3宗集体经营性建设用地入市,面积84.95亩,取得土地出让收益635.13万元,带动产业投资2.5亿元,提供就业岗位65个,增加工资性收入390万元。

怀宁县试点:怀宁县作为安庆市唯一实施集体经营性建设用地入市的县,已成功出让3宗土地。其主要做法包括明确土地所有权主体、符合规划用途、集体成员同意、乡镇委托出让等

(4)挑战与争议

①利益分配矛盾

土地资源要素的增值收益分配一直是理论与实践关注的热点和焦点问题。地方政府依赖土地财政,对集体土地入市持保守甚至不积极主动的态度。集体经济组织内部治理不完善,基层党建引领作用发挥不够,易滋生腐败或分配不公。应明确土地增值收益分配的标准和比例,保障农民和集体的合法权益和收益分配比例。另外还需加强农村集体经济组织的能力建设和管理能力提升,提升其在土地增值收益分配中的主导权和话语权。

②市场风险防控

农村土地市场流动性较低,存在估值困难、交易冷热不均问题。若过度商业化,可能冲

击耕地保护与粮食安全。在作价入股等模式中,需要做好评估测算和风险控制工作,确保集体经济组织能够有效分享市场运作的收益。

(5)未来发展方向

一是完善法规体系。细化集体土地入市程序、收益分配规则,推动《中华人民共和国土地管理法实施条例》配套落地。

二是强化农民主体地位。建立公开透明的决策机制,保障农民知情权、参与权和收益权。

三是创新金融支持。探索集体建设用地抵押融资、证券化等模式,激活土地资本属性。

四是区域差异化探索。我国东部地区侧重产业融合与集约利用,中西部可结合生态资源发展文旅、康养项目。

五是数字化赋能。崔运武和杨映竹(2022)认为区块链在公共服务供给中的技术赋能,主要集中于精准识别和智能筛选需求信息、智能辅助公共服务供给决策、实时追踪和评估服务效能等方面。利用区块链等技术实现土地权属登记,交易全程可追溯,可降低交易成本。

集体经营性建设用地入市是破解城乡发展不平衡的关键举措,其核心在于通过市场化手段释放土地价值,同时平衡国家、集体与农民的利益。未来需在法治框架下完善配套机制,强化农民权益保护,推动城乡要素双向流动,最终实现乡村振兴与共同富裕目标。

5.2.2　现存困境

1.城乡土地二元结构的制度性障碍

城乡土地二元结构是中国长期以来形成的制度安排,其核心在于将土地划分为城市国有土地和农村集体土地两种所有制形式,并赋予其不同的权能和市场地位。这种分割导致城乡土地在开发、交易、收益分配等环节存在显著差异,成为制约城乡融合发展的重要制度性障碍。以下从多个维度解析其具体表现及深层矛盾。

(1)产权制度差异:所有权与使用权割裂

首先是所有权主体分割。城市土地:国家所有,地方政府作为实际控制者,可通过"招拍挂"等市场化方式直接出让使用权,土地增值收益归政府支配。农村土地:集体所有(村集体或村民小组),但使用权长期受限,农民需经政府征收转为国有后方能入市,导致集体土地权能残缺。

其次是使用权流转限制。农村宅基地、集体经营性建设用地等使用权长期被限制在集体内部流转,无法与城市土地同权入市,形成"半市场化"状态。

(2)土地市场准入壁垒

一是入市渠道垄断。农村土地进入非农建设市场的唯一合法途径是政府征收,地方政府通过垄断土地一级市场获取巨额土地出让金,而农民仅能获得基于农业产值的补偿(原《中华人民共和国土地管理法》按"年产值倍数"补偿),与土地实际市场价值差距悬殊。

二是用途管制与规划权集中。农村土地的开发需符合政府制定的国土空间规划,但规划权集中在城市主导的行政体系内,农村缺乏参与权,导致集体土地多被划为"限制开发区域"或"生态保护区",难以释放经济价值。

(3)收益分配失衡与权益剥夺

一是土地增值收益分配不公。政府通过征收低价获取农村土地后,以市场价格出让,差价形成"土地财政"收入(占地方财政比重曾超30%),但农民和集体仅能获得少量补偿,引发"征地冲突"和社会矛盾。

二是农民财产权受限。农民对宅基地仅有使用权而无处分权,无法抵押、转让或继承给非集体成员,导致大量农村土地闲置(全国宅基地闲置率约20%),资产难以盘活。胡明峰等(2023)认为应在中国稳慎推进宅基地制度改革的背景下,准确认知农村宅基地闲置的类型特征和形成原因,既是解读中国乡村空间转型过程的关键环节,也是科学管理、分类整治闲置宅基地的前提,可为农村建设用地的存量资源高效利用和增量需求适度满足寻求解决之道。

(4)法律与政策体系矛盾

一是法律冲突。《中华人民共和国土地管理法》与《中华人民共和国城市房地产管理法》长期存在矛盾,前者规定集体土地入市需先征收为国有,后者则未明确集体土地的市场地位。尽管2019年《中华人民共和国土地管理法》修订允许集体经营性建设用地直接入市,但与商品房开发相关的法律仍未完全衔接。

二是政策执行偏差。中央政策强调"同权同价",但地方实践中仍存在隐性歧视,例如金融机构对集体土地抵押贷款持谨慎态度,企业更倾向选择国有土地以降低风险。姜修海(2023)认为对自上而下输入的宅基地改革试点而言,政策往往会在时间上经历滞后于情景、超前于情景及与情景相适应三个不同阶段。

(5)社会功能捆绑与制度惯性

一是土地的社会保障功能。农村土地承担着农民就业、养老等社会保障功能,这种"以地代保"的惯性思维导致改革顾虑重重。例如,宅基地退出试点中,农民担心失去土地后缺乏兜底保障。王静(2023)基于分析得出宅基地退出对农户农业生产效率具有显著负向的处理效应,宅基地退出显著降低农户农业生产效率。

二是城乡户籍制度挂钩。土地权益与户籍绑定(如宅基地分配需以集体成员身份为前提),阻碍了城乡人口自由流动和土地资源优化配置。

(6)改革突破与遗留难题

近年改革取得一定进展。集体经营性建设用地入市试点:通过"同权同价"赋予农村土地市场地位,但仅限于工业、商业用途,住宅领域仍未放开。"三权分置"改革:宅基地所有权、资格权、使用权分置,允许使用权有限流转,但跨集体交易仍受限制。土地征收范围缩小:2019年《中华人民共和国土地管理法》将征地范围限定为"公共利益需要",但"公共利益"界定模糊,执行中易被扩大化。

仍然存在未解难题。一是利益格局固化。地方政府依赖土地财政,既得利益群体阻碍深层次改革,例如土地增值收益分配比例仍由政府主导。二是城乡统一市场机制缺位。缺乏全国性集体土地交易平台,评估、登记、融资等配套制度不完善,市场流动性不足。三是耕地保护与市场化矛盾。严守18亿亩耕地红线的政策目标,与农村土地市场化需求之间存在张力,如何平衡开发与保护仍需制度创新。

(7)制度性障碍的深层影响

城乡差距扩大:土地增值收益向城市倾斜,加剧城乡收入与公共服务差距。

土地资源错配:城市扩张占用大量农地,而农村土地低效利用,全国农村集体建设用地闲置规模超3亿亩。

社会稳定性风险:征地冲突、小产权房纠纷等事件频发,反映制度矛盾引发的社会矛盾。

(8)未来改革方向

赋权扩能:赋予集体土地完整权能,探索宅基地使用权跨集体流转、集体土地用于保障性住房等突破。

收益分配重构:建立政府、集体、农民共享的土地增值收益机制,明确调节金比例并强化农民话语权。

法律体系协同:推动《中华人民共和国土地管理法》《中华人民共和国城市房地产管理法》《物权法》等法规衔接,消除制度冲突。

市场化平台建设:建立城乡统一的土地交易市场,引入第三方评估、信用担保等配套服务。

社会保障替代:将土地承载的社保功能逐步剥离,通过城乡统筹的养老、医疗等制度减少农民对土地的依赖。

城乡土地二元结构的制度性障碍本质上是计划与市场、城市与农村、政府与农民多重矛盾的集中体现。其破解需超越单一领域的改革,通过系统性制度重构推动土地要素市场化、农民权益资本化、城乡发展融合化。唯有打破"以城吸乡"的传统路径,才能实现乡村振兴与新型城镇化的双向赋能。郭力娜等(2023)认为决定城镇化质量高低的重心已经从基础的人口城镇化和空间城镇化因素向高阶段、高层次的经济因素、社会服务因素和环境治理因素等方面转移。

2. 土地要素市场化配置程度不足

土地要素市场化配置程度不足,是中国当前土地制度改革面临的核心问题之一,集中表现为土地资源无法通过市场机制实现高效流动、价格发现和优化配置。这一现象根植于城乡二元土地制度、产权权能残缺、政府干预过度等多重因素,导致土地资源错配、利用效率低下,制约了城乡融合发展与经济增长潜力释放。以下从制度性障碍、市场失灵表现及改革方向进行系统分析。

(1)土地要素市场化不足的根源

①城乡二元土地制度割裂

所有制分割:城市土地国有、农村土地集体所有的二元结构,导致农村土地无法直接入市,必须经政府征收转为国有土地后方可进入市场,形成"政府垄断一级市场"的格局。

权能不对等:国有土地拥有完整的占有、使用、收益、处分权能,而农村集体土地的使用权流转长期受限(如宅基地不得对外交易、集体经营性建设用地用途受限),形成"半市场化"状态。

②产权制度缺陷

产权主体虚置:农村集体土地所有权主体(村集体)权责不清,农民个体缺乏对土地的完整产权,导致交易成本高、市场参与意愿低。

使用权流转受限:土地承包经营权、宅基地使用权等难以通过抵押、转让等方式实现资本化,土地"僵化"于原有用途。

③行政干预与规划刚性

用途管制僵化：土地用途由国土空间规划严格限定，地方政府通过控制土地指标分配（如建设用地指标）干预资源配置，市场自主调节空间狭窄。

价格形成机制扭曲：政府通过“招拍挂”垄断城市土地供应，推高地价；而农村土地征收补偿标准远低于市场价值，形成“价格双轨制”。

④配套制度缺失

交易平台缺位：缺乏全国统一的集体土地交易市场，信息不对称严重，交易成本高。

金融支持不足：集体土地抵押融资受限，金融机构因产权风险回避相关业务，土地资本化渠道不畅。

（2）市场化不足的现实表现

①土地资源错配与低效利用

城市“摊大饼”与农村闲置并存：城市过度扩张占用耕地，而农村集体建设用地闲置率超20%（约3亿亩），宅基地空置、“空心村”现象普遍。

产业用地结构失衡：工业用地低价出让导致“圈地囤地”，商服用地高价推升房价，市场难以通过价格信号调节供需。

②要素流动受阻

城乡土地市场割裂：农村土地难以直接对接城市资本与技术，城乡要素双向流动渠道不畅。

区域配置失衡：中西部地区土地指标大量流转至东部，但本地产业发展受限于用地指标短缺，加剧区域发展差距。

③价格信号失真

征地补偿与市场价值脱节：农村土地征收补偿按“原用途”计算（如农地产值倍数法），与转为建设用地后的市场价值差距可达数十倍。

集体土地入市价格歧视：即使试点地区允许集体经营性建设用地入市，其成交价仍普遍低于同地段国有土地。

④农民权益受损与社会矛盾

土地增值收益分配不公：政府通过征地获取土地财政收益，而农民仅获得有限补偿，引发征地冲突。

财产性收入缺失：农民无法通过土地流转、抵押获得资产性收益，城乡财产性收入差距持续扩大。

（3）改革方向与突破路径

①深化产权制度改革

赋权扩能：赋予集体土地与国有土地同等权能，扩大集体经营性建设用地入市范围，如探索用于租赁住房、公共服务设施。产权明晰化：推进农村土地确权登记颁证，明确集体经济组织与农民个体的权利边界，探索宅基地“三权分置”市场化路径。

②构建城乡统一土地市场

打破入市壁垒：全面推行集体经营性建设用地直接入市，逐步放宽用途限制，如试点与国有土地同等开发商品住宅。建立交易平台：建设区域性乃至全国性集体土地交易市场，引入第三方评估、信用担保等配套服务。

③优化政府角色与规划机制

从“管理者”转向“服务者”:减少政府对土地一级市场的垄断,强化规划引导与市场监管职能。弹性化用途管制:在严守耕地红线前提下,允许地方通过“负面清单+弹性年期”等机制增强土地利用灵活性。

④完善市场化配套制度

金融创新:推动集体土地经营权抵押贷款、土地收益证券化,探索设立土地银行等政策性金融机构。税收调节:建立土地增值税、不动产税等制度,替代土地财政依赖,调节土地增值收益分配。数字化赋能:利用区块链技术实现土地权属登记、交易全流程可追溯,降低交易成本与风险。

⑤平衡公平与效率

收益分配机制:政府通过土地增值收益调节金(如20%~30%)参与分配,剩余收益重点向农民和集体倾斜。社会保障替代:将土地承载的社保功能逐步剥离,通过城乡统筹的养老、医疗制度减少农民对土地的依赖。

(4)挑战与风险

利益格局重构阻力:地方政府土地财政依赖、既得利益群体阻挠可能导致改革迟滞。市场波动风险:土地资本化可能加剧金融风险,需防范投机炒作与泡沫。耕地保护与生态红线:市场化配置需与粮食安全、生态保护目标动态平衡。提升土地要素市场化配置程度,本质是通过产权重构、市场开放和制度创新,打破“政府主导、城乡分割”的传统模式,使土地真正成为可流动、可定价、可交易的生产要素。这一过程需以法治化框架保障农民权益,以市场化机制释放土地活力,以系统化思维统筹城乡发展。唯有如此,才能实现土地资源的优化配置,为乡村振兴与高质量发展提供持久动力。

3.生态保护与土地开发的矛盾平衡

生态保护与土地开发的矛盾平衡是中国推进可持续发展和生态文明建设中的核心议题。随着城镇化、工业化进程加速,土地资源需求激增与生态承载力有限的矛盾日益尖锐。如何在保障经济增长的同时守住生态底线,实现“绿水青山就是金山银山”的转化,需通过制度创新、技术赋能和多元共治寻求动态平衡。

(1)矛盾根源与表现形式

①资源竞争与空间挤压

耕地保护压力:18亿亩耕地红线与城镇扩张、基建用地需求直接冲突,2022年全国耕地面积已降至19.14亿亩,逼近红线。生态空间缩减:湿地、林地、草地等生态用地被开发挤占,例如长江经济带11%的岸线被工业和港口占用,导致生物多样性下降。开发模式粗放:工业用地低效利用(如开发区土地闲置率超20%)、矿山开采引发水土流失等问题。

②利益分配失衡

短期经济收益与长期生态成本错配:地方政府依赖土地财政推动开发,生态修复成本却由全社会承担。生态保护区域发展受限:重点生态功能区(如三江源、祁连山)因限制开发导致当地居民收入增长缓慢,形成“保护者受损”困境。

③政策执行冲突

规划体系碎片化:国土空间规划、生态保护红线与地方产业发展规划存在衔接不畅,例如部分“新能源项目”因占用生态空间被叫停。考核机制矛盾:GDP增长与生态指标在政绩考核中权重失衡,地方“重开发、轻保护”倾向明显。

(2)政策框架与制度创新

①顶层设计:刚性约束与弹性调整

生态保护红线:全国划定320万平方公里生态保护红线(占陆域国土面积30%以上),实行“清单式”管控,禁止工业化、城镇化开发。

国土空间规划体系:统筹“三区三线”(生态、农业、城镇空间;生态保护红线、永久基本农田、城镇开发边界),实现“多规合一”。杨泽栋(2022)认为在省级尺度上,应破除地方保护和区域壁垒,提升跨省的环境保护协同合作,建立重大生态问题协调机制,综合考虑产业布局和分工,实现国土空间利用高质量且均衡的发展;在县级尺度上要重视区域差异,应划分不同国土空间发展与生态修复类型,统筹推进山水林田湖草沙一体化生态保护修复与治理等。自然资源资产产权制度:推进水流、森林、湿地等自然资源统一确权登记,明确保护责任主体。

②市场化机制:生态价值转化

生态补偿机制:纵向补偿(中央财政转移支付)与横向补偿(流域间、区域间协议)相结合,例如新安江流域跨省生态补偿试点。

生态产品价值如何实现?一是碳汇交易。林业碳汇纳入全国碳市场,2023年福建三明林业碳票交易额超1.2亿元。二是EOD模式(生态环境导向开发)。将生态修复与产业开发捆绑,如重庆广阳岛通过生态修复带动文旅产业,实现资金平衡。三是绿色金融工具。发行绿色债券、设立生态银行,支持生态修复项目。

③技术创新:智慧化监测与修复

“空天地”一体化监测:利用卫星遥感、无人机、物联网实时监控生态破坏行为,例如黄河“生态眼”平台实现全流域数字化监管。生态修复技术:推广土壤污染治理、矿山生态修复、海岸带整治等技术,降低开发对生态系统的扰动。

(3)平衡路径与实践案例

①空间优化:开发与保护的协同布局

实践案例如雄安新区“蓝绿空间”占比70%。规划中保留白洋淀湿地、建设城市森林,通过“组团式”开发压缩建设用地规模,实现生态与城市功能融合。推广“低冲击开发”(LID)模式,优先利用存量土地,严控增量用地扩张。

② 产业转型:绿色经济替代传统开发

案例如浙江安吉“竹林碳汇”。通过竹林经营增汇固碳,开发碳汇交易、竹制品深加工和生态旅游,2022年林业产值超200亿元,替代传统采矿经济。限制高耗能、高污染产业用地,优先保障清洁能源、生态农业用地供给。

③利益共享:生态保护者受益

案例如云南普洱“生态茶园”。茶农通过有机种植保护森林,获得“雨林联盟认证”溢价,每亩增收3 000元,实现生态与经济双赢,建立“生态保护—品质提升—品牌溢价—收益反哺”的良性循环。

④制度突破:产权与治理创新

案例如福建武夷山国家公园“特许经营”。将生态资源使用权授权企业开发文旅项目,收益用于社区补偿与保护投入,破解“保护缺资金”难题。探索自然资源资产特许经营权、用能权交易等新型产权制度。

(4)挑战与应对策略

一是制度性障碍。主要矛盾是生态保护法律(如《中华人民共和国湿地保护法》)与地方经济发展诉求冲突,执法成本高。应对对策是完善生态保护立法与司法衔接,建立生态环境损害赔偿制度。

二是资金缺口矛盾。生态修复成本高昂(如矿山修复每亩需10万元~50万元),财政投入不足。应对对策如推广PPP模式,吸引社会资本参与;扩大绿色金融规模。

三是技术瓶颈矛盾。生态修复技术成熟度低,如重金属污染土壤治理周期长、成本高。应对对策是加大生态技术研发投入,建立产学研协同创新平台。

四是社会参与不足。公众对生态保护认知有限,社区参与机制缺失。需要完善生态保护公益诉讼制度,推广“环保积分奖励”等公众参与模式。

(5)未来方向

动态平衡机制:建立“开发强度-生态承载力”预警系统,实现土地开发与生态修复的动态匹配。

跨区域协同治理:推进长江、黄河流域生态保护和高质量发展协同立法,打破行政边界束缚。

全球经验本土化:借鉴欧盟“自然资本核算”、美国“土地信托基金”等模式,完善中国生态治理体系。

数字化赋能:利用数字孪生、AI算法优化国土空间布局,模拟开发对生态系统的长期影响。

生态保护与土地开发的矛盾本质上是人类生存权、发展权与自然权的博弈。中国正通过“底线管控+价值转化+技术赋能”的组合策略,探索一条兼顾保护与发展的新路径。未来需进一步强化制度刚性、激活市场活力、推动社会共治,将生态优势转化为高质量发展的持久动能,最终实现人与自然和谐共生的现代化。

4. 土地收益分配机制不完善

土地收益分配机制不完善是中国土地制度改革中的核心难题之一,涉及政府、集体、农民、企业等多方利益主体的博弈。长期以来,由于制度设计缺陷、产权模糊、监管缺位等问题,土地增值收益在城乡间、区域间、群体间的分配失衡,导致社会矛盾加剧、农民权益受损、乡村振兴动力不足。以下从矛盾根源、现实问题及改革路径展开分析。

(1)土地收益分配不完善的制度性缺陷

①收益分配主体权责不清

集体土地产权虚置:农村集体土地名义上归“集体所有”,但集体经济组织(村委会或村民小组)缺乏法人地位,农民个体权益难以落实,导致收益分配话语权弱化。

政府与市场边界模糊:地方政府既是土地管理者(征收者),又是市场参与者(土地出让方),双重角色导致其通过土地财政攫取大部分收益。

②法律与政策框架滞后

补偿标准与市场脱节:农村土地征收补偿长期按“原用途产值倍数”计算(如耕地年产值6~10倍),与土地转为建设用地后的市场价值差距悬殊。

集体土地入市收益分配规则模糊:2019年《中华人民共和国土地管理法》允许集体经营

性建设用地入市,但未明确政府、集体、农民的具体分配比例,地方实践中调节金比例差异大(20%~50%)。

③区域与城乡差异固化

土地财政依赖的区域不均衡:东部地区通过土地出让获得高额收益,中西部地区依赖中央转移支付,加剧区域发展差距。

城乡土地“剪刀差”:政府低价征收农村土地、高价出让城市土地,形成城乡间土地收益分配的巨大鸿沟。

(2)现实问题与矛盾表现

①政府主导收益分配,农民权益受损

土地财政虹吸效应:2022年全国土地出让收入6.69万亿元,占地方财政收入的41.7%,但农民仅通过征地补偿获得5%~10%的增值收益。

“小产权房”困局:农民自发利用集体土地开发房产,因无法合法入市导致收益被抑制,全国小产权房面积超70亿平方米。

②集体内部分配不公

村干部权力寻租:集体经济组织缺乏透明监督,部分地区出现村干部截留、挪用土地补偿款或入市收益的腐败现象。

成员资格争议:集体收益分配常因“外嫁女”“入赘婿”等成员身份认定问题引发纠纷,司法救济渠道不足。

③长期收益保障缺失

一次性补偿为主:征地补偿或土地入市收益多采取一次性现金分配,缺乏可持续机制(如股权分红、社保基金),农民易陷入“失地返贫”。

代际公平失衡:土地增值收益集中于当代分配,未预留生态修复、公共服务等长远支出,透支未来发展空间。

④生态保护与开发收益失衡

生态功能区补偿不足:重点生态功能区因限制开发损失土地收益,但生态补偿标准偏低(如退耕还林补贴每亩仅1 600元),难以弥补机会成本。

市场化补偿机制缺位:碳汇交易、生态产品价值实现等新型收益渠道尚未普及,生态保护者难以分享土地开发的外部效益。

(3)典型案例比较

①广东“三旧改造”纠纷

主要问题:广州黄埔区旧村改造中,村民质疑开发商与村集体签订的补偿协议不透明,要求提高分红比例,引发群体性事件。启示:需建立公开协商机制,保障农民知情权与参与权。

②浙江义乌“集体土地入市”试点

成功经验:明确政府收取土地增值收益调节金20%,剩余80%由村集体分配,其中50%用于村民社保、30%用于村公共设施,农民人均增收超10万元。启示:通过比例法定化与用途约束,平衡各方利益。

(4)改革方向与突破路径

①重构收益分配主体权责

明确集体土地产权主体:推动农村集体经济组织法人化改革,建立“村民代表大会—监事会—理事会”治理结构,确保农民直接参与收益分配决策。

限定政府角色:政府通过税收(如土地增值税、不动产税)而非直接分成参与分配,逐步退出土地收益主导地位。

②建立科学分配比例与用途机制

分层设定分配比例。征地场景:农民直接获得补偿不低于土地市场价值的50%,剩余部分用于区域基础设施与社保基金。集体土地入市场景:政府收取增值收益调节金不超过30%,集体提留20%用于公共服务,50%由农民按股权分红。

强化收益用途监管。要求集体土地收益优先用于农民社保、教育、医疗等民生领域,禁止挪用于政绩工程。

③创新可持续收益模式

股权化分配:将土地入市收益转化为村集体股份,农民通过持股长期分享土地增值收益(如北京大兴区集体土地租赁住房项目年分红人均2万元)。

生态价值转化:建立生态保护地区与受益地区的横向补偿机制,例如浙江丽水市通过流域水质协议,下游县市向上游支付生态补偿金。

④完善法律与监管体系

立法明确分配规则:修订《中华人民共和国土地管理法实施条例》,细化集体土地入市收益分配比例、程序及争议解决机制。

数字化监管平台:利用区块链技术实现土地收益资金全流程可追溯,防止挪用与腐败。

司法救济强化:设立土地收益纠纷专门法庭,简化农民维权程序。

⑤区域差异化管理

东部发达地区:侧重土地收益资本化,探索集体建设用地REITs(不动产投资信托基金),实现收益跨周期分配。

中西部欠发达地区:加大中央财政转移支付与生态补偿力度,优先保障农民基本生活与公共服务。

(5)挑战与风险

既得利益集团阻力:地方政府依赖土地财政,可能抵制收益分配向农民倾斜。

市场波动风险:土地收益证券化可能引发金融风险,需建立风险隔离机制。

执行成本高:农村集体治理能力薄弱,透明化分配需要大量制度与技术投入。

土地收益分配机制不完善的本质是权力与权利的失衡。破解这一难题,需以“农民权益优先、市场决定分配、法治保障公平”为原则,通过产权重构、比例法定、技术赋能推动制度变革。唯有让农民真正成为土地增值的“受益者”而非“旁观者”,才能激活乡村振兴内生动力,实现共同富裕目标。

5.3　土地要素配置效能优化的保障机制构建

在诊断分析核心问题与理论基础、土地要素配置现状与问题之后，下面拟从制度保障体系、权益保障机制、技术支撑体系、风险防控机制四个方面，构建土地要素配置效能优化的保障机制。

5.3.1　制度保障体系

下面从城乡统一建设用地市场的制度设计、宅基地"三权分置"的深化路径及土地征收公共利益认定标准的动态调整三个方面构建制度保障体系。

1. 城乡统一建设用地市场的制度设计

建立城乡统一建设用地市场是中国土地制度改革的重要目标，旨在打破城乡二元土地制度，实现国有土地与集体土地"同权同价"，推动土地资源高效配置与城乡融合发展。这一制度设计涉及产权、交易、监管、收益分配等多个层面，需在法治框架下统筹兼顾效率与公平。

(1)制度设计目标

制度设计要遵守四个原则。一是同权同价。赋予集体建设用地与国有建设用地同等权能，实现市场准入、交易规则、价格形成机制的统一。二是高效配置。通过市场化机制优化土地资源配置，减少闲置与低效利用，满足城乡产业发展与公共服务需求。三是权益保障。确保农民和集体经济组织在土地交易中的主体地位，保障其收益权与话语权。四是生态可持续。在土地开发中严守耕地红线与生态保护红线，实现经济、社会、生态效益的协调统一。

(2)核心制度框架

①产权制度

确权登记：完成集体土地所有权、使用权确权登记颁证，明确产权主体(如村集体经济组织)与农民个体的权利边界。

权能扩展：赋予集体建设用地与国有土地同等的占有、使用、收益、处分权能，允许其通过出让、出租、抵押、入股等方式入市。

三权分置：在宅基地领域推行所有权、资格权、使用权分置，允许使用权在符合规划前提下有限流转。

②市场准入与交易规则

入市范围：允许集体经营性建设用地(工业、商业、租赁住房等用途)直接入市，逐步探索宅基地使用权跨集体流转。

交易平台：建立全国统一的城乡建设用地交易平台，整合信息发布、竞价交易、合同签订、资金结算等功能，降低交易成本。

价格形成机制：引入市场化定价机制，通过"招拍挂"、协议出让等方式实现价格公开透明，杜绝隐性歧视。

③规划与用途管制

国土空间规划统筹:将集体建设用地纳入国土空间规划体系,明确其开发用途、强度与布局,避免无序扩张。

负面清单管理:制定集体建设用地入市负面清单(如禁止用于商品住宅开发),其余用途实行“非禁即入”。

弹性年期制度:根据土地用途设定差异化使用年期(如工业用地 50 年、商业用地 40 年),到期后可续期或收回。

④收益分配机制

政府调节金:政府通过土地增值收益调节金(如 20%~30%)参与分配,用于区域基础设施与公共服务。

集体与农民分配:剩余收益由集体经济组织与农民按股权分配,其中农民个人占比不低于 50%。

长期收益保障:探索收益股权化、基金化,将一次性收入转化为长期分红或社保基金。

⑤监管与法治保障

数字化监管:利用区块链、大数据技术实现土地交易全流程可追溯,防止腐败与违规操作。

法律体系完善:修订《中华人民共和国土地管理法》《中华人民共和国城市房地产管理法》,明确集体土地入市的法律地位与交易规则。

纠纷解决机制:设立土地交易仲裁机构,简化农民维权程序,保障其合法权益。

(3)配套政策与工具

①金融支持

抵押融资:允许集体建设用地使用权抵押贷款,推动金融机构开发相关产品。证券化试点:探索集体建设用地 REITs(不动产投资信托基金),盘活存量资产。政策性保险:设立土地交易履约保险,降低市场风险。

②税收调节

土地增值税:对土地增值收益征收累进税,调节收入分配。不动产税:逐步开征不动产税,替代土地财政依赖。

③生态补偿

跨区域补偿:建立生态功能区与受益区的横向补偿机制,例如通过“地票”交易实现耕地占补平衡。生态产品价值实现:推动碳汇交易、生态旅游等市场化补偿模式。

(4)挑战与应对

一是利益格局重构。面临挑战是地方政府土地财政依赖、既得利益群体阻挠,需要通过税收改革(如不动产税)逐步替代土地财政,强化农民主体地位。二是市场风险,土地资本化可能引发金融风险,要建立风险隔离机制,强化交易平台监管。三是区域差异。东中西部地区土地市场发育程度不一,实行差异化政策,东部侧重市场化,中西部加大财政支持。

城乡统一建设用地市场的制度设计,是破解城乡二元结构、推动乡村振兴与新型城镇化协同发展的关键举措,并且人力资本、金融资本和技术资本的投入都会对新型城镇化和流通产业发展造成路径依赖(蔡文柳和赵艳霞,2022)。其核心在于通过产权重构、市场开放与法治保障,实现土地资源的公平配置与高效利用。未来需以试点经验为基础,逐步扩大改革范围,最终构建起城乡融合、权责清晰、收益共享的土地市场体系。

2. 宅基地“三权分置”的深化路径

宅基地“三权分置”是中国农村土地制度改革的重要创新,旨在通过所有权、资格权、使用权的分置,盘活闲置宅基地资源,增加农民财产性收入,推动乡村振兴。李涛等(2023)认为在推进农村宅基地流转的过程中,要充分尊重农户意愿、了解农民诉求、考虑各地经济发展差异。为进一步深化“三权分置”改革,需从法律、市场、治理等多维度突破,构建系统化、可持续的实施路径。以下是深化路径的详细分析。

(1)改革背景与现状

①政策背景

2018 年中央一号文件首次提出宅基地“三权分置”,即落实集体所有权、保障农户资格权、适度放活使用权。2020 年《中华人民共和国民法典》明确宅基地使用权可依法流转,为改革提供法律依据。2023 年中央一号文件强调稳慎推进农村宅基地制度改革试点,探索“三权分置”有效实现形式。

②改革现状

试点成效:浙江义乌、四川泸县等地通过“三权分置”盘活闲置宅基地,发展民宿、乡村旅游等业态,农民收入显著提升。

主要问题表现为权能界定模糊:资格权与使用权的法律属性不清,流转范围受限。市场化程度低:流转多限于本集体经济组织内部,外部资本进入门槛高。收益分配不均:部分地方村集体截留收益,农民获得感不足。配套制度缺失:缺乏全国性交易平台与金融支持,流转成本高。

(2)深化路径设计

①法律层面:明晰权能属性与流转规则

明确资格权法律属性:将资格权界定为集体经济组织成员的身份权,允许其通过继承、赠予等方式在集体内部流转。

扩展使用权权能:赋予使用权完整的用益物权属性,允许其通过出租、抵押、入股等方式流转,逐步放宽跨集体流转限制。

制定专门法规:出台《农村宅基地管理条例》,细化“三权分置”的操作规则与争议解决机制。

②市场层面:构建城乡统一的宅基地交易体系

建立交易平台:搭建全国性或区域性宅基地使用权交易平台,整合信息发布、竞价交易、合同备案等功能,降低交易成本。

引入市场化定价机制:通过评估机构确定宅基地使用权基准价格,允许供需双方协商定价。

扩大流转范围:在试点地区探索宅基地使用权跨集体、跨区域流转,吸引城市资本与人才下乡。

③治理层面:强化集体经济组织能力

法人化改革:推动农村集体经济组织法人化,明确其作为宅基地所有权代表的法律地位与权责。

透明化分配:建立宅基地收益分配公开机制,确保农民直接参与决策与监督。

数字化管理:利用区块链技术实现宅基地权属登记、交易全流程可追溯,防止腐败与纠纷。

④金融层面:创新支持工具

抵押融资:允许宅基地使用权抵押贷款,推动金融机构开发相关产品。

证券化试点:探索宅基地使用权 REITs(不动产投资信托基金),盘活存量资产。

政策性保险:设立宅基地流转履约保险,降低市场风险。

⑤生态层面:统筹保护与开发

严守耕地红线:在宅基地流转中优先利用闲置资源,避免占用耕地。

生态价值转化:将宅基地流转与生态旅游、康养产业结合,实现经济与生态效益双赢。

(3)试点经验与启示

①浙江义乌模式

主要做法是允许宅基地使用权跨集体流转,用于民宿、文创等产业,农民通过租金与分红增收;通过市场化机制激活宅基地价值,需配套完善的交易规则与收益分配机制。

②四川泸县模式

主要做法是推行“宅基地换住房”,农民自愿退出宅基地后获得城镇住房与社保;宅基地退出需与城镇化进程协同,保障农民长远生计。

③安徽金寨模式

主要做法是将闲置宅基地复垦为耕地,生成“地票”跨区域交易,收益用于乡村振兴;通过指标交易实现宅基地资源的区域优化配置。

(4)挑战与应对

一是利益协调难题。地方政府、村集体、农民之间存在利益分配矛盾,需要建立公开透明的收益分配机制,强化农民主体地位。

二是市场风险。宅基地资本化可能引发金融风险,要建立风险隔离机制,强化交易平台监管。

三是区域差异。东中西部地区宅基地资源禀赋与市场需求差异大,实行差异化政策,东部侧重市场化流转,中西部加大财政支持。

(5)未来展望

从试点到推广:在总结试点经验基础上,逐步扩大改革范围,最终实现全国范围内的宅基地“三权分置”。

从单一到多元:推动宅基地流转与乡村产业、生态保护、文化传承深度融合,释放综合效益。

从政策到法治:将成熟的政策经验上升为法律法规,构建稳定、可持续的制度框架。

宅基地“三权分置”的深化路径,本质是通过产权重构、市场开放与治理创新,激活农村土地资源潜力,推动城乡要素双向流动。未来需以农民权益保障为核心,以市场化配置为手段,以法治化建设为保障,逐步构建起公平高效、可持续的宅基地制度体系,为乡村振兴与共同富裕提供坚实支撑。

3. 土地征收公共利益认定标准的动态调整

土地征收中的公共利益认定标准是土地管理中的核心问题之一,直接关系到土地征收的合法性与公平性。近年来，随着经济社会的发展和法治建设的推进，公共利益认定标准逐步明确并动态调整，旨在平衡国家发展需求与农民权益保护。以下是关于土地征收公共利益认定标准的动态调整的分析。

（1）公共利益认定标准的法律基础

首先是《中华人民共和国土地管理法》的明确规定。2019 年修订的《中华人民共和国土地管理法》（以下简称《新法》）首次对土地征收的公共利益范围进行了明确界定，具体包括以下六种情形：军事和外交需要；政府组织实施的基础设施建设；公共事业建设；扶贫搬迁和保障性安居工程建设；成片开发建设；其他依法规定的公共利益需要。

其次是动态调整的法律依据。《中华人民共和国土地管理法》规定，征地补偿标准应根据经济发展水平、土地资源条件、土地区位等因素，每 2 至 3 年进行调整，逐步提高补偿水平。这一规定为公共利益认定标准的动态调整提供了法律依据。

（2）公共利益认定标准的动态调整趋势

①范围逐步明确化

过去，公共利益范围模糊，导致征地范围过宽，甚至出现“以公共利益之名行商业开发之实”的现象。《新法》通过列举式规定，明确了公共利益的具体情形，减少了随意征地的可能性。成片开发建设需符合国土空间规划，并经省级以上政府批准，进一步限制了地方政府的自由裁量权。

②补偿标准的动态调整

征地补偿从以土地年产值为标准，调整为按区片综合地价计算，综合考虑土地产值、区位、经济发展水平等因素。各地根据实际情况，每 2 至 3 年调整一次补偿标准，确保被征地农民的生活水平不降低。

③程序透明化与公众参与

新法要求征地前需进行土地现状调查、社会稳定风险评估，并在拟征地范围内公告至少 30 日，听取被征地农民的意见。被征地农民对调查结果有异议的，可申请复查或复核，进一步保障了农民的知情权与参与权。

④生态保护与可持续发展

近年来，公共利益认定标准逐步纳入生态保护要求。例如，安徽等地通过土地节约集约利用改革，优先保障生态用地，减少对耕地的占用。部分地区探索将生态修复项目纳入公共利益范围，推动绿色发展。

（3）实践中的挑战与改进方向

①公共利益认定的模糊地带

尽管法律明确了公共利益的范围，但“成片开发建设”等情形仍存在解释空间，可能导致地方政府的自由裁量权过大；进一步细化公共利益的具体情形，制定明确的实施细则。

②补偿标准的区域差异

不同地区的经济发展水平差异较大，导致补偿标准不均衡，部分地区农民获得感不足；建立全国统一的补偿标准测算方法，同时允许地方根据实际情况适当调整。

③农民权益保障的落实

尽管法律规定了农民的参与权与救济权，但在实践中，农民往往处于弱势地位，难以有效维护自身权益；加强法律宣传与法律援助，确保农民能够充分行使权利。

④生态保护与经济发展的平衡

部分地区在追求经济发展的过程中,忽视了生态保护,导致土地资源浪费与环境破坏;将生态保护纳入公共利益认定标准,优先保障生态用地,推动绿色发展。

(4)典型案例与启示

安徽土地节约集约利用改革:安徽通过“土地节约集约利用改革 2.0 版”,优化土地资源配置,优先保障生态用地,减少低效用地,为公共利益认定标准的动态调整提供了实践经验。

珠海土地收储政策:珠海通过收回闲置土地,优先用于公共服务设施建设,体现了公共利益认定标准的灵活调整。

福建福鼎土地征收预公告:福鼎在土地征收前进行详细的现状调查与社会稳定风险评估,确保程序透明化与公众参与,为公共利益认定标准的落实提供了参考。

(5)未来展望

一是法治化与透明化。进一步完善法律法规,细化公共利益认定标准,确保征地程序的公开透明。二是市场化与生态化。推动土地资源市场化配置,同时将生态保护纳入公共利益认定标准,实现经济与生态的协调发展。三是农民权益保障。加强农民的法律意识与参与能力,确保其在征地过程中的主体地位。

土地征收公共利益认定标准的动态调整,是平衡国家发展需求与农民权益保护的关键。未来需通过法治化、市场化与生态化的综合手段,进一步完善公共利益认定标准,推动土地资源的可持续利用与社会公平正义的实现。

5.3.2 权益保障机制

下面从农民土地财产权的法律确权与实现、土地增值收益分配比例动态调整机制、跨区域土地指标交易的权益补偿设计三个方面构建权益保障机制。

1. 农民土地财产权的法律确权与实现

农民土地财产权的法律确权与实现是中国农村土地制度改革的核心议题,旨在通过法治化手段明确农民对土地的权益边界,保障其财产性收益,推动乡村振兴与共同富裕。以下从法律框架、法律确权的实践路径、现实挑战与制度梗阻及突破路径进行系统性分析。

(1)法律框架:农民土地财产权的制度基础

①土地权利体系的法律确认

《中华人民共和国宪法》与《中华人民共和国民法典》:明确农村土地集体所有制,农民享有土地承包经营权、宅基地使用权等用益物权,具有占有、使用、收益等权能。

《中华人民共和国土地管理法》(2019 年修订):规定农民集体对土地的所有权,允许集体经营性建设用地直接入市,并细化土地征收的公共利益范围和补偿标准。

《中华人民共和国农村土地承包法》:确立土地承包关系“长久不变”,允许承包地经营权流转、抵押、入股,赋予农民更完整的财产权能。

②“三权分置”改革

承包地:所有权归集体、承包权归农户、经营权可流转,激活土地经营权的市场化配置。

宅基地:所有权归集体、资格权归农户、使用权可有限流转,探索闲置宅基地盘活路径。

（2）法律确权的实践路径

①确权登记颁证

全国性确权行动：2013年起推进农村土地承包经营权、宅基地使用权确权登记颁证，截至2022年，承包地确权率达96%，宅基地登记率超80%。

数字化赋能：利用遥感测绘、区块链技术建立全国土地权属数据库，实现“一地块一编码”，减少权属纠纷。

②权能拓展与流转机制

承包地经营权：允许抵押贷款、入股合作社或企业，例如安徽金寨开展承包地经营权抵押贷款试点，农民可获贷款额度为评估值的50%～70%。

宅基地使用权：试点地区（如浙江义乌）允许使用权出租，转让用于乡村旅游、民宿等产业，期限最长20年。

集体经营性建设用地：直接入市交易，政府收取土地增值收益调节金（20%～30%），剩余收益由集体和农民分配。

③收益分配保障

征地补偿动态调整：按片区综合地价补偿，补偿标准每3年调整一次，确保不低于土地原用途价值的10倍。

土地入市分红机制：村集体将土地入市收益的50%以上分配给农民，部分试点地区（如成都郫都区）推行“股权量化到人”，农民享长期分红。

（3）现实挑战与制度梗阻

①产权主体虚置与权能残缺

集体所有权模糊：村集体经济组织法人地位缺失，导致农民个体权益易被架空。

使用权流转受限：宅基地使用权跨集体流转仍受法律限制，抵押融资面临金融机构回避风险。

②法律执行与监管漏洞

确权遗留问题：部分地区存在“一地多证”“权属重叠”等历史遗留问题，纠纷解决成本高。

基层权力寻租：村干部截留土地收益、操纵流转合同等腐败现象频发，农民维权难度大。

③市场化配套不足

交易平台缺失：缺乏全国统一的农村产权交易市场，信息不对称导致土地流转价格被低估。

金融支持缺位：土地经营权抵押贷款规模仅占涉农贷款的3%，金融机构因风险顾虑惜贷。

④区域差异与代际矛盾

区域不平衡：东部地区土地流转率超50%，中西部不足30%，财产性收入差距扩大。

代际权益冲突：年轻农民进城后土地权益继承与退出机制不明确，引发家庭内部纠纷。

（4）突破路径：法治化与市场化协同

①完善法律体系

明确集体产权主体：推动《农村集体经济组织法》立法，赋予村集体独立法人资格。

细化使用权流转规则：修订《中华人民共和国土地管理法实施条例》，允许宅基地使用权跨县域有条件流转。

②构建市场化支撑体系

全国性交易平台：整合现有区域性农村产权交易所，建立统一信息发布、竞价交易与资金结算系统。

金融创新试点：扩大土地经营权抵押贷款规模，探索“土地银行”模式收储闲置土地并证券化。

③强化农民权益保障

透明化决策机制：土地流转、征收等事项需经村民会议2/3以上成员同意，推行“阳光村务”平台公开流程。

法律援助网络：设立乡镇法律服务站，为农民提供合同审查、纠纷调解等免费服务。

④区域差异化政策

东部发达地区：侧重土地资本化，试点集体建设用地开发商品住房、REITs（不动产信托基金）。

中西部欠发达地区：加大财政转移支付，优先保障农民基本生活权益，探索生态资源价值转化路径。

（5）未来方向

从“静态确权”到“动态赋能”：推动土地权益与城乡要素流动衔接，允许农民带权进城、以权换股。

从“单一产权”到“复合权益”：探索土地经营权与生态权、碳汇权等新型权益捆绑交易。

从“政策主导”到“法治保障”：将试点经验上升为法律，构建稳定可预期的制度环境。

农民土地财产权的法律确权与实现，是破解城乡二元结构、激活乡村振兴内生动力的关键。其核心在于通过法治化明晰权属边界、市场化释放资源价值、社会化保障农民权益，最终实现“资源变资产、农民变股东”的转型。未来需以农民为主体，以土地为纽带，构建城乡融合发展的新型财产权制度，为共同富裕奠定坚实基础。

2. 土地增值收益分配比例动态调整机制

土地增值收益分配比例动态调整机制是当前农村集体经营性建设用地入市改革中的重要探索方向，旨在兼顾国家、农村集体经济组织和农民等多方利益，实现土地增值收益的合理分配。下面从现有政策与实践、动态调整机制的必要性、政策建议、动态调整机制构建等方面进行分析。

（1）现有政策与实践

政府调节金管理。试点地区普遍采用调节金的方式参与土地增值收益分配。调节金的计征方式主要有两种：一种是以入市土地成交总价款为基数，计征比例为8%～50%；另一种是以土地增值净收益为基数，计征比例为5%～60%。然而，目前调节金的计征基数和依据不够统一，导致比例跨度较大。

集体与成员分配。农村集体经营性建设用地入市后的净增值收益由集体经济组织所有，并可在集体与成员之间分配。不同地区根据实际情况设置了不同的分配比例。例如，四川郫都区采用“二八开”原则，即20%按股东人数分配，80%作为集体公积金和公益金。此外，部分地区如海南、贵州、甘肃等要求村集体留存比例不低于30%、40%、60%、80%等。

收益用途与管理。市场增值收益应纳入农村集体资产统一管理,主要用于改善集体成员的生产生活条件、民生项目等支出。同时,鼓励试点地区制定具体政策,明确分配原则和程序,规范收益使用,保障农民和集体的合法权益。

(2)动态调整机制的必要性

一是考虑区域差异。不同地区经济发展水平、土地用途和市场环境差异较大,土地增值收益分配比例应因地制宜。中西部地区更倾向于将收益用于集体经济发展和公益设施建设,东部地区用于创新产业园区建设。

二是根据市场变化调整。土地市场的波动和政策调整会影响土地增值收益。增值收益测算评估办法要科学完善,动态调整机制可以根据市场变化及时调整分配比例,确保各方利益的平衡。

三是法律政策衔接与把握。为保障土地征收与入市两种模式下的收益平衡,土地增值收益分配比例需要动态对标不同类型土地征收的收益分配标准。

(3)政策建议

一是完善调节金制度。明确调节金的法律性质和计征依据,统一计征基数和比例,确保调节金征收的规范性和合理性。

二是优化分配比例。根据土地用途、区位和市场环境等因素,动态调整国家、集体和农民之间的收益分配比例,建议国家与集体之间的分成收益比例量化为3∶7左右。

三是强化监督管理。建立健全收益分配的监督机制,确保资金使用透明、规范,防止利益分配不公和资金滥用。

四是增强集体组织能力。提升农村集体经济组织的管理能力,使其能够更好地参与土地增值收益的分配和使用,保障集体成员的合法权益。通过动态调整机制,可以更好地适应市场变化和区域差异,实现土地增值收益的合理分配,推动农村集体经营性建设用地入市改革的顺利推进。

(4)动态调整机制构建

土地增值收益分配比例动态调整机制的构建实施需要综合考虑国家、农村集体经济组织和农民的利益平衡,同时结合区域差异、土地用途和市场变化等因素。

①明确征收比例与基数

根据《增城区集体经营性建设用地入市土地增值收益调节金征管实施细则(试行)》和相关实践,土地增值收益调节金的征收比例应根据土地用途、区位和基准地价等级等因素进行差异化设定。例如:入市环节,集体商服用地基准征收比例为10%,集体保障性租赁住房用地为8%,集体工业用地为3%。转让环节,集体商服用地基准征收比例为8%,集体保障性租赁住房用地为6%,集体工业用地为3%。

②动态调整机制

定期评估与调整:建议每3~5年对土地增值收益分配比例进行一次评估和调整,以适应市场变化和区域发展差异。引入市场机制:参考土地市场的供求关系和价格波动,动态调整调节金征收比例,确保收益分配的公平性和合理性。

③收益分配原则

兼顾各方利益:在国家、集体和农民之间合理分配土地增值收益。根据《深化农村集体经营性建设用地入市试点工作方案》,应确保农村集体经济组织及其成员从不同用途入市土地所得收益基本均衡。合理提高农民收益：在扣除开发费用和补偿规划损失后，剩余的增值收益应在集体和农民之间进行分配，且应适当向农民倾斜。

④资金管理与监督

设立专项账户：指导农村集体经济组织设立土地增值收益专项账户，纳入农村集体资产统一管理，确保资金使用透明、规范。强化监督管理：建立健全收益分配的监督机制，防止利益分配不公和资金滥用。

⑤政策支持与法律保障

完善法律法规：明确土地增值收益调节金的法律性质和征收依据，统一征收比例，确保政策的稳定性和可操作性。地方政策细化：鼓励试点地区根据本地实际情况，制定具体的土地增值收益分配政策，明确分配原则和程序。

⑥提升集体经济组织管理能力

加强能力建设：通过培训和指导，提升农村集体经济组织的管理能力，使其能够更好地参与土地增值收益的分配和使用。规范决策程序：确保土地增值收益分配方案经过村民会议或村民代表会议讨论通过，保障农民的知情权和参与权。

通过上述措施，可以有效实施土地增值收益分配比例的动态调整机制，实现土地增值收益的合理分配，推动农村集体经营性建设用地入市改革的顺利推进。

3. 跨区域土地指标交易的权益补偿设计

跨区域土地指标交易是优化土地资源配置、促进区域经济协调发展的重要机制，但其成功实施离不开科学合理的权益补偿设计。权益补偿设计旨在平衡土地指标转出方与转入方的利益，保障农民、地方政府及其他相关主体的合法权益，同时确保耕地保护与生态安全。以下从补偿原则、补偿机制、实施难点及优化路径等方面进行系统性分析。

(1)权益补偿设计的基本原则

权益补偿设计要遵循四个原则。

一是公平性原则。补偿应体现土地资源的市场价值，确保转出方尤其是农民等弱势群体获得合理收益，避免因信息不对称或权力不对等导致的利益受损。

二是可持续性原则。补偿机制应兼顾短期收益与长期发展，确保土地资源的可持续利用，避免因过度开发或生态破坏导致的不可逆损失。

三是区域协调性原则。补偿设计需考虑区域差异，平衡经济发达地区与欠发达地区的利益，促进区域经济协调发展。

四是透明性与参与性原则。补偿过程应公开透明，确保农民、地方政府及其他利益相关方充分参与决策，减少纠纷与矛盾。

(2)权益补偿机制的核心内容

①补偿主体与对象

补偿主体：土地指标转入方(通常为经济发达地区)支付补偿费用，转出方(通常为耕地资源丰富地区)接收补偿。补偿对象：包括农民、村集体、地方政府及其他相关主体。农民作为土地的直接使用者，应获得主要补偿；村集体作为土地所有权代表，可参与收益分配；地方政府则通过税收或调节金参与补偿分配。

②补偿标准与方式

补偿标准：基于土地的市场价值、生态价值及区域经济发展水平综合确定。例如，广东省将耕地保护补偿标准从每年30元/亩提高至每年35元/亩，并引入跨区域调剂机制。对于新增耕地指标交易，抚顺县通过生态治理新增耕地16.7亩，交易额达167万元，体现了市场化的补偿标准。补偿方式有货币补偿：直接支付现金，适用于短期收益需求较强的地区。股权分红：将补偿资金转化为村集体或农民的股权，实现长期收益共享。公共服务补偿：为转出地区提供基础设施、教育、医疗等公共服务，提升区域发展水平。

③补偿资金的来源与分配

资金来源：土地指标转入方支付补偿费用，部分资金可通过省级财政转移支付或专项基金补充。资金分配：农民获得不低于50%的补偿收益，村集体获得20%~30%，地方政府通过调节金参与分配。

(3)权益补偿设计的实施难点

一是补偿标准不统一。不同地区经济发展水平差异大，难以制定统一的补偿标准，可能导致欠发达地区利益受损。

二是农民权益保障不足。部分地方政府可能截留补偿资金，或通过行政手段压低补偿标准，损害农民利益。

三是生态风险与耕地质量下降。跨区域交易可能导致耕地质量下降或生态破坏，需通过严格的监管与评估机制防范风险。

四是信息不对称与监管难度大。土地指标交易涉及多方利益，信息不对称可能导致补偿不公或腐败问题。

(4)优化路径与政策建议

①完善法律法规与政策框架

制定《土地指标跨区域交易管理条例》，明确补偿标准、程序及纠纷解决机制，确保补偿设计的合法性与可操作性。

②建立市场化补偿机制

引入第三方评估机构，根据土地的市场价值、生态价值及区域经济发展水平动态调整补偿标准。探索土地指标证券化，通过REITs(不动产投资信托基金)等金融工具实现补偿资金的长期增值。

③强化农民权益保障

建立农民参与机制，确保其在补偿决策中的话语权；推行“阳光补偿”平台，公开补偿资金流向，防止截留与挪用。

④加强生态保护与耕地质量监管

建立土地指标交易数据库，实时监控耕地质量与生态状况，确保占补平衡的落实。对生态脆弱区实行严格管控，避免因土地开发导致的生态破坏。

⑤推动区域协调发展

建立跨区域协调机制，平衡经济发达地区与欠发达地区的利益，促进区域经济一体化发展。跨区域土地指标交易的权益补偿设计是实现土地资源优化配置与区域协调发展的重要保障。未来需通过法治化、市场化与生态化的综合手段，完善补偿机制，强化农民权益保障，推动土地资源的可持续利用与社会公平正义的实现。

5.3.3　技术支撑体系

下面从国土空间数字化治理平台建设、土地资源资产核算与监测评估、区块链技术在土地确权中的应用三个方面构建技术支撑体系。

1. 国土空间数字化治理平台建设

国土空间数字化治理平台建设是推动国土空间治理现代化、实现资源高效配置与可持续发展的关键举措。该平台通过整合多源数据、应用前沿技术、构建智能化场景，形成覆盖“规划—审批—监管—修复”全生命周期的治理体系，助力破解传统管理中的碎片化、低效化难题。以下是该平台建设的核心内容、实施挑战及未来方向的系统性分析。

(1)平台建设的核心架构

①“一库一图一平台”体系

一库(国土空间数据库)是指数据集成：整合自然资源(土地、矿产、林草、水等)、经济社会、生态环境等多维度数据，实现跨部门、跨层级数据共享。动态更新：通过卫星遥感、物联网设备实时采集数据，如耕地变化监测频率可达“月度更新”，确保数据时效性。

一图(国土空间“一张图”)包括可视化展示：叠加规划图层、现状图层、审批图层等，支持三维立体展示(如地下管网、地质结构)。智能分析：内置AI算法，可自动识别违建、侵占耕地等行为，预警准确率达90%以上。

一平台(治理应用平台)包括业务协同：对接自然资源、住建、环保等部门业务系统，实现用地审批、生态修复等流程“一网通办”。场景工具箱：开发“耕地智保”“生态修复一张图”“灾害风险评估”等模块，支持定制化需求。

②技术支撑体系

空间信息技术：GIS(地理信息系统)、遥感(RS)实现全域监测，如浙江省通过遥感发现并整改违建问题3.2万宗。

人工智能与大数据：AI模型用于土地分类、违法用地识别；大数据分析预测城市扩张趋势。

区块链与隐私计算：保障数据安全共享，如福建采用区块链技术实现土地权属登记不可篡改。

数字孪生与仿真模拟：构建城市数字孪生体，模拟规划方案对交通、生态的影响。

(2)关键应用场景与实践案例

①耕地保护与粮食安全

场景：通过卫星遥感动态监测耕地“非农化”“非粮化”，结合AI识别疑似问题图斑。如江苏省“耕地智保”场景2023年预警耕地侵占事件1 200余起，整改率超95%。

②生态保护与修复

场景：生态红线动态监测、矿山修复进度跟踪、生物多样性评估。如浙江省“生态修复一张图”平台统筹全省300余个修复项目，资金使用效率提升30%。

③灾害防治与应急响应

场景：地质灾害风险预警、洪涝模拟、应急资源调度。如重庆市利用平台提前72小时预测滑坡风险，2022年成功避险23次，减少损失超5亿元。

④城市精细化治理

场景:地下空间管理、老旧小区改造分析、历史文化遗产保护。如北京市地下管线"一张图"管理平台,减少施工挖断管线事故80%。

(3)实施挑战与破解路径

①数据整合难题

主要挑战是部门数据壁垒、标准不统一(如坐标体系、数据格式差异)。需要顶层推动:自然资源部牵头制定《国土空间数据共享标准》,强制要求数据接口开放。建立激励机制:设立数据共享绩效考核,对贡献数据的部门给予资金或政策倾斜。

②技术应用瓶颈

主要挑战是AI模型泛化能力不足(如南方水田与北方旱地识别差异)、算力成本高。应对对策包括分区域训练模型:建立东北黑土地、江南水乡等差异化算法库。云边协同:核心计算上云,边缘设备处理实时轻量任务,降低成本。

③基层执行阻力

面临挑战是部分地方政府因利益纠葛消极配合(如隐瞒违建数据)。加强垂直监管:部级平台直接接入县级摄像头与遥感数据,绕过地方干预。引导公众参与:开通"随手拍"举报功能,形成社会监督压力。

④资金与人才短缺

主要是中西部欠发达地区平台建设资金缺口大,专业人才匮乏。应对措施包括央地分担机制:中央财政对欠发达地区给予70%以上建设补贴。产学研合作:与高校共建"数字国土学院",定向培养复合型人才。

(4)未来发展方向

①技术深度融合

元宇宙+国土治理:构建虚实交互的国土空间元宇宙,公众可"沉浸式"参与规划决策。

量子计算赋能:破解大规模空间优化计算难题,如百万量级用地布局方案秒级生成。

②市场化机制创新

数据资产化:探索国土空间数据确权、定价与交易机制,培育数据要素市场。

社会资本参与:推广PPP模式,企业参与平台建设并分享数据增值收益。

③治理模式升级

"平台+生态"模式:开放API接口,吸引企业开发个性化应用(如碳汇计算工具)。

全球治理协同:对接联合国可持续发展目标(SDGs),构建跨境生态保护数字走廊。

(5)典型案例启示

浙江"空间治理大脑":集成40余个省级部门数据,支撑"最多跑一次"改革,审批效率提升60%。

广东"智慧自然资源":通过平台统筹珠三角城市群土地供应,减少重复建设用地1.2万亩。

雄安新区"数字孪生城市":从规划阶段即实现全要素数字化,避免"建好再改"的资源浪费。

国土空间数字化治理平台建设已从"技术驱动"迈向"场景深化"与"制度重构"的新阶段。未来需以"精准感知、智能决策、全域协同"为目标,推动技术、数据、业务的深度融合,最终实现国土空间治理从“人治”到“数治”、从“分散”到“整体”的跨越式转型，为高质量发展筑牢空间基底。

2. 土地资源资产核算与监测评估

土地资源资产核算与监测评估是土地资源管理中的重要环节，它们为土地资源的合理利用、保护和管理提供科学依据。

（1）土地资源资产核算

土地资源资产核算是对土地资源进行经济价值、生态价值和社会价值等方面的综合评估，以明确土地资源的资产价值。核算内容包括土地价值的评估、土地权益的确认及土地利用效益的分析等，涉及土地的直接经济价值、生态环境效益和社会效益等多个方面。

核算方法主要有实物量核算：计算特定时间某一自然资源资产量，能直接表明自然资源可用的数量、质量、分布、变化。价值量核算：在实物量核算的基础上，叠加价值内涵，通过实物量的价值评估，进行汇总的综合性核算。价值量核算方法主要有基准地价核算法、标定地价核算法、交易地价核算法、征地区片价核算法等。

核算尺度包括宏观尺度：以县级行政单元为基本核算单元，对行政单元内部土地质量、价格的空间分布差异不予体现。中观尺度：在行政单元内部，评定划分各类土地的均质区域，以各均质区域作为基本核算单元，核算精度高于宏观尺度。微观尺度：以各个宗地（或具体利用状况一致的地块）作为基本核算单元，核算结果精度最高，但工程量繁重，对基础数据要求也高。

（2）土地资源监测评估

土地资源监测评估是通过科学技术的监测和信息化评估手段，对土地资源的利用现状、动态变化趋势及利用效益等进行全面了解和分析掌握，及时发现土地资源利用过程中存在的问题和隐患，为土地资源的合理利用和保护提供科学依据，促进可持续发展和生态平衡。监测内容包括土地利用类型、土地覆盖变化、土地质量、土壤类型、水文条件等多个方面。

监测方法主要有以下几种。遥感监测：利用卫星或飞机传感器获取大范围、多时相的土地信息，进行动态监测与评估。地面监测：通过实地考察和数据收集，对土地资源进行实时监测，如利用 GPS 定位系统记录土地的空间位置信息和地表高程数据。数字地球技术：结合 GIS、GPS、遥感技术等多种手段，实现对土地资源的数字化管理和智能化分析。

评估内容包括土地资源的经济价值、生态价值和社会价值等多个方面。评估方法包括经济评估：衡量土地资源的经济效益，如土地的经济价值、土地利用潜力和土地产出能力等。生态评估：评估土地资源的生态价值和生态功能，如生物多样性、生态系统稳定性和水土保持等。社会评估：评估土地资源的社会价值和社会影响，如土地资源对社会福利、社会公平和社会稳定的影响。

技术需求主要有数据获取与处理技术：用于获取和处理大量的土地资源监测数据。数据分析与建模技术：用于对监测数据进行深度分析和建模，以揭示土地资源的变化趋势和规律。可视化展示技术：用于将监测和评估结果以直观、易懂的方式展示出来，便于决策者和公众理解和使用。

（3）土地资源资产核算与监测评估的关联

土地资源资产核算与监测评估在土地资源管理中相互关联、相互促进。核算为评估提供了基础数据和依据，而评估则对核算结果进行了验证和补充。通过核算与评估的有机结合，可以更加全面、准确地了解土地资源的现状和价值，为土地资源的合理利用、保护和管理提供有力支持。

3. 区块链技术在土地确权中的应用

区块链技术在土地确权中的应用具有显著的优势和潜力，将为土地资源的合理利用、有效保护和创新管理提供科学的解决方案。

(1)区块链技术的基本原理

区块链是一种基于去中心化、分布式存储、点对点传输、共识机制及密码设计等计算机技术的新型应用模式。本质上是一个去中心化的数据库，通过链式存储、不可篡改的方式记录交易信息，确保数据的安全和透明性。

(2)区块链技术在土地确权中的应用

①确保土地信息的不可篡改和透明性

区块链技术的不可篡改性使得土地确权信息一旦上链，就无法被轻易修改或删除，从而保证了土地信息的真实性和可靠性。区块链的透明性使得土地确权过程更加公开，所有参与者都可以查看和验证土地信息，减少了信息不对称和欺诈行为。

②提高土地确权的效率和可靠性

传统的土地确权过程烦琐、周期长，容易出现错误和纠纷。而区块链技术可以实现土地信息的实时更新和共享，大大提高了土地确权的效率。通过区块链技术，土地确权信息可以被永久保存，为未来的土地交易和纠纷解决提供了有力的证据支持。

③降低土地确权成本

区块链技术可以减少中间环节和纸质文件的使用，降低了土地确权的人力、物力和时间成本。同时，区块链技术还可以实现土地信息的自动化处理和智能合约的应用，进一步提高了土地确权的效率。

④增强土地交易的安全性

在土地交易中，区块链技术可以确保交易双方的身份真实性和交易信息的准确性，防止欺诈行为的发生。通过智能合约的应用，区块链技术还可以实现土地交易的自动化执行和资金的安全结算。

5.3.4 风险防控机制

下面从耕地保护红线与粮食安全底线、土地金融化风险的预警与管控、生态脆弱地区土地开发的负面清单三方面进行风险防控机制构建。

1. 耕地保护红线与粮食安全底线

耕地保护红线与粮食安全底线是国家土地管理和粮食安全战略的重要组成部分，它们之间存在着紧密的联系。

(1)耕地保护红线

耕地保护红线是指经常进行耕种的土地面积的最低值，即国家为确保粮食安全而划定的耕地保护底线。农业发展和农业现代化的根基：耕地是农业生产的基础，保护耕地红线是保障国家粮食安全和农业可持续发展的关键。国家粮食安全的基石：耕地资源的稳定和可持续利用是国家粮食安全的根本保障。促进新型城镇化健康发展：通过严格划定耕地保护红线,可以强化城市发展边界约束,避免城市无序扩张对耕地的侵占。

划定依据:耕地保护红线是根据我国一定时期内耕地保有量、人口数量、建设用地数量、耕地后备资源数量、粮食需求等因素严格划定的。保护措施如下。

①严格土地规划:制定科学合理的土地利用规划,明确耕地保护范围。

②加强法制建设:完善耕地保护法律法规,加大执法力度。

③强化监管机制:建立有效的耕地监管体系,加强对耕地使用的监督。

④推进土地整治:对闲置、废弃土地进行整治,增加耕地面积。

⑤提高耕地质量:加强农田基础设施建设,推广先进农业技术。

(2)粮食安全底线

粮食安全底线是指国家为确保粮食自给自足和粮食安全而设定的最低保障线,具有重要意义。

一是国家安全的基础。粮食安全是国家安全的重要组成部分,关系到国家的稳定和发展。

二是社会稳定的保障。粮食是人民生活的必需品,确保粮食安全对于维护社会稳定具有重要意义。

三是经济发展的支撑。农业是国民经济的基础产业,确保粮食安全对于促进经济发展具有重要意义。

要遵守的保障措施主要有:

一是落实最严格的耕地保护制度。确保耕地数量和质量,为粮食生产提供坚实基础。

二是推进国家粮食安全产业带建设。通过优化粮食生产布局,提高粮食生产效率和效益。

三是加强农业科技支撑。通过科技创新提高粮食单产和品质,增强粮食生产的可持续性。

四是完善粮食储备体系。建立健全粮食储备机制,确保在紧急情况下能够迅速调拨粮食资源。

(3)耕地保护红线与粮食安全底线的密切关系

耕地保护红线与粮食安全底线之间存在着紧密的联系。

一方面,耕地保护红线是确保粮食安全底线的基础和前提,只有保护好耕地资源,才能为粮食生产提供稳定的土地保障。

另一方面,粮食安全底线也要求我们必须严格保护耕地资源,确保粮食生产的可持续性和稳定性。耕地保护红线与粮食安全底线是国家土地管理和粮食安全战略的重要组成部分。通过加强耕地保护、推进粮食生产科技创新、完善粮食储备体系等措施,可以更好地保障国家粮食安全和社会稳定。

2. 土地金融化风险的预警与管控

土地金融化是指将土地或土地相关权益作为基础资产,通过金融工具转化为可在金融市场上交易的产品。这一过程虽然为地方政府提供了稳定的财政资金,但也带来了金融风险、资产运营风险和管理风险等诸多风险。

(1)土地金融化风险的来源与表现

一是底层资产风险:土地资产估值风险、土地权属风险、土地利用风险和土地制度风险是土地金融化的主要风险来源。这些风险主要源于市场信息不对称、评估方法主观性、土地市场波动性、土地权属不清晰、土地用途改变、开发进度延迟及土地管理机制不健全等问题。

二是金融市场风险:金融市场波动、流动性不足和信用风险是土地金融产品交易和流通中的主要风险。这些风险可能因经济周期、政策调整、投资者情绪变化等因素而加剧。

三是资产运营风险:运营操作失误、合规与法律风险及技术安全问题可能导致土地金融产品的正常运作受到影响。

四是管理风险:金融风险逆向传导至土地管理端,可能导致土地资产价值下降、土地市场稳定性受损、土地流转隐蔽化、产权关系复杂化及管理难度增加等问题。

(2)风险预警机制

一是建立风险预警系统。利用大数据和人工智能技术,实时监测金融市场动态,及时发现并预警市场波动风险。

二是提升市场流动性。通过政策引导和市场机制增加交易活跃度,降低流动性风险。

三是完善信用体系。建立全面的信用评价体系,持续跟踪和评估交易者的信用状况,降低信用风险。

(3)风险管控措施

一是加强底层资产风险管理。提升土地资产评估准确性,建立土地资产金融化的估价标准,采用专业的评估机构和科学的评估方法,建立评估复核机制,减少主观性和信息不对称。

二是强化权属审核机制。建立土地权属核查制度,确保底层土地资产权属清晰、无争议,防范权属风险。

三是规范资产金融化过程。明确各类土地资产发行金融产品的产权规则,构建金融化过程中所有者权益保障机制,完善土地资源的监管体系,明确土地金融产品清算时的土地资产处置规则。

四是深化市场化配置。扩大有偿使用和市场化配置的范围,减少对土地使用权权能的限制,完善土地资源资产调查评估机制,确保土地资源的市场价值得到充分体现。

(4)政策建议

一是构建综合防控机制。建立跨部门协调机制,加强政府、金融机构、评估机构等各方之间的沟通与合作,形成合力防控金融风险。

二是完善法律法规体系。完善土地金融市场相关法律法规,为市场健康发展提供法律保障。

三是加强投资者教育。提升投资者的金融知识和风险意识,减少因信息不对称导致的投资风险。

3. 生态脆弱地区土地开发的负面清单

生态脆弱地区由于生态系统抗干扰能力弱、易于退化且难以恢复,因此在土地开发过程中需要特别谨慎,以避免对生态环境造成不可逆的损害。

生态脆弱地区土地开发的负面清单包括以下内容。

(1)负面清单的总体框架

生态脆弱地区土地开发的负面清单旨在明确禁止和限制的开发活动,以保护生态环境,维护生态系统的稳定性和完整性。负面清单的制定需遵循以下原则。

生态保护优先:确保生态脆弱区的生态系统功能不被破坏。

严格监管执法:强化对生态脆弱区的监管力度,防止无序开发。

公众参与:增强公众生态保护意识,建立多元化社区共管机制。

(2)禁止类活动

①禁止新增建设占用生态保护红线:生态保护红线内原则上禁止开发性、生产性建设活动。

②禁止农业开发占用生态保护红线内的生态空间:已有的农业用地应逐步退出,恢复生态用途。

③禁止超采、过牧、乱垦、滥挖,以及非法采矿、无序修路等资源破坏行为。

④禁止在生态脆弱区进行非法开矿、修路、筑坝、建设等活动。

(3)限制类活动

①限制农业开发占用生态保护红线外的生态空间:符合条件的农业开发项目,须依法由市县级及以上地方人民政府统筹安排。

②限制生态空间转为城镇空间和农业空间:从严控制生态空间转为其他用途,鼓励向有利于生态功能提升的方向转变。

③限制不符合主体功能定位的各类开发活动:生态保护红线外的生态空间,原则上按限制开发区域的要求进行管理。

④限制在生态脆弱区内进行高强度的资源开发:根据生态脆弱区资源禀赋和生态环境承载力,确定适宜的资源开发模式与强度。

(4)特殊情况下的允许活动

①国家重大项目:确需占用生态保护红线的国家重大项目,需经严格审批,并落实生态环境分区管控要求。

②有限人为活动:在生态保护红线内自然保护地核心保护区外,允许对生态功能不造成破坏的有限人为活动,如管护巡护、科学研究、适度参观旅游等。

(5)监管与执法

①强化数据共享与监管:生态保护红线划定方案经国务院批准后,应纳入全国国土空间规划"一张图",并与国家生态保护红线生态环境监督平台实现信息共享。

②加大监管力度:各级自然资源主管部门会同相关部门,强化对生态保护红线实施情况的监督检查。

③严格处罚:对生态保护红线批准后发生的违法违规用地用海用岛行为,按照相关法律法规从重处罚。

④生态脆弱地区土地开发的负面清单是保护生态环境的重要手段。未来需进一步完善法律法规体系,强化监管执法力度,同时鼓励公众参与生态保护,共同维护生态系统的稳定性和完整性。

第6章　区块链赋能“三农”信用治理机制

本章遵循视角融合性，贯穿“技术特性–治理需求–共富目标”三重逻辑链条；机制创新性，提出通证化信用积分、链上信用DAO等原创性机制；问题针对性，直击农村金融“不敢贷不愿贷”的信用治理痛点；风险预见性，强调技术应用中的数字鸿沟防范与主权安全保障的原则构建区块链赋能“三农”信用治理机制。

6.1　研究背景与理论框架

6.1.1　现实背景与理论价值

1. 乡村振兴战略中“三农”信用体系建设的核心痛点

乡村振兴战略中“三农”信用体系建设的核心痛点，主要源于农村经济主体的特殊性、金融基础设施薄弱及制度性障碍，导致信用信息缺失、融资渠道受限、风险防控困难等问题。

(1)信用信息基础薄弱：数据缺失与共享难

农户信用档案覆盖不足。农村地区信用信息采集难度大，大量农户缺乏规范的财务记录、社保数据等，全国农户信用档案覆盖率不足50%。信息碎片化，如土地承包权、农业补贴等分散在农业、财政等部门，缺乏统一整合平台，金融机构难以精准评估信用风险。

数据共享壁垒高表现为以下两方面。

①部门割裂：农业农村、自然资源、金融监管部门数据未打通，形成“信息孤岛”。

②技术障碍：农村数字化水平低，区块链、大数据等技术应用滞后，难以实现跨部门动态更新。

(2)抵押担保机制失效：产权模糊与价值难量化

①农村资产难以“变现”。土地与农房：宅基地、承包地所有权归集体，农户仅有使用权，抵押流转受限。例如，农房抵押贷款试点中，因产权处置难，银行不良率高达8%。生物资产：活体畜禽、经济林权等缺乏标准化评估体系，价值波动大，金融机构拒贷率高。

②政策性担保覆盖有限。农业担保公司规模小：全国农业信贷担保体系资本金仅2 000亿元，难以满足超万亿元的“三农”融资需求。风险分担机制缺位：政府、银行、担保机构风险分担比例不明确，导致担保机构“惜保”。

(3)金融机构参与动力不足：成本高与收益低

服务成本居高不下表现为：网点覆盖难，农村地区人口分散，单笔贷款规模小(平均不足10万元)，银行物理网点运维成本是城市的3倍以上；风控成本高，缺乏有效信用数据，需依赖人工尽调，单户尽调成本占贷款金额的5%～10%。

商业可持续性差主要体现在：利率限制，涉农贷款普遍执行优惠利率（如LPR减点），但不良率高于城市贷款（农村中小银行不良率约4%），利差难以覆盖风险；产品同质化，信贷产品以短期小额信用贷为主，缺乏针对新型农业经营主体（如合作社、家庭农场）的定制化产品。

（4）风险防控体系不健全：自然风险与道德风险叠加

农业天然弱质性包括自然风险和市场风险。自然风险指洪涝、干旱等灾害频发，导致农户还款能力骤降。例如，2021年河南洪灾造成农业直接损失655亿元，大量涉农贷款逾期。市场风险指农产品价格波动大，如生猪价格周期导致养殖户收入不稳定。

信用环境不完善表现为：逃废债现象，部分农户将扶贫贷款视为“福利”，还款意愿低，形成区域性信用风险；法律执行难，农村地区司法资源不足，抵押物处置周期长（平均18个月），银行债权回收率不足30%。

（5）政策与制度配套滞后

一是顶层设计不完善。法律冲突：《中华人民共和国民法典》允许土地经营权抵押，但《中华人民共和国土地管理法》对流转范围限制严格，地方执行尺度不一。政策协同不足：财政补贴、税收优惠与金融政策缺乏联动，难以形成合力。

二是农村信用生态培育不足。信用意识薄弱：农户对征信记录重视度低，部分地区“信用村”评选流于形式。社会信用服务缺失：第三方信用评级机构在农村几乎空白，难以提供专业支持。

（6）突破方向：制度创新与技术赋能结合

一是数据整合与共享。建立国家级“三农信用信息平台”，整合土地确权、农业补贴、保险等数据，推动区块链技术确权存证（如浙江“农户信用画像”试点）。

二是抵押担保机制创新。扩大农村产权抵押范围，试点“土地经营权+农业设施”组合抵押；推广“银保担”合作模式，政府提供风险补偿基金。

三是差异化金融产品设计。

开发“农业产业链金融”，依托核心企业为上下游农户增信；引入卫星遥感、物联网等技术，动态监测农作物长势，创新“气象指数保险+信贷”产品。

四是信用生态共建。推广“信用村+整村授信”，将信用评价与村集体福利挂钩；加强农村金融教育，培育“信用示范户”，形成正向激励。

“三农”信用体系建设的核心痛点本质是“市场失灵”与“制度缺位”的叠加。破解需以数据为基、以技术为翼、以政策为桥，构建“政府主导、市场参与、农民主体”的信用生态，最终实现从“输血”到“造血”的乡村振兴金融支持闭环。

2. 区块链技术特性与“三农”信用治理的耦合性分析

区块链技术的核心特性（去中心化、不可篡改、透明可追溯、智能合约）与“三农”信用治理的底层需求高度契合，为解决农村信用信息孤岛、产权模糊、风险防控难等痛点提供了突破性技术路径。以下是区块链技术与“三农”信用治理的耦合性分析框架。

（1）技术特性与治理需求的精准映射

①去中心化账本与信用数据孤岛

“三农”治理痛点表现为农户信用信息分散、采集困难，且缺乏统一的信用评价体系和第三方信用评价机构，导致信用信息不准确、不可靠。农户信用数据分散在农业、财政、银行等部门,形成“数据烟囱”。区块链基于独立性和开放性的特点可提供的方案为构建联盟链,将涉农部门、金融机构、新型经营主体作为节点,共享土地确权、补贴发放、贷款记录等数据。典型如浙江衢州“农信链”整合12个部门数据,覆盖农户信用标签200余项,银行放贷审批时效缩短70%。

②不可篡改存证与产权确权难题

第二个痛点体现在农村土地经营权、宅基地使用权等权属登记易被篡改或遗失。通过区块链的不可篡改、可追溯、去中心化特性提供的方案将土地承包合同、流转协议等哈希上链,生成唯一数字指纹,司法机构可直接调取作为电子证据。技术实现流程分为三个步骤:

a.数据哈希化。哈希生成:将土地承包合同、流转协议等文件的关键信息(如地块位置、面积、签约方、时间)通过哈希算法(如SHA-256)转换为固定长度的唯一哈希值。例如,一份合同内容生成的哈希值可能是d7a8fbb307d7809469。哈希值类似文件的“数字指纹”,任何内容修改(哪怕一个标点)都会导致哈希值完全改变,确保数据唯一性。

b.哈希上链。链上存储:仅将哈希值(而非合同全文)写入区块链(通常选择联盟链或公有链),并加盖时间戳。例如,湖南娄底农村产权交易中心将土地流转合同的哈希值存入蚂蚁链。区块链的分布式账本特性确保哈希值无法被单方篡改,且全网节点共同验证其真实性。

c.司法调取验证。证据固化:当发生纠纷时,司法机构可通过区块链浏览器查询该哈希值的存证时间与原始内容。例如,法院调取链上哈希值后,与原告提供的合同重新计算哈希比对。法律效力:中国《最高人民法院关于互联网法院审理案件若干问题的规定》明确,区块链存证的电子数据可作为有效证据。湖南娄底农村产权交易中心利用区块链存证土地流转合同超5万份,纠纷率下降90%。

③智能合约与农业金融效率低下

第三个痛点是传统涉农贷款依赖人工审核,流程长、成本高。金融风险承担化解机制不健全,涉农金融机构在农户贷款方面存在“有钱不敢放”的心理。基于去中心化的技术特点区块链提供的方案为预设风控规则(如土地经营面积、农产品价格指数),触发条件后自动放款/扣款。山东寿光农商行推出“蔬菜贷”,通过智能合约关联大棚物联网数据,产量达标自动释放贷款。

④通证激励与信用意识薄弱

第四个痛点为农户缺乏维护信用记录的主动意识。区块链方案为发行信用积分通证,守信行为(按时还款、绿色种植)可获得通证奖励,用于兑换农资或利率优惠。唐任伍等(2023)认为“信任”与“合作”是区块链和共同富裕的共同价值基础,区块链以分布式数据存储、点对点传输、共识机制、加密算法的特征,为赋能共同富裕实现提供了有力的技术支撑。重庆“信用村链”对守约农户发放数字积分,积分越高贷款利率越低,违约率下降35%。

(2)耦合性实现的四大场景

①场景1:信用画像重构

传统模式:依赖银行流水、房产等“硬信息”,农户合格率小于30%。

区块链增强:多维度数据融合,链上整合土地产出、电商销售、保险赔付等“软信息”;动态信用评分,通过DeFi协议自动计算信用值(如将生猪出栏数据与市场价格波动关联)。

②场景2:农村资产数字化

农村资产区块链方案见表6-1。

表6-1　农村资产区块链方案

资产类型	传统痛点	区块链解决方案
土地经营权	流转登记效率低	链上确权+智能合约自动过户
活体畜禽	价值评估难	RFID芯片数据上链,动态估值
农业知识产权	侵权追溯难	区块链存证+全网侵权监测

③场景3:风险共担机制

保险联动:区块链连接气象数据、卫星遥感与保险合约,洪涝灾害触发自动理赔,如安徽“稻麦险”试点。

风险分摊池:金融机构、政府、农户共同注入风险准备金至链上智能合约,按预设比例自动偿付损失。

④场景4:确权颁证

传统方式与区块链的对比见表6-2。

表6-2　传统方式与区块链的对比

对比维度	传统纸质/电子合同	区块链哈希存证
防篡改性	易被涂改、伪造,需公证处鉴证	哈希值不可逆、篡改即失效,无须第三方鉴证
存证成本	公证费单次数百至千元,耗时数天	链上存证成本接近零(如蚂蚁链每笔0.01元),秒级完成
司法采信	需公证或司法鉴定,流程复杂	直接调取链上哈希,法院可自主验证(如北京互联网法院案例)
长期保存	纸质易损毁,电子存档依赖本地服务器,有丢失风险	分布式存储,数据永久留存

(3)实践瓶颈与突破路径

①技术落地障碍

硬件瓶颈主要是农村地区物联网设备渗透率不足20%,制约数据采集。突破路径是尝试推广轻量化边缘计算节点(如带区块链模块的农业传感器)。

②制度协同难题

法律冲突表现为链上数字产权与传统法律体系衔接不畅。突破路径是推动“区块链存证司法解释”(如最高人民法院已认可区块链证据效力)。

③生态培育困境

目前农村农民的思想现状是农户教育水平偏低,区块链技术接受度为60岁以上农民智能机使用率小于40%。突破路径是逐步开发“语音交互+可视化看板”的链上信用应用程序,降低使用门槛。

④未来演进方向

从工具到生态:构建“区块链+物联网+AI”的农业信用超级账本,覆盖生产、流通、金融全链条。

从农村到城乡:通过跨链技术打通城乡要素市场,实现土地指标、碳汇权益的跨区域可信流转。

从国内到全球:建立基于区块链的跨境农产品溯源体系,助力农业贸易信用互认。

区块链与“三农”信用治理的耦合不是简单的技术叠加,而是通过重构数据生产关系、激活要素资产属性、再造信用评估范式,最终形成“技术赋能—制度创新—生态演进”的三角驱动模型。这一过程将推动农村信用体系从“人际信任”转向“算法信任”,为从脱贫攻坚到共同富裕的推进注入数字原动力。

3. 信用资本化对农民增收和农业现代化的共富效应

信用资本化是指通过信用体系建设,将农民的信用转化为可量化、可交易的资本,从而为农民提供更多融资机会、降低交易成本、提升市场竞争力,进而推动农民增收和农业现代化。这一过程对传统农民对信用的认识是极大的挑战,不仅能够激活农村经济的内生动力,还能为实现共同富裕提供重要支撑。

(1)信用资本化的核心机制

一是信用信息归集与共享。通过建立农户信用档案,整合土地承包、农业补贴、贷款记录等多维度数据,形成“一户一档”的信用画像,利用区块链技术确保信用数据的不可篡改性和可追溯性,增强金融机构的信任。

二是信用评价与融资支持。基于信用评分,金融机构可为农户提供差异化信贷产品,如低利率贷款、无抵押信用贷等。信用良好的农户更容易获得融资支持,从而扩大生产规模或投资新技术。

三是信用激励与市场拓展。通过信用奖惩机制,鼓励农户守信经营,提升农产品质量和品牌价值。信用资本化还可推动农产品进入高端市场,促进农民增收和农业发展。

(2)对农民增收的共富效应

一是缓解融资难题,增加收入来源。林永民和赵欣(2022)认为区块链通过技术背书构建数字信任机制,为破解中小企业融资难题提供了技术可能。信用资本化降低了金融机构与农户之间的信息不对称,提高了贷款可得性。山东招远市通过信用体系建设,农民贷款覆盖率和额度显著提升。农户可通过信用贷款投资设施农业、特色种植等高附加值农业实现收入倍增目标。

二是提升生产效率,降低经营成本。信用资本化推动农业社会化服务发展,如土地托管、代耕代种,帮助小农户降低生产成本,提高生产效率。通过信用支持,农户可购买先进农机具或引入智能农业技术,进一步降低劳动强度,提高产出。

三是增强市场竞争力拓宽增收渠道。信用资本化有助于打造区域公用品牌,提升农产品市场价值。信用良好的农户更容易获得订单农业、电商平台等新型销售渠道的支持,实现多元化增收。

(3)对农业现代化的共富效应

一是推动农业产业升级。信用资本化为农业现代化提供了资金保障,支持农业科技创新和设施升级。福建通过信用贷款支持农业企业引入智能化设备,推动农业产业链向高端延伸。信用资本化还促进了农业与二、三产业的融合，进一步延伸产业链，提升附加值。

二是优化资源配置促进规模经营。通过信用支持，农户可更便捷地流转土地经营权，推动土地向新型农业经营主体集中，实现适度规模经营。信用资本化还促进了农业社会化服务体系的完善，如农机租赁、技术培训等，为小农户融入现代农业提供了便利。

三是提升乡村治理水平，实现共同富裕。

信用资本化与乡村治理相结合。山东招远市通过“党建+信用”模式，激发了村民参与乡村治理的积极性，形成了全民共建共享的治理格局。信用资本化推动了农村基础设施和公共服务的改善，如信用超市、信用食堂等，提升了农民的幸福感和获得感。

(4)实践案例与启示

山东招远市西沟村实现了土地流转、合作社发展和集体经济壮大，村集体年收入达1 300万元，农民人均收入显著提高。福建农业金融创新主要是福建通过信用贷款支持农业企业引入智能化设备，推动了农业产业链的现代化升级，显著提升了农业效益。浙江数字乡村建设是浙江利用数字技术构建农村信用体系，实现了信用数据的动态更新和共享，为农民提供了便捷的金融服务，推动了农业现代化和农民增收。

(5)未来展望

一是深化信用体系建设。推动信用数据跨部门、跨区域共享，构建全国统一的农村信用信息平台，利用区块链、人工智能等技术提升信用评价的精准性和透明度。

二是完善政策支持与法律保障。制定农村信用体系建设的专项政策，如设立风险补偿基金、提供贴息补助等，激励金融机构加大对农村产业的信贷支持，完善相关法律法规，明确信用数据的权属和使用规则，保障农户权益。

三是推动信用资本化与乡村振兴深度融合。将信用资本化与乡村产业、生态、文化等振兴领域相结合，形成“信用+产业”“信用+生态”等新模式，全面释放信用资本化的共富效应。

信用资本化通过将农民的信用转化为可量化、可交易的资本，为农民增收和农业现代化提供了重要支撑，有效缓解农村融资难题，提升生产效率，推动农业产业升级和乡村治理现代化，为实现共同富裕注入新动能。

6.1.2 关键问题提出

1. 如何突破传统农村信用体系的“信息不对称陷阱”

(1)传统农村信用体系中的“信息不对称陷阱”主要特征和表现

①农户信息获取难

缺乏有效抵押物：农户缺乏符合金融机构要求的抵押物，如房产、车辆等，导致金融机构难以评估其还款能力。财务信息不透明：农户大多从事小规模农业，财务记录不规范，金融机构难以获取其真实的收入、支出和资产状况。信用记录缺失：农村地区征信体系不完善，许多农户没有信用记录，金融机构难以评估其信用风险。

②金融机构信息获取成本高

信息收集成本高：农村地区地广人稀，金融机构获取农户信息的成本较高。信息核实难度大：农户信息分散且真实性难以核实，金融机构需要投入大量资源进行验证。信息更新不及时：农户的生产经营状况变化较快，金融机构难以及时更新其信息。

③信息不对称导致的后果

农户贷款难、贷款贵:金融机构因信息不对称而提高贷款门槛和利率,导致农户难以获得贷款或成本过高。金融机构风险高:信息不对称增加了金融机构的信贷风险,导致其不良贷款率较高。农村金融市场发展受限:信息不对称阻碍了农村金融市场的健康发展,难以满足农户的金融需求。

④信息不对称的特征

信息不对称主要体现在:双向性,农户和金融机构之间存在双向信息不对称;动态性,农户的生产经营状况不断变化,信息不对称也随之动态变化;复杂性,农户信息涉及生产、生活等多个方面,信息不对称问题复杂。

传统农村信用体系中的"信息不对称陷阱"严重制约了农村金融的发展。要解决这一问题,需要多方协作,构建完善的农村信用信息体系,创新金融产品和服务,加强金融教育和宣传,并利用金融科技手段,最终实现农村金融市场的健康发展。

(2)突破传统农村信用体系的"信息不对称陷阱"综合举措

一是完善农村信用信息体系。建立信用信息共享平台:整合政府部门、金融机构、电商平台等数据,建立统一的农村信用信息数据库,实现信息共享。扩大信用信息采集范围:除金融数据外,还应纳入土地确权、农业补贴、保险等信息,全面反映农户信用状况。推广信用评级:制定适合农村的信用评级标准,鼓励第三方机构参与,提升信用评级的公信力。

二是创新农村金融产品和服务。根据农户需求,设计灵活多样的贷款产品,开发差异化信贷产品,如小额信用贷款、农机具抵押贷款等;利用大数据和互联网技术,简化贷款流程,优化贷款审批流程,提高效率;通过手机银行等工具,推广移动金融服务,让农户便捷获取金融服务。

三是加强农村金融教育和宣传。普及金融知识,通过多种形式向农户宣传金融政策、产品及风险防范知识,提升其金融素养;树立诚信意识,加强诚信教育,引导农户珍惜信用记录,营造良好的信用环境。

四是发挥政府引导作用。加大政策支持:通过财政补贴、税收优惠等措施,鼓励金融机构服务农村。完善法律法规:健全农村金融服务体系,保护农户和金融机构的合法权益。加强监管:防范金融风险,确保农村金融市场健康发展。

五是利用金融科技。运用大数据和人工智能开展精准画像和风险评估,降低信息不对称;运用区块链技术,确保信用信息不可篡改,提升数据可信度;采纳物联网技术实时监控农业生产,为信贷决策提供依据。

突破农村信用体系的"信息不对称陷阱"需要多方共同努力,通过完善信息体系、创新金融产品、加强教育宣传、政府引导和科技应用,构建一个健康、可持续的农村信用体系,助力乡村振兴和共同富裕。

2. 区块链技术如何重构农村信用评价与资源分配机制

区块链技术作为一种去中心化、不可篡改、透明性强的分布式账本技术,正在为农村信用评价与资源分配机制的重构提供全新的解决方案。

(1)区块链技术重构农村信用评价机制

一是提高信用数据的透明性与可信度。区块链技术通过分布式存储和加密算法,确保信用数据的不可篡改性和可追溯性。李秋香等(2024)认为区块链通过聚合信息,实时共享从而保障信息的真实性及时效性。农户的信用信息如农业生产记录、借贷历史、还款能力等可以被安全地记录在区块链上,金融机构和其他参与者可以实时验证这些数据的真实性,从而降低信息不对称问题。

二是建立去中心化的信用评价体系。传统信用评价依赖中心化机构,而区块链技术可以通过智能合约和共识机制,实现去中心化的信用评价。农户的信用评分可以由政府、金融机构、农业企业等多方共同参与评估,减少单一机构的偏见和风险。谢丽华和郝志斌(2024)认为区块链的去中心化和集体维护优势,能够实现农村环境治理的规范有序和治理主体的多元互信,为我国农村环境治理构建全新的理论架构、技术思路和价值基础。

三是优化农户信用档案管理。区块链技术可以将农户的信用档案数字化,并通过加密技术保护隐私。农户可以自主管理自己的信用数据,并选择性地向金融机构或其他合作方开放,从而提高数据使用的灵活性和安全性。

四是降低信用评价成本。通过区块链技术,信用评价过程可以自动化,减少人工干预和中间环节,从而降低金融机构的运营成本。智能合约可以自动执行信用评估和贷款发放流程,提高效率。

(2)区块链技术重构农村资源分配机制

一是优化农业供应链资源分配。区块链技术可以记录农产品从种植、施肥、生产到运输流通的全过程信息,确保数据的透明性和可追溯性,不仅有助于提高消费者对农产品的信任,还能帮助金融机构更精准地评估农业企业的信用状况,从而优化资金分配。李秋香等(2024)认为供应链在采用区块链时,需考察消费者对该供应链产品的敏感性水平,从而做出引入区块链决策。

二是实现精准化资源分配。通过区块链技术,政府和社会资本可以更精准地将资金、技术、设备等资源分配给信用良好的农户或农业企业。区块链的透明性确保了资源分配的公平性,减少了腐败和资源浪费。

三是推动农村普惠金融发展。区块链技术可以降低农村金融服务的门槛,为农户提供更多融资渠道。通过区块链技术,农户可以将农产品作为抵押物进行融资,金融机构可以通过智能合约自动管理贷款和还款流程,降低风险。

四是促进土地资源的高效流转。区块链技术可以将面积、权属、流转记录等农村土地信息数字化,并通过智能合约实现土地流转的自动化管理,有助于提高土地资源的利用效率,促进规模化农业生产。

(3)区块链技术应用的挑战与对策

一是技术门槛与普及难度。农村地区的信息化水平较低,农户对区块链技术的认知和接受度有限,需要通过培训和政策支持,降低技术使用门槛。刘琦铀等(2024)认为加大对农户区块链技术的宣传和培训,完善激励和金融产品创新机制,是支持区块链技术推广的重要手段。

二是隐私保护与数据安全。区块链的透明性可能导致农户隐私泄露,需要通过加密技术和权限管理机制,确保数据的安全性和合规性。陈玺名(2023)认为充分发挥区块链技术优势,在保护农业生态产品商业隐私前提下,实现信息共享,促进供应链不同主体风险共担与利益合理分配。

三是法律法规与监管框架。区块链技术的应用需要完善的法律法规支持,特别是在数据所有权、智能合约法律效力等方面。政府应加快相关立法进程，为区块链技术的应用提供保障。

四是跨部门协同与数据共享。农村信用评价和资源分配涉及农业、金融、土地管理等多个部门，需要通过区块链技术实现跨部门的数据共享和协同治理。林永民和冯宏薇(2024)认为银行等金融机构在推行"脱核"供应链金融时，应尊重产业链差异，深化金融科技应用，强化数智风控体系，遵循相关政策法规，以精准对接中小微企业融资需求，破解其融资难、融资贵、融资晚的困境。

(4)未来展望

随着区块链技术的不断成熟，其在农村信用评价与资源分配中的应用将更加广泛。区块链技术有望与人工智能、物联网等技术结合，构建更加智能化、高效化的农村经济生态系统。区块链技术为农村信用评价与资源分配机制的重构提供了全新的可能性，通过技术创新和政策支持，农村经济将迎来更加公平、透明和高效的发展模式。

3. 技术赋能如何避免加剧"数字鸿沟"并保障普惠性

技术赋能在推动社会进步的同时，若缺乏系统性规划和包容性设计，可能因资源分配不均、技术门槛过高等问题加剧"数字鸿沟"，要保障普惠性需求从技术设计、基础设施、政策保障和人文关怀等多维度构建"技术普惠生态"，确保弱势群体不被排除在数字化进程之外。

(1)技术普惠的底层逻辑：从"效率优先"到"包容优先"

一是重新定义技术价值导向。技术设计需从单纯追求效率转向兼顾公平性，优先解决弱势群体的基础需求(如医疗、教育、金融)。例如，印度UPI(统一支付接口)通过简化操作流程和低门槛接入，让数亿低收入人群享受数字支付便利。开发"低技术门槛"工具，如语音交互、图像识别等适配低文化水平用户的界面，非洲的M-Pesa移动支付系统即通过短信功能实现金融服务覆盖。

二是构建包容性技术标准。强制要求技术产品符合无障碍标准(如WCAG 2.1)，例如为视障人士提供语音导航，为老年群体设计大字体界面。

三是推动多语言支持。在少数民族地区或方言区，开发本地化语言的操作系统和应用。

(2)破解数字鸿沟的核心痛点

一是基础设施的普惠化覆盖。要做好"最后一公里"网络覆盖：通过低轨卫星(如Starlink)、社区WiFi热点共享等低成本方案，解决偏远地区网络接入问题。例如，中国"村村通"工程通过光纤和4G基站建设，将网络覆盖率提升至99%以上。终端设备普惠也很重要：推广百元级智能手机、二手设备回收计划，或开发轻量化应用(如"微信小程序"无须高配置手机即可运行)。

二是数字素养的阶梯式提升。分层培训体系：针对不同群体设计差异化的培训内容，如对农民重点培训电商平台使用，对老年人教授防诈骗知识。社区化赋能网络：建立"数字辅导员"制度，在乡村、社区服务中心派驻技术人员提供一对一指导。巴西的"数字包容计划"通过培训10万名社区志愿者，帮助500万人掌握基础数字技能。

三是成本控制与可持续模式。做好公共服务补贴机制：政府对弱势群体的通信费用进行补贴(如印度提供1 GB流量仅需0.2美元)。推广共享经济模式：推广"云电脑""云手机”等算力共享服务,降低硬件使用成本。

(3)制度保障与伦理约束

一是政策法规的强制性干预。立法禁止算法歧视:例如欧盟《数字服务法》要求平台公开算法逻辑,避免因地域、收入等因素限制服务范围。建立普惠技术认证体系:对符合普惠标准的技术产品给予税收减免或采购优先权。

二是数据权利的平等保护。防止“数据剥夺”:确保弱势群体的数据不被滥用,例如印度《个人数据保护法案》规定企业不得因用户拒绝共享非必要数据而降低服务质量。开放公共数据资源:政府开放农业、医疗等基础数据,降低中小企业开发普惠技术的门槛。

三是技术伦理的底线思维。建立“技术普惠影响评估”机制:在新技术推广前评估其对不同群体的影响,如人工智能招聘工具需避免对低学历人群的系统性排斥。发展“可解释性技术”:例如用可视化工具向农民展示区块链信用评分的计算逻辑,增强技术信任感。

(4)创新实践与生态共建

①公私合作模式(PPP)的深化。企业提供技术,政府协调资源:如谷歌与印度政府合作推出“互联网气球”项目,为偏远地区提供网络覆盖。社会企业填补空白:孟加拉国的格莱珉银行通过“手机+代理点”模式,让农村妇女成为金融服务的终端节点。

②技术适农化改造。开发“轻量化数字工具”:如肯尼亚的 iCow 应用通过短信向牧民提供养殖指导,无须智能手机即可使用。融合线下场景:中国部分农村地区将政务服务平台嵌入村口超市的 POS 机,方便村民办理社保缴费等业务。

③文化适配与本土创新。尊重传统知识体系:例如秘鲁利用区块链记录土著社区的传统医药知识,既保护文化又创造经济价值。设计“技术—社会”耦合方案:印尼通过宗教领袖推广数字金融服务,利用社区信任网络降低技术使用阻力。

(5)风险预警与动态调整

①建立数字鸿沟监测指数。从接入(设备、网络)、使用(技能、应用)、效益(收入、机会)三个维度构建量化指标,实时预警区域不平衡。

②弹性化技术演进路径。避免“一刀切”数字化:保留线下服务通道(如银行柜台、纸质表格),作为数字服务的补充而非替代。动态响应需求变化:例如疫情期间印度尼西亚迅速推出“数字菜市场”平台,帮助小摊贩转型线上销售。

技术普惠的本质是“权利平等”。技术赋能的终极目标不是让所有人被迫适应技术,而是让技术服务于人的多样性需求。通过“基础设施+能力建设+制度保障”三位一体的策略,辅以本土化创新和伦理约束,才能实现从“数字鸿沟”到“数字包容”的跨越。如中国“数字乡村”战略中,既铺设 5G 基站又培训“新农人”,既推广直播电商又保留乡村大集,正是这一逻辑的生动实践。唯有如此,技术才能真正成为普惠发展的加速器而非分化器。

6.1.3 区块链赋能“三农”信用治理的理论框架

面对以上核心问题,下面分别从信息经济学视角下的农村信用市场失灵、社会资本理论与农村社群信用网络重构、技术治理理论中的“代码即规则”范式转型三方面构建区块链赋能“三农”信用治理的理论框架。

1. 信息经济学视角下的农村信用市场失灵

从信息经济学视角看,农村信用市场的失灵本质上是由于信息不对称引发的逆向选择、道德风险及交易成本过高，导致市场无法实现帕累托最优配置。这种失灵不仅制约农村金融效率，还加剧贫困陷阱。以下从理论框架、具体表现及治理路径展开分析。

（1）理论框架：信息不对称的三重困境

①逆向选择

逻辑链条：金融机构无法区分农户风险类型→统一提高利率或收紧信贷→低风险农户退出市场（认为利率过高）→市场残留高风险群体→信贷风险进一步上升→市场萎缩。典型案例是印度农村小额信贷危机（2010 年）中，机构过度放贷却无法识别农户真实还款能力，最终引发大规模违约。

②道德风险

隐藏行动问题：农户获得贷款后可能改变生产行为（如转投高风险项目），而金融机构难以监控资金用途。典型案例如中国部分农村地区曾出现扶贫贷款被挪用至非农领域（如赌博、消费），导致还款率低于 40%。

③交易成本壁垒

信息搜寻与核实成本：农村地广人稀，金融机构需投入高额成本验证土地权属、收入流水等信息，边际成本远超城市市场。世界银行研究显示，发展中国家农村小额信贷运营成本占贷款总额的 15%~25%，远超商业银行的 2%~5%。

（2）理论框架：农村信用市场的特殊性加剧失灵

①非标准化抵押物困境

农户主要资产（土地、农机、牲畜）缺乏流动性且估值困难，不符合传统抵押品要求。例如，非洲国家尝试用牲畜作为抵押，却因疫病风险导致价值波动剧烈。

②软信息的失效

农村熟人社会依赖“人际关系信用”，但此类非结构化信息（如人品、口碑）难以被金融机构量化使用。中国农村信用社曾尝试“信贷员驻村制”，但因人工成本过高难以推广。张扬金和李一锟（2024）认为主权区块链作为一种前沿技术，将其嵌入农村微腐败治理，可以在消解信息不对称、消减权力监督虚化、排解熟人社会信任、消除角色错位等难题方面发挥功效。

③政策扭曲的叠加效应

政府补贴贷款常引发“挤出效应”：受补贴农户依赖低息贷款，商业机构因无法竞争而退出市场。巴西农业信贷计划（Pronaf）曾因利率补贴导致私人银行农村业务萎缩。

（3）治理路径：从“信息修复”到“机制重构”

①信息基础设施升级

构建数字化征信系统：整合土地确权数据（如印度《数字土地登记法案》）、农业补贴发放记录、电商交易流水等，构建多维信用画像。肯尼亚 M-Shwari 平台通过手机话费充值记录评估信用，使贷款审批率提升 30%。尝试物联网技术的嵌入：在农机、温室等设备安装传感器，实时监控农业生产数据（如作物长势、农机使用率），为动态信用评估提供依据。荷兰 Rabobank 试点“智慧牧场贷款”，通过奶牛产奶量数据自动调整授信额度。

②激励机制设计

采用动态合约。采用分期放款与渐进授信：首期发放小额贷款，根据还款表现逐步提高额度。孟加拉国格莱珉银行通过“小组联保+渐进放贷”模式，将还款率维持在 98%以上。

建立信号发送(Signaling)机制。

鼓励农户主动披露信息:对购买农业保险、参与合作社的农户给予利率优惠。墨西哥FIRA机构对参加标准化生产的农户提供低息贷款,形成“合规即信用”的正向循环。

③制度互补性改革

抵押品替代方案。发展“未来收益权质押”:如云南咖啡种植户以期货合约作为抵押物,金融机构通过上海国际能源交易中心对冲价格风险。

建立“政府—银行—保险”三方分担机制:浙江“政银保”模式中,政府提供风险补偿基金(30%)、保险公司承保(50%)、银行承担剩余风险,使茶叶种植户贷款成本降低40%。

(4)政策启示与局限

①警惕技术万能论。数字工具可能将“信息不对称”转化为“算法黑箱”,如印度Aadhaar生物识别系统曾因数据泄露引发排斥弱势群体问题,需配套建立算法审计与人工复核机制。

②文化适配性挑战。在秘鲁安第斯山区,基于区块链的信用系统因土著社群对“虚拟账本”的不信任而失败,最终改用“区块链+长老见证”混合模式才被接受。

在信息经济学的框架下,农村金融改革的目标不应追求理想化完全市场,而需在信息约束中寻找可持续的改进路径,走向“不完全契约”下的次优均衡。农村信用市场的特殊性决定了无法完全消除信息不对称,但通过技术创新与制度创新的耦合,可实现“可容忍的信息成本”下的市场出清。如埃塞俄比亚采用“卫星遥感+移动支付”评估牧区信用,虽无法精准识别个体风险,却将贷款覆盖率从12%提升至58%。

2. 社会资本理论与农村社群信用网络重构

农村信用体系的特殊性在于其深植于熟人社会的非正式规则中,而传统金融模式往往因忽视社会资本的价值导致“水土不服”。社会资本理论(Social Capital Theory)强调信任、互惠规范和网络关系对集体行动效率的促进作用,为破解农村信用困境提供了新范式。重构农村社群信用网络需从关系型社会资本向制度型社会资本递进,走向从“关系信任”到“制度信任”的融合,构建“传统信任+现代治理”的混合模式。

(1)社会资本的三重维度与农村信用网络的天然契合

①关系网络:信用传递的“毛细血管”

熟人社会的信用背书:农村社会以血缘、地缘为纽带形成的紧密网络,天然具备信息共享与行为监督功能。例如,中国福建“茶叶信用圈”中,茶农通过行业公会成员互保获得贷款,违约者将被逐出交易网络。

弱连接的资源整合:跨村落的合作社、行业协会等组织可突破单一熟人圈层,形成更大范围的信任联盟。越南咖啡合作社通过跨区域联合,将信用网络扩展至出口商环节,获得国际供应链融资。

②互惠规范:非正式契约的执行机制

声誉惩罚的强约束:在封闭社群中,失信行为会导致社会关系断裂甚至生计受损。印尼农村的“村规民约”规定,贷款违约者不得参与集体灌溉用水分配,迫使农户优先还款。

共同利益的自我实现:云南哈尼梯田的“水权信用体系”中,农户用水权与还款记录挂钩,保护生态的集体行动成为维护信用的内生动力。

③集体认同:降低交易成本的认知基础

文化共识减少摩擦:藏族牧区的“酥油信用”制度以宗教文化为纽带,借贷双方通过寺院喇嘛见证达成契约,违约被视为对信仰的背叛。

身份认同强化责任感:浙江义乌“同乡商会担保贷款”模式中,商户因地域身份认同主动维护群体信用,不良率仅为0.3%。

(2)现代化冲击下的社会资本衰减与信用网络危机

①人口流动瓦解传统网络

青壮年外出务工导致农村“空心化”,留守群体难以维持原有的互惠监督机制。安徽某村因劳动力外流,传统的“五户联保”贷款模式失效,联保小组还款率从95%暴跌至62%。

②市场化侵蚀非正式规范

个体利益最大化逻辑冲击集体主义价值观。广西甘蔗种植区曾出现农户将抵押给合作社的土地私下转租,引发集体信用崩盘。

③技术替代弱化关系纽带

数字金融工具(如手机银行)的普及,使年轻一代更依赖算法信用评分,削弱对社群关系的依赖。肯尼亚M-Pesa用户中,35岁以下群体通过社群担保借款的比例从2015年的78%降至2022年的43%。

(3)重构路径:社会资本的制度化转换与技术创新

①传统社会资本的“编码升级”。关系数据化:将熟人网络中的信任关系转化为可量化指标。如浙江台州农商行开发“邻里信用分”,通过村民互评(占30%权重)、合作社推荐(占40%权重)构建混合信用模型。规范契约化:把非正式规则纳入正式制度框架。印度喀拉拉邦将渔民互助组织的“海上救援义务”写入贷款合同,履行义务者可获得利率优惠。

②新型社会资本的“网络再造”。数字社群重构信任半径:通过微信群、短视频平台构建虚拟共同体。山东寿光菜农在抖音组建“大棚信用圈”,成员通过直播展示种植过程获取供应链金融支持。跨界网络的价值整合:连接生产合作社、电商平台、物流企业形成信用联盟。陕西眉县猕猴桃产业联合体通过区块链记录全产业链数据,成员企业可共享授信额度。

③制度技术的“嵌套设计”。项锐(2023)认为区块链以“嵌入”的方式改变了以往的社会交往模式,同时也改变了信任关系的承载媒介,进而从根本上改变了信任关系的产生与维系方式,并替代了传统信任的部分功能。智能合约激活传统规范:将村规民约转化为代码规则。江苏张家港试点“区块链+村规民约”,村民违反垃圾分类规定将自动触发信用分扣减,影响贷款资格。混合治理机制:建立“长老会+算法”双重决策体系。秘鲁安第斯山区保留社区长老对信用纠纷的仲裁权,同时引入AI评估系统提供风险提示。

(4)典型案例:社会资本重构的三种范式

①内生型重构(格莱珉模式2.0)

孟加拉国格莱珉银行升级“小组联保”机制,在保持5人互助小组的基础上,接入手机支付数据和卫星农田影像,形成“人际信任+数据信用”双核模型,不良率降至1.2%。

②嵌入型重构(中国“信用村”实践)

广东清远推动自然村整体评级,以“村集体信用”替代个体抵押。某信用村凭借集体山林碳汇收益权质押,获得银行整体授信500万元,村民按信用等级分配额度。

③技术增强型重构(非洲 Jaza Duka 计划)

肯尼亚小商店主通过 WhatsApp 群组形成采购联盟,联盟交易数据经机器学习处理后生成信用评分,渣打银行据此发放库存贷款,融资成本降低 60%。

(5)风险警示与平衡策略

①避免“社会资本过度金融化”

云南某普洱茶合作社曾因过度依赖社员信用联保,导致个别成员投机失败牵连全体,需设置风险隔离机制(如联保责任上限)。

②防止“数字精英俘获”

印度农民 FPO(生产者组织)中,懂英语、会操作应用程序(App)的成员垄断数字信用资源,需通过“数字扫盲配额制”保障弱势群体权益。

③文化冲突的缓冲设计

青海藏区引入无人机监测牧场载畜量作为信用评估依据时,遭遇宗教禁忌阻力,后调整为寺院活佛参与算法参数设计,实现技术本土化适配。

农村社群信用网络的重构不是用正式制度取代社会资本,而是通过制度化编码和技术化增强,释放传统社会资本的治理潜能。在“根植性”与“现代性”之间寻找均衡,这种“社会技术系统”的构建,既需要尊重乡土社会的文化根脉,也需引入现代治理工具破解规模不经济困境。正如费孝通所言“各美其美,美美与共”,未来的农村信用体系应是数字契约与乡土信任的共生体,在保留人情温度的同时实现金融效率的跃升。

3. 技术治理理论中的“代码即规则”范式转型

技术治理理论中的“代码即规则”范式转型,是一个反映了数字时代技术治理理念深刻变化的重要现象。

(1)背景与起源

首先是数字技术的发展。随着网络和数字技术的广泛应用,代码作为数字技术的核心组成部分,逐渐渗透到社会生活的各个领域,对人们的行为产生了深远的影响。其次是“代码即法律”命题的提出进一步加快数字技术的发展。美国学者劳伦斯·莱斯格(Lawrence Lessig)在其著作《代码及其他网络空间法律》中提出了“代码即法律”(Code as Law)的命题。他认为,在网络空间和数字时代,代码不仅作为技术的实现手段,还通过其内在的逻辑和规则,对人们的行为产生了类似于法律的约束作用。

(2)“代码即规则”范式转型的内涵

首先是代码成为规则的新形式。在传统社会,规则主要以法律法规、政策等形式存在,具有明确的制定主体、执行主体和强制力。而在数字时代,代码作为一种新的规则形式,通过其内在的逻辑和算法,对数字空间中的行为进行了规范和约束。

其次是代码规则具有独特性质。事先预防性:代码规则可以事先对个人行为加以限制,有效预防人们违反规则,这种预防作用甚至开始于人们采取行动之前,与传统法律规则的事后救济与执行截然相反。高效执行力:代码规则一旦嵌入到数字系统中,就可以自动执行,无须人工干预,大大提高了规则的执行效率。广泛影响力:数字技术的广泛应用使得代码规则可以迅速传播和复制,对大量用户产生同时影响。

(3)范式转型的体现

一是从静态到动态。传统规则往往是静态的,一旦制定后不易更改。而代码规则可以随着技术的发展和需求的变化进行动态调整。

二是从单一到多元。传统规则主要由政府或立法机构制定,而代码规则可以由企业、开发者、用户等多个主体参与制定和执行。

三是从外部约束到内部嵌入。传统规则往往通过外部强制力来约束人们的行为,而代码规则通过嵌入到数字系统中,成为人们使用数字服务时不得不遵守的内在规则。

(4)范式转型的影响与挑战

一是积极影响。提高治理效率体现为代码规则的高效执行力使得数字空间的治理更加迅速和有效;促进创新主要是代码规则的灵活性和动态性为数字空间的创新提供了更大的空间;增强用户体验是通过代码规则,数字服务提供者可以更好地引导用户行为,提升用户体验。

二是面临的挑战。如何理解代码规则的正当性:代码规则往往由企业等商业主体制定,其正当性、公平性和透明度可能受到质疑。如何处理法律与代码的冲突:代码规则与传统法律规则之间可能存在冲突,如何协调两者的关系成为一个亟待解决的问题。如何监管技术滥用风险:代码规则的广泛影响力也可能被滥用,用于侵犯用户权益或限制竞争。

(5)应对策略

首先是加强监管。政府和相关机构应加强对代码规则的监管,确保其正当性、公平性和透明度。同时,应建立相应的投诉和救济机制,保护用户的合法权益。

其次是完善法律法规。针对代码规则的特点,应完善相关法律法规,明确代码规则的制定、执行和监督机制。应加强对代码规则的司法审查,确保其与法律规则的一致性和协调性。

再次是推动技术治理与法律治理的融合。应推动技术治理与法律治理的融合,发挥两者的各自优势。通过技术手段提高法律规则的执行效率,通过法律规则确保代码规则的正当性和公平性。

最后是提升公众意识。应加强对公众的宣传教育,提升其对代码规则的认识和理解,通过提高公众的参与度和监督能力,促进代码规则的健康发展。

技术治理理论中的"代码即规则"范式转型,是数字时代技术治理理念深刻变化的重要体现。转型既带来了提高治理效率、促进创新等积极影响,也面临着正当性、法律冲突和技术滥用等挑战。通过加强监管、完善法律法规、推动技术治理与法律治理的融合及提升公众意识等策略,可以更好地应对这些挑战,推动数字空间的健康发展。

6.2 应用场景与机制创新

6.2.1 应用场景

1. 传统治理模式困境

(1)涉农主体信用数据碎片化

涉农主体信用数据碎片化是一个复杂的问题,需要政府、金融机构、中介机构和社会各界的共同努力来解决。通过建立健全农村信用体系、创新信息采集和共享机制、加强技术手段应用和提升公众信用意识等措施，可以有效推动涉农主体信用数据的有效整合和利用，促进农村经济的健康发展。

①碎片化现状

一是信息来源分散。涉农主体信用数据分散在不同的部门和机构中，如农业农村、工商、财税、保险、人民银行等部门，这些部门各自掌握着一部分涉农主体的信用信息，但缺乏统一的管理和共享机制，很难在无统一领导和协调下进行共享。

二是信息标准不一。各部门的信息采集、存储和管理方式不同，导致涉农主体信用数据在格式、内容和标准上存在较大差异，难以实现信息的有效整合和共享。

三是信息更新滞后。涉农主体信用信息具有动态性，需要及时更新。然而，由于信息采集和更新机制不完善，导致部分信用信息滞后于实际情况，影响了信用评价的准确性和时效性。

②碎片化原因

一是信息采集难度大。涉农主体数量众多，分布广泛，且信用信息涉及多个方面，采集难度较大。同时，部分农村主体对信用信息采集的配合意愿较低，增加了信息采集的难度。

二是信息共享机制缺失。目前，涉农主体信用信息共享机制尚未建立健全，各部门之间的信息共享存在障碍，导致信用数据难以有效整合和利用。

三是技术手段落后。部分农村地区在信息采集、存储和管理方面仍采用传统的手工方式，技术手段落后，难以满足现代信用体系建设的需求。

③碎片化影响

一是影响信用评价准确性。信用数据碎片化导致信息不完整、不准确，难以对涉农主体进行全面、客观的信用评价，增加了金融机构的信贷风险。

二是制约金融服务发展。涉农主体信用数据碎片化制约了金融服务向农村地区的延伸和拓展。金融机构难以获取全面、准确的信用信息，导致对涉农主体的信贷支持不足。

三是影响农村经济发展。涉农主体信用数据碎片化影响了农村经济的健康发展。由于信用信息的不完善，部分涉农主体难以获得必要的金融支持，制约了其生产经营和扩大再生产的能力。

④解决方案

一是建立健全农村信用体系。加快建立健全农村信用体系，明确农村信用体系建设各方主体的权利、义务及法律责任，为信用评价机制运行提供法律支撑。

二是创新信息采集和共享机制。创新信息采集和共享机制，打通数据“孤岛”，统一信用数据标准，搭建新型农业经营主体信用信息共享平台，鼓励各地政府牵头，动态对接农业农村、工商、财税、保险、人民银行等部门，审核、归集、整合新型农业经营主体评级、授信所需的涉农、信用等信息。

三是加强技术手段应用。加强大数据、云计算等现代信息技术的应用，提高涉农主体信用信息的采集、存储和管理效率。同时，推动征信、评级等中介机构及其他从事农村信用体系建设服务机构的发展，提高信用评级的质量和公信力。

四是提升公众信用意识。通过宣传教育等方式，提升公众对信用信息的认识和理解，增强农村主体配合信息采集的意愿和主动性。

(2)农村金融机构风控成本与普惠目标的矛盾

农村金融机构在风控成本与普惠目标之间确实存在矛盾,但通过加强农村征信体系建设、创新金融产品和服务、利用金融科技手段、完善风险补偿机制及推动农村金融市场竞争等措施,可以在一定程度上缓解这一矛盾,实现风控成本与普惠目标的平衡。

①矛盾表现

一是风控成本高昂。系统性风险控制成本较高。农村金融机构需要投入大额资金成本来防范系统性风险,如宏观经济形势变化、农产品市场供求波动、自然灾害等。对于中小金融机构而言,单位贷款和单位收益所承担的系统性风险控制成本往往较高。交易性风险控制成本很大。农村金融机构在签约后,为了防范债务人违约等交易性风险,需要投入大量的人力和物力来跟踪、观察借款人的投资行为和项目进展。然而,由于农村地区经济主体的特征和贷款技术的特殊性,正规金融机构获取借款人信息的成本较高。

二是普惠目标要求降低金融服务门槛。普惠金融的核心目标是确保尽可能多的人群都能享受到金融服务,特别是农村地区和弱势群体。这要求农村金融机构降低金融服务门槛,扩大金融服务的覆盖面和可得性。然而,降低金融服务门槛往往意味着增加风险敞口,因为信用状况较差的涉农主体也可能获得金融服务。

②矛盾成因

一是农村经济主体的特殊性。农村经济主体往往规模较小、分散度高、抗风险能力弱,这增加了农村金融机构的风险管理难度和成本。

二是农村金融市场的信息不对称。由于农村地区信息闭塞、征信体系不完善,农村金融机构难以全面准确地掌握涉农主体的信用状况,这增加了信贷风险。

三是政策目标与商业可持续性的冲突。普惠金融政策要求农村金融机构扩大金融服务的覆盖面和可得性,但商业可持续性要求农村金融机构在控制风险的前提下实现盈利。

③矛盾影响

一是制约农村金融机构的信贷投放。为了控制风险,农村金融机构可能会提高信贷门槛,减少信贷投放,这不利于农村地区和弱势群体的金融需求满足。

二是直接影响农村金融机构的经营稳定性。如果农村金融机构在风控成本和普惠目标之间无法找到平衡点,可能会面临较大的信贷风险,进而影响其经营稳定性。

三是阻碍普惠金融目标的实现。如果农村金融机构无法有效降低风控成本,提高金融服务的覆盖面和可得性,那么普惠金融目标将难以实现。

④解决策略

一是加强农村征信体系建设。完善农村征信体系,提高涉农主体信用信息的透明度,降低农村金融机构的信息采集成本。

二是创新金融产品和服务。针对农村经济主体的特殊性和金融需求,开发小额信用贷款、联保贷款等适合农村地区的金融产品和服务。

三是充分利用金融科技手段降低风控成本。借助大数据、云计算等金融科技手段,提高农村金融机构的风险管理效率和水平。

四是完善风险补偿机制。政府可以建立风险补偿基金,对农村金融机构因服务农村地区和弱势群体而产生的信贷损失给予一定的补偿。

五是推动农村金融市场竞争。鼓励更多的金融机构进入农村市场,增加市场竞争程度，促进农村金融机构提高服务质量和降低服务成本。

(3)信用赋能新型农业经营主体激发内生需求

区块链技术的应用和普及促使新型农业经营主体的信用赋能需求激增，这种需求主要源于农业现代化、农村经济发展的新发展趋势及新型农业经营主体自身发展的内在要求。

①信用赋能需求激增的原因分析

一是融资需求增加。随着农业生产规模的扩大和技术的提升，新型农业经营主体对资金的需求不断增加。然而，由于缺乏足够的抵押品和信用记录，传统金融机构往往难以提供足够的信贷支持。因此，通过信用赋能提高信用评级和融资能力成为新型农业经营主体的迫切需求。

二是市场开拓需要。在市场竞争日益激烈的背景下，新型农业经营主体需要不断提升自身的品牌形象和市场竞争力。信用赋能可以帮助这些主体建立良好的信用记录，提高市场知名度和影响力，从而有助于开拓更广阔的市场空间。

三是政策支持与引导。国家对新型农业经营主体的发展给予了高度重视和支持，出台了一系列政策措施来引导和扶持其发展。其中，加强农村信用体系建设、提高新型农业经营主体的信用评级和融资能力成为重要内容之一。这也推动了新型农业经营主体对信用赋能需求的激增。

②信用赋能的具体措施

一是建立健全农村信用体系。完善农村征信体系，整合涉农主体的信用信息，建立统一的信用信息共享平台。

二是开展信用评级和授信服务。鼓励金融机构和第三方评级机构为新型农业经营主体提供信用评级和授信服务。通过信用评级，可以客观反映这些主体的信用状况和风险水平，为金融机构提供决策依据；通过授信服务，可以为新型农业经营主体提供便捷、高效的融资支持。

三是推广信用贷款和担保产品。针对新型农业经营主体的特点和需求，推广适合其特点的信用贷款和担保产品。

四是加强信用教育和培训，提高新型农业经营主体的信用意识和风险管理能力。通过开展信用教育和培训活动，引导这些主体树立正确的信用观念，增强诚信意识；同时，提供风险管理方面的培训和支持，帮助其更好地应对市场风险和信贷风险。

③信用赋能的重要意义

一是促进新型农业经营主体的发展。信用赋能可以提高新型农业经营主体的融资能力和市场竞争力，促进其健康发展。通过获得更多的资金支持和市场机会，这些主体可以扩大生产规模、提升技术水平、提高产品质量和附加值，从而推动农业现代化和农村经济的发展。

二是推动农村金融创新。信用赋能有助于推动农村金融创新和发展。通过整合涉农主体的信用信息、开发适合其特点的金融产品和服务，可以丰富农村金融市场的供给和需求结构，提高农村金融服务的覆盖面和可得性。三是助力乡村振兴战略实施。信用赋能是乡村振兴战略实施的重要支撑之一。通过提高新型农业经营主体的信用评级和融资能力，可以吸引更多的社会资本投入农村领域，推动农村产业结构的优化升级和农民收入的增加；同时，也有助于加强农村社会治理和公共服务体系建设，提升农村的整体发展水平。

综上所述,新型农业经营主体的信用赋能需求激增是农业现代化和农村经济发展的必然趋势。通过建立健全农村信用体系、开展信用评级和授信服务、推广信用贷款和担保产品及加强信用教育和培训等措施,可以满足新型农业经营主体的信用赋能需求,促进其健康发展,并推动从乡村振兴走向共同富裕战略的深入实施。

2. 区块链技术应用图谱

(1)基础层任务主要是农业产业链数据上链

实现农业产业链数据上链,是农业全产业链数字化改造的重要一环,有助于提升农业生产的透明度、可追溯性和效率。

一是明确数据上链的目标和意义。数据上链是指利用区块链技术,将农业生产、加工、销售等环节的数据以不可篡改、可追溯的方式记录在区块链上。这不仅可以保障产品质量,提升品牌价值,还能增强消费者信任,促进农业产业的可持续发展。

二是构建农业产业链数据上链的框架。数据收集与整合:利用物联网、传感器、无人机、卫星遥感等技术,全面收集农业产业链各环节的数据,包括种植环境数据、作物生长数据、加工过程数据、销售流通数据等,对收集到的数据进行清洗、整理、分类和存储,形成结构化、标准化的数据集。选择区块链平台:根据农业产业链数据的特点和需求,选择合适的区块链平台,可以考虑使用公有链、私有链或联盟链,以及是否支持智能合约等功能。数据上链:将整理好的数据集以合适的方式上传到区块链平台上,这可以通过区块链提供的 API 接口、智能合约等方式实现。在上链过程中,要确保数据的真实性、完整性和不可篡改性。数据共享与查询:建立基于区块链的数据共享机制,允许农业产业链各环节的主体在授权范围内共享和查询数据,通过区块链的分布式账本技术,实现数据的高效、安全、透明地共享。

三是实施农业产业链数据上链的具体步骤。需求分析与规划:明确农业产业链数据上链的具体需求和目标,制订详细的实施计划。技术选型与测试:选择合适的区块链技术平台和数据采集设备,进行技术测试和优化。数据收集与整合:部署数据采集设备,收集农业产业链各环节的数据,并进行整合和处理。数据上链与验证:将整理好的数据集上传到区块链平台上,并进行数据真实性和完整性的验证。数据共享与查询:建立基于区块链的数据共享机制,允许农业产业链各环节的主体在授权范围内共享和查询数据。运维与优化:对区块链平台和数据采集设备进行运维管理,确保系统的稳定性和安全性。

四是保障措施要到位。政策支持:政府应出台相关政策,鼓励和支持农业产业链数据上链的发展。资金投入:加大对农业产业链数字化改造的投入力度,支持区块链技术在农业领域的应用和推广。人才培养:加强区块链技术人才的培养和引进,为农业产业链数据上链提供人才保障。标准制定:制定农业产业链数据上链的相关标准和规范,确保数据的真实性、完整性和不可篡改性。

实现农业产业链数据上链需要明确目标、构建框架、实施具体步骤、采取保障措施,并结合实际情况进行分析和优化。这将有助于提升农业生产的透明度、可追溯性和效率,推动农业产业的可持续发展。

(2)应用层任务主要是创设应用场景

①基于链上数据的无抵押小额信贷的普惠金融

普惠金融旨在为广泛的群体提供可负担的金融服务,尤其是那些传统金融体系难以覆盖的小微企业、低收入人群和农村地区居民。链上数据在无抵押小额信贷中的具体应用有如下体现。

一是数据增信与风险评估。链上数据可以整合多种非传统金融数据，如企业供应链流水、水电费缴纳记录、社交媒体评价等，用于构建更全面的信用评估模型。例如，金融科技平台“信易达”通过整合300余项非财务指标，为文创企业提供担保增信，显著提升了贷款通过率。

二是降低信息不对称。区块链技术的不可篡改和透明性特点，使得链上数据能够真实反映借款人的经营状况和信用记录，从而降低金融机构与借款人之间的信息不对称。

三是提升审批效率。基于链上数据的自动化风控系统能够快速处理贷款申请，实现从客户拓展、贷款审批到放款的全流程自动化，大大提高了普惠金融服务的效率。

②基于农产品应收账款Token化融资的供应链金融

供应链金融中农产品应收账款Token化融资是一种结合区块链技术与传统供应链金融的创新模式。应收账款Token化是指将农产品供应链中的应收账款转化为区块链上的数字代币（Token），通过区块链技术实现资产的数字化、透明化和可追溯性。这种方式不仅能够提升供应链的效率和透明度，还能为供应商提供更便捷的融资渠道。

融资模式与流程如图6-1所示。

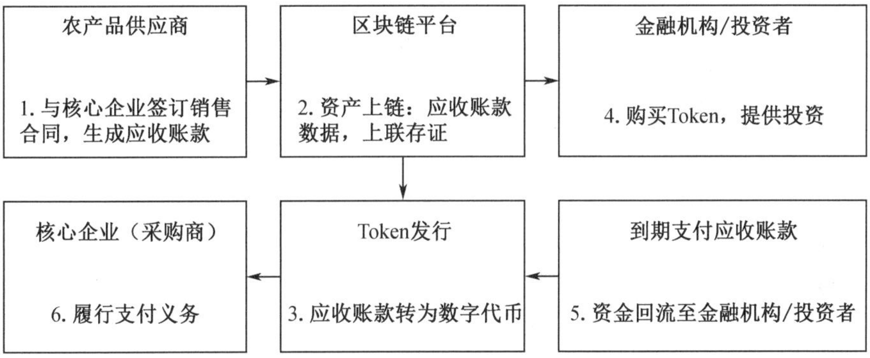

图6-1　融资模式与流程

资产上链：农产品供应商将其与核心企业（采购商）签订的销售合同产生的应收账款数据记录在区块链上，确保数据的真实性和不可篡改。

Token发行：基于区块链技术，将应收账款转化为数字代币（Token），并将其作为融资的标的资产。

融资过程：金融机构或投资者通过购买这些Token为供应商提供资金支持。到期后，核心企业支付应收账款，资金回流至金融机构或投资者。

风险控制：通过区块链技术的透明性和不可篡改特性，降低信息不对称风险，同时结合核心企业的信用背书，提高融资的安全性。

主要优势与价值体现：一是提高融资效率。Token化使得应收账款的转让和融资更加便捷，减少了传统融资中的烦琐流程。

二是降低融资成本。通过区块链技术降低信息不对称，减少中间环节的费用，降低供应商的融资成本。

三是增强供应链透明度。区块链技术记录了农产品从生产到销售的全过程,提升了供应链的透明度和可追溯性。

四是支持中小供应商。帮助缺乏抵押物的中小供应商获得融资,促进农业产业链的协同发展。

实际应用成功可供借鉴的案例如蚂蚁金服双链通:蚂蚁金服通过“区块链+供应链金融”模式,将应收账款的确认、流转和融资环节全部上链,实现了资产的数字化和高效流通。马陆葡萄 RWA 项目:上海左岸芯慧电子科技有限公司将马陆葡萄的品牌资产和数据进行代币化,并成功完成 1 000 万元的股权融资。

面临的挑战如下。

一是监管与合规性。Token 化融资涉及区块链技术与金融领域的结合,需要完善的监管框架来规范其发展。

二是技术成熟度。区块链技术在大规模应用中仍面临技术瓶颈,如性能、安全性和互操作性等问题。

三是市场接受度。投资者和金融机构对 Token 化资产的认知和接受程度仍需进一步提高。

总体而言,农产品应收账款 Token 化融资是一种具有潜力的创新模式,能够在提升供应链效率的同时,为农业产业链上的中小企业提供更高效的融资支持。

③基于农业补贴精准发放与防篡改机制的政策执行

在农业补贴政策的精准发放与防篡改机制方面,当前政策执行中已经取得了一定的进展,并且通过技术手段和管理措施不断优化。

一是农业补贴精准发放的现状与措施。明确补贴对象与范围:政策明确了补贴对象,例如粮食直补限定为实际从事粮食种植的农户、家庭农场、农民合作社等,确保补贴资金精准到达目标群体。优化补贴发放流程:简化申请流程,减少不必要的审批环节,通过信息化手段实现补贴申请的在线办理。建立部门协调机制:明确农业、财政、金融等部门的职责分工,提高补贴发放效率。缩短发放时间:明确时间节点,确保补贴资金及时足额发放。强化监管与信息公开:建立健全监管制度,加强对补贴资金发放和使用全过程的监管。定期审计补贴资金,及时纠正违规行为,引入社会监督,公开补贴政策和发放情况。通过实地核查和专项检查,确保补贴资金精准发放。

二是区块链技术在农业补贴中的具体应用。区块链技术因其不可篡改、透明性和可追溯性,为农业补贴的精准发放和防篡改提供了新的解决方案。首先补贴信息上链。将补贴人员信息库、政策法规信息库等相关数据存证上链,利用区块链技术确保补贴对象和补贴金额的准确性。其次全流程溯源。通过区块链技术,将补贴资金从财政部门拨付到农户账户的全流程记录在链上,确保资金流向透明,防止资金被挪用或滥用。第三信用评级与精准监管。利用区块链技术结合大数据分析,建立种植户、采购商等的信用评级参考,帮助实现农资补贴的精准发放和监管。

三是实际案例与补贴成效分析。如皋市通过精准数据采集、专项检查和高效发放机制,确保稻谷补贴资金精准发放到农户手中。数据采集精准,通过农户签字确认确保补贴数据真实可靠。开展专项检查,预防违规行为,确保补贴政策落实到位。柳州市“三聚焦”

策略体现为通过聚焦资金流向、制度执行和问题整改，推动惠农财政补贴资金发放精准透明高效。审查资金流向，确保补贴资金准确无误发放。优化补贴标准和申请流程，强化基层工作人员培训。

6.2.2 区块链赋能“三农”信用治理的机制创新

关于区块链如何赋能“三农”信用治理机制的构建，主要从主体协同机制、数据治理机制、价值循环机制及风险控制机制等方面进行创新构建。

1. 主体协同机制

主体协同机制主要从政府—金融机构—村集体—农户的链上协作网络构建与去中心化自治组织(DAO)在村级信用管理中的应用两方面进行详细分析。

(1)政府—金融机构—村集体—农户的链上协作网络构建

构建政府—金融机构—村集体—农户的链上协作网络，是推动乡村振兴、促进农村经济发展的重要举措。这一网络通过整合各方资源形成合力，为农村提供全方位、多层次的金融服务，满足农村多元化、多层次的金融需求。林永民等(2023)加快发展数字技术，促进数字技术与金融的深度融合，推进金融机构的金融服务创新。

①构建背景与意义

随着乡村振兴战略的持续推进，乡村产业形态、农民收入结构和基层公共服务需求等方面发生了深刻变化。传统的农村金融服务模式已难以满足当前农村发展的需要。构建政府—金融机构—村集体—农户的链上协作网络，有助于打破信息壁垒，优化金融服务流程，提高金融服务效率，促进农村金融的可持续发展。

②构建要素与职责

政府主要职责之一是政策引导与支持，即制定和完善农村金融政策，为农村金融发展提供制度保障，通过财政补贴、税收优惠等措施，引导金融机构加大对农村的支持力度。二是协调与监管，即协调金融机构、村集体和农户之间的关系，促进各方有效沟通与合作，加强对农村金融市场的监管，防范金融风险。

金融机构的职责：

一是创新金融产品与服务。根据农村实际需求，创新信贷、保险、理财等金融产品，提高金融服务的针对性和有效性。林永民等(2022)认为基于区块链构建的数据共享平台能够重构信息共享模式、构建数据可信网络、优化可信协作流程，赋能金融机构探索新型金融产品进程。

二是拓展服务网络。加快构建覆盖乡村的服务网络，畅通金融服务乡村振兴的“毛细血管”，利用数字技术，提供线上线下的便捷金融服务。

村集体主要负责：

一是组织协调。作为政府与农户之间的桥梁，组织协调金融服务的落实，收集农户的金融需求，向金融机构反馈。

二是信用建设。加强农村信用体系建设，提高农户的信用意识，协助金融机构开展农户信用评级，为金融机构提供可靠的风险评估依据。

三是资源整合。整合农村资源，如土地、劳动力等，为金融机构提供优质的融资项目。

农户需要提升金融素养：积极参加金融知识培训，提高自身的金融素养和风险防范能力。客观科学融资:根据自身需求,合理选择金融产品和服务,实现融资的便捷化和低成本化。积极参与信用建设:参与农村信用体系建设按时还款,维护自身良好的信用记录。

③构建路径与措施

一是加强政策引导与支持。政府应加大对农村金融的政策支持力度,完善农村金融政策体系;通过财政补贴、税收优惠等措施,引导金融机构加大对农村的支持力度;鼓励金融机构创新金融产品和服务,满足农村多元化、多层次的金融需求。

二是构建信息共享平台。建立政府、金融机构、村集体和农户之间的信息共享平台,实现信息的互联互通;通过信息共享平台,政府可以及时了解农村金融需求,金融机构可以精准对接融资项目,村集体可以组织协调金融服务,农户可以便捷获取金融服务。

三是推进信用体系建设。加强农村信用体系建设,提高农户的信用意识;建立健全农户信用评级制度,为金融机构提供可靠的风险评估依据;对信用良好的农户给予优惠的金融政策和服务,对失信农户进行联合惩戒。

四是创新金融产品与服务。金融机构应根据农村实际需求,创新信贷、保险、理财等金融产品,提高金融服务的针对性和有效性;推出适合农村特点的金融产品和服务,如农村承包土地经营权抵押贷款、农业保险等。

五是拓展服务网络。金融机构应加快构建覆盖乡村的服务网络,畅通金融服务乡村振兴的“毛细血管”;利用数字技术,提供线上线下的便捷金融服务;通过移动银行、网上银行等渠道,让农户足不出户即可办理金融业务。

六是建立风险分担机制。政府应引导建立风险分担机制,如担保基金、农业保险等,降低农村金融风险;鼓励金融机构创新风险管理工具,提高风险管理水平。

④实践案例分析

一是内蒙古“金融副村长”模式。

背景:针对农牧民对多元化、多层次金融产品和服务的需求日益迫切,但金融机构网点覆盖率低、银行与农户间信息不对称、农牧民线上操作困难等问题,内蒙古自治区创新推出了“金融副村长”模式。

做法:择优选聘驻村大学生担任“金融副村长”,在行政村开展金融服务,通过“金融副村长”向农牧民宣传金融知识,对接金融机构,提供便捷的金融服务。

成效:有效推动了金融资源下沉,强化了金融机构与农村牧区的连接。农牧民在家门口就能享受到现代化的金融服务和低利率的普惠贷款,切实降低了融资成本。

二是东莞银行农村一体化金融服务平台。

背景:为全面推进乡村振兴,东莞银行与东莞市农村集体资产管理办公室、东莞市社保基金中心联手探索,推出了全国首创的农村一体化金融服务平台。

做法:以数字乡村、金融惠农为建设目标,围绕解决乡村服务的政务难点、金融堵点和民生痛点,打造“互联网+数字乡村+金融服务”相融合的数字乡村生态共同体。

成效:平台整合了政府、金融机构、村集体和农户的资源,提供了便捷的金融服务。如电子社保卡、在线代缴社保、在线分红等功能,极大地方便了农村居民的生活。

可见构建政府—金融机构—村集体—农户的链上协作网络,是推动乡村振兴、促进农村经济发展的重要举措。通过加强政策引导与支持、构建信息共享平台、推进信用体系建设、创新金融产品与服务、拓展服务网络、建立风险分担机制等措施,可以形成各方合力,为农村提供全方位、多层次的金融服务。同时,通过案例分析可以看出,成功的模式都注重结合当地实际,创新金融服务方式,满足农村多元化、多层次的金融需求。

(2)去中心化自治组织(DAO)在村级信用管理中的应用

DAO在村级信用管理中的应用,结合区块链技术和智能合约,为村级信用管理带来了透明性、自治性和高效性。

①基本概念

DAO是一种基于区块链技术构建的新型组织形态。它通过智能合约来管理组织的规则、操作和决策过程,实现了一个没有中央管理层的自治体系。核心特点是去中心化、透明性和自治性。

②应用优势

一是提高透明度。公开记录:所有活动和决策都在区块链上公开记录,包括信用评价、积分计算、奖惩记录等。这增加了信用管理的透明度,使得村民可以清晰地了解信用管理的过程和结果。防止篡改:由于区块链的特性,一旦数据上链,就无法被篡改。这确保了信用数据的真实性和可靠性,防止了信用信息被恶意篡改或滥用。

二是增强自治性。自主管理:DAO允许村民通过持有代币来参与信用管理,提出和表达自己的建议和意见。智能合约根据预先设定的规则自动执行决策,无须依赖中央管理机构。民主决策:DAO的治理通常基于代币持有者的投票权,村民可以通过投票来共同决定信用管理的规则和决策,实现了民主化管理。

三是提高效率。自动化执行:DAO通过智能合约自动执行信用管理的规则和决策,无须人工干预。这大大提高了信用管理的效率,减少了人为错误和操作成本。实时更新:区块链上的数据可以实时更新,使得村民可以及时了解自己的信用状况和积分变化。

四是降低成本。去除中介:DAO去除了传统信用管理中的中介机构,降低了信用管理的成本。简化流程:通过智能合约和区块链技术,DAO简化了信用管理的流程,使得村民可以更加便捷地参与信用管理。

③面临的挑战与解决方案

主要技术挑战如下。

首先是智能合约安全:智能合约的安全性至关重要。一旦智能合约存在漏洞,可能导致严重的经济损失。因此,需要加强对智能合约的安全审计和测试,确保其安全可靠。区块链技术普及:目前,区块链技术尚未完全普及,部分村民可能对DAO和区块链技术缺乏了解,因此,需要加强对村民的区块链技术培训和宣传,提高他们的认知度和接受度。

其次是法律挑战。法律地位不明确:DAO的法律地位尚未明确,可能导致法律纠纷和风险。因此,需要加强对DAO的法律研究,明确其法律地位和责任主体。监管缺失:目前,对DAO的监管尚不完善,可能导致监管缺失和风险。因此,需要加强对DAO的监管,制定相关法规和政策,规范其发展。

DAO在村级信用管理中的应用具有广阔的前景和潜力。通过结合区块链技术和智能合约,DAO可以提高信用管理的透明度、自治性和效率,降低成本,为村级信用管理带来创新的管理模式。然而,DAO的应用也面临技术和法律等方面的挑战。为了推动DAO在村级信用管理中的应用,需要加强技术研究、法律研究和监管规范等方面的工作。

2. 数据治理机制

数据治理机制主要从多源异构数据的隐私计算融合、动态信用评分模型的链上迭代优化两方面进行分析构建。

(1)多源异构数据的隐私计算融合

多源异构数据的隐私计算融合在“三农”信用治理机制构建中的应用是提升农村金融服务效率、保障数据安全与隐私的重要手段。

①多源异构数据的定义与特点

多源异构数据是指来源广泛、格式多样、结构不同的数据集合。在“三农”领域这些数据可能包括政府部门的涉农政策信息、金融机构的农户信贷记录、村集体的土地经营数据、农户的农业生产数据及各类第三方数据服务等。这些数据具有数据量巨大、种类繁多、格式不一等特点,为“三农”信用治理提供了丰富的数据资源。

②隐私计算融合的重要性

隐私计算融合是一种在保护数据隐私的前提下,实现多源异构数据高效融合的技术手段。它结合了密码学、机器学习、硬件安全等多个领域的前沿技术,通过安全多方计算、联邦学习、同态加密等方法,确保数据在融合过程中的安全性与隐私性。在“三农”信用治理中,隐私计算融合的重要性不言而喻,它能够在保护农户个人隐私的前提下,实现多源数据的整合与分析,为信用评估提供更加全面、准确的数据支持。

③隐私计算融合在“三农”信用治理机制构建中的应用

一是数据整合与共享。隐私计算融合技术能够打破政府、金融机构、村集体和农户等各方的数据孤岛,实现多源异构数据的整合与共享,可以在保护隐私的前提下,进行高效融合,形成全面的信用数据集。

二是信用评估与风控。基于融合后的多源数据,可以利用机器学习算法构建精准的信用评估模型。这些模型能够更全面地评估农户的信用状况,为金融机构提供更加准确的授信依据。

三是金融服务创新。推出基于多源数据的定制化信贷产品、提供个性化的金融服务等。这些创新服务能够更好地满足农户的金融需求,促进农村经济的发展。

四是数据安全保障。在数据融合过程中,隐私计算融合技术能够确保数据的安全性与隐私性,通过加密、匿名化等技术手段,保护农户的个人隐私和数据安全,防止数据泄露和滥用。

(2)动态信用评分模型的链上迭代优化

动态信用评分模型的链上迭代优化是一个复杂而重要的过程,它涉及在区块链网络上不断改进信用评分模型,以适应不断变化的市场环境和用户行为。

①基本概念

动态信用评分模型是一种能够根据用户行为和市场环境的变化实时调整信用评分的模型。与传统的静态信用评分模型相比,它能够更准确地反映用户的当前信用状况,为金融机构提供及时、准确的决策支持。

②链上迭代优化的意义

在区块链网络上实现动态信用评分模型的迭代优化具有以下三方面重要意义。

一是实时更新。区块链网络的去中心化特性使得数据可以实时更新,从而确保信用评分模型能够及时反映用户的最新行为和市场环境的变化。

二是提高准确性。通过不断迭代优化模型参数和算法,可以提高信用评分模型的准确性,降低误判率。

三是增强透明性。区块链网络的公开透明性使得信用评分模型的迭代优化过程可以被所有参与者监督和验证,增强了系统的可信度和公正性。

③链上迭代优化的步骤(图6-2)

数据收集与整合:从区块链网络上收集用户行为数据、市场数据等多源异构数据,并进行清洗、去重、填充缺失值等预处理操作,确保数据的质量和完整性。

特征工程:对数据进行特征提取、特征选择、特征转换等操作,构建模型的输入特征。这些特征应该能够准确反映用户的信用状况和潜在风险。

模型训练与评估:选择合适的算法(如逻辑回归、决策树、随机森林等)对数据进行训练,建立信用评分模型;然后,使用验证集或交叉验证的方法对模型进行评估,评估模型的准确性和泛化能力。

模型更新与迭代:根据评估结果,对模型的参数进行调整,并利用全部数据重新训练模型;然后,将更新后的模型部署到区块链网络上,实现动态信用评分的实时更新。

持续监控与优化:定期监控模型的表现,及时发现问题并进行调整。同时,根据市场变化和用户需求的变化,不断迭代优化模型参数和算法,提高模型的适应性和准确性。

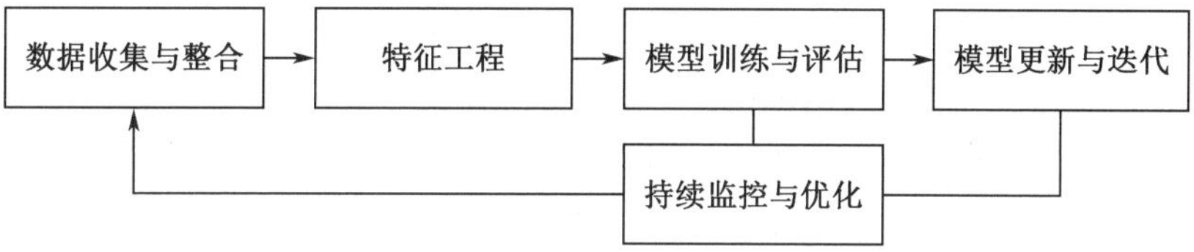

图6-2　链上迭代优化的步骤

④链上迭代优化的挑战与解决方案

链上迭代优化面临的挑战如下。

一是数据隐私与安全:区块链网络上的数据隐私与安全是一个重要问题,可以采用加密技术、匿名化技术等手段保护用户隐私和数据安全。

二是模型复杂度与性能:随着模型复杂度的增加,训练和评估模型的时间也会相应增加,可以采用分布式计算、并行计算等技术手段提高模型的计算效率。

三是监管合规性:在区块链网络上实现动态信用评分模型的迭代优化需要遵守相关法律法规和监管要求,可以与监管机构合作,确保模型的合规性和合法性。

动态信用评分模型的链上迭代优化涉及数据收集与整合、特征工程、模型训练与评估、模型更新与迭代及持续监控与优化等多个环节。通过不断迭代优化模型参数和算法,可以提高信用评分模型的准确性和适应性,为金融机构提供更及时、更准确的决策支持。

3. 价值循环机制

价值循环机制主要从信用积分的通证化设计与跨场景流通、碳汇收益权与农业信用的耦合交易两方面进行分析构建。

(1)信用积分的通证化设计与跨场景流通

①信用积分的通证化设计

信用积分的通证化是指将传统的信用积分转化为基于区块链技术的数字通证。这种设计不仅提高了积分的流通性和价值,还增强了积分的可信度和安全性。

信用积分通证化设计的关键环节包括:一是去中心化管理。传统的信用积分通常由中心化机构管理,存在单点故障和数据篡改的风险。通证化后的信用积分则基于区块链技术,实现了去中心化管理,提高了系统的稳定性和安全性。

二是智能合约执行。通证化信用积分的发放、使用、兑换等操作均通过智能合约自动执行,无须人工干预,减少了人为错误和操作成本。

三是透明可追溯。区块链技术的不可篡改和全程留痕特性,使得信用积分的发放、流转和消耗记录均可追溯,提高了系统的透明度和可信度。

四是可编程性。通证化信用积分可以根据业务需求进行编程,实现复杂的积分发放规则、兑换比例和有效期管理等功能。

五是价值存储与转移。通证化信用积分可以在区块链网络上进行交易和转移,实现了积分的价值存储和流通。

②信用积分的跨场景流通

信用积分的跨场景流通是指用户可以在不同的场景中使用和兑换通证化信用积分。这种流通机制极大地提高了积分的实用性和价值,促进了积分经济的发展。信用积分跨场景流通的关键步骤包括:

一是多场景接入。通证化信用积分可以通过区块链技术实现多场景接入,用户可以在电商、金融、旅游、教育等多个领域使用积分进行消费或兑换。

二是统一标准与协议。为了实现跨场景流通,需要制定统一的积分标准和流通协议。这些标准和协议应涵盖积分的发行、管理、交易、兑换等各个环节,确保积分的合法性和有效性。

三是积分兑换平台。搭建积分兑换平台,方便用户在不同场景之间兑换和使用积分。平台应提供丰富的兑换选项和便捷的兑换流程,提高用户的使用体验。

四是商家合作与联盟。鼓励商家加入积分流通联盟,共同推动积分的跨场景流通。商家之间可以建立合作关系,实现积分的互认和互兑,提高积分的实用性和价值。

五是用户教育与推广。加强对用户的教育和推广,提高用户对通证化信用积分的认知度和接受度,通过举办活动、提供优惠等方式吸引用户参与积分流通和使用。

③实践分析与未来展望

信用积分的通证化设计与跨场景流通是积分经济发展的重要趋势。通过去中心化管理、智能合约执行、透明可追溯、可编程性等特点,通证化信用积分提高了积分的流通性和价值。同时,通过多场景接入、统一标准与协议、积分兑换平台、商家合作与联盟等方式,实现了积分的跨场景流通,提高了积分的实用性和价值。随着区块链技术的不断发展和应用场景的不断拓展,信用积分的通证化设计与跨场景流通将迎来更加广阔的发展前景。政府、企业和用户应共同努力,推动信用积分经济的发展,实现共赢的局面。

(2)碳汇收益权与农业信用的耦合交易

①碳汇收益权与农业信用的关系分析

碳汇收益权指碳汇产权主体依据自己享有的相应权能而获得一定收益的权利。碳汇所有者凭借自己对碳汇的终极所有权权能而拥有转让的权利,碳汇购买者依据自己在一定时期内对碳汇的占有权、使用权等权能而取得经营利润的权利。

农业信用是农村经济活动中,金融机构、政府、企业、农户等主体之间因资金借贷、商品交易等经济活动而产生的信用关系。农业信用担保贷款是通过担保资金与借贷资金协同支农的一种新型贷款,是专注为农业经营贷款需求者提供融资服务的金融工具。

②两者耦合交易的前提基础与重要意义

碳汇收益权与农业信用的耦合交易基于农业碳汇项目。农业碳汇是指通过改善农业管理、改变土地利用方式、育种技术创新、植树造林等方式,吸收二氧化碳的过程、活动或机制。这些活动不仅有助于实现碳中和目标,还能产生经济收益,即碳汇收益权。同时,农业信用担保贷款等金融工具为农业经营主体提供了融资支持,促进了农业生产和碳汇项目的开展。

碳汇收益权与农业信用的耦合交易,实现了环境效益与经济效益的双赢。农业经营主体通过参与碳汇项目,不仅可以获得碳汇收益权,还能通过农业信用担保贷款等金融工具获得融资支持,促进农业生产的可持续发展。这种耦合交易有助于推动绿色金融的发展,引导资金流向低碳、环保的农业项目,促进农业经济的绿色转型。

③耦合交易的实现方式

一是碳汇项目的开发与认证:农业经营主体可以开展农业碳汇项目,如稻田甲烷减排、化肥减量增效、农田碳汇提升等。项目完成后,经过第三方机构的认证和审核,可以获得相应的碳汇收益权。

二是农业信用担保贷款的发放:金融机构可以根据农业经营主体的信用状况和碳汇项目的收益潜力,为其发放农业信用担保贷款。贷款资金可以用于支持农业生产和碳汇项目的开展。

三是碳汇收益权的质押与融资:农业经营主体可以将获得的碳汇收益权作为质押物,向金融机构申请融资。这种质押融资方式有助于盘活农业碳汇资产,提高农业经营主体的资金流动性。

四是碳汇交易市场的参与:农业经营主体可以将获得的碳汇收益权在碳汇交易市场上进行交易,出售给有减排需求的企业或个人。通过碳汇交易,农业经营主体可以获得额外的经济收益。

④案例分析与总结展望

以农业碳汇项目为例分析,通过技术创新改善农业管理、推广低碳农业技术等方式,实现了农田碳汇的提升。项目完成后,经过第三方机构的认证和审核,获得了相应的碳汇收益权。与此同时,该农业经营主体通过农业信用担保贷款获得了融资支持,用于扩大生产规模和进一步开展碳汇项目。随后,该农业经营主体将部分碳汇收益权质押给金融机构,获得了更多的资金支持。最终,该农业经营主体将剩余的碳汇收益权在碳汇交易市场上进行交易,实现了环境效益与经济效益的双赢。

碳汇收益权与农业信用的耦合交易是一种创新的金融模式,有助于推动绿色金融的发展，促进农业经济的绿色转型。未来，随着碳汇交易市场的不断完善和农业信用担保贷款等金融工具的不断创新，碳汇收益权与农业信用的耦合交易将迎来更加广阔的发展前景。政府、金融机构、农业经营主体等各方应共同努力，推动碳汇收益权与农业信用的耦合交易，实现环境效益与经济效益的双赢。

4. 风险控制机制

风险控制机制主要围绕智能合约的弹性参数设置、链上黑名单共享与跨区域联防联控两方面分析构建。

(1)智能合约的弹性参数设置

智能合约的弹性参数设置，特别是在自然灾害触发还款展期的情况下，是一个涉及区块链技术、金融合约设计及风险管理的高级应用。

①智能合约与自然灾害触发还款展期

智能合约是一种自动执行的合约，其条款以计算机代码的形式编写并部署在区块链上。在自然灾害发生时，如果借款人因灾害影响无法按时还款，智能合约可以自动触发还款展期机制，为借款人提供额外的还款时间，以减轻其经济压力。

②弹性参数设置的设计思路

一是灾害识别参数：智能合约需要设定一套如地震震级、洪水水位、干旱持续时间等具体指标的灾害识别参数，用于判断自然灾害的发生及其严重程度。这些参数可以通过与权威的灾害监测机构或数据源进行对接，获取实时或准实时的灾害数据。

二是展期条件参数：一旦灾害识别参数满足预设条件，智能合约将自动触发还款展期机制。此时，需要设定如展期期限、展期内的利息计算方式等展期的具体条件。展期期限可以根据灾害的严重程度和影响范围来设定，轻度灾害可能给予较短的展期，而重度灾害则给予较长的展期。

三是借款人通知与确认参数：在触发还款展期前，智能合约可以设定通知借款人的参数，以确保借款人知晓展期安排。同时需要设定借款人确认展期的参数，以便在借款人同意的情况下正式生效展期安排。

③实现步骤与技术要求

一是智能合约编写要求：使用区块链编程语言编写智能合约，实现灾害识别展期条件判断以及通知与确认等逻辑。

二是数据源对接：将智能合约与灾害监测机构或数据源进行对接，获取实时或准实时的灾害数据。

三是部署与测试：将编写好的智能合约部署到区块链上，并进行严格的测试，确保其在各种情况下的正确性和稳定性。

四是风险管理：在设计智能合约时，需要充分考虑风险管理的因素，如如何防止恶意触发展期、如何确保展期安排的公平性和合理性等。

④应用前景

在实际应用中，一些金融机构已经开始探索使用智能合约来实现自然灾害触发还款展期的功能。在某些地区发生地震或洪水等自然灾害时，受影响的借款人可以通过智能合约自动获得还款展期的权利，从而减轻其经济压力。智能合约的弹性参数设置，特别是在自然灾害触发还款展期的情况下，是一个涉及多方面技术和管理的复杂问题。通过合理设计灾害识别参数、展期条件参数及借款人通知与确认参数等，可以实现智能合约的自动执行和风险管理功能。

(2)链上黑名单共享与跨区域联防联控

链上黑名单共享与跨区域联防联控是两个在不同领域但有着相似目标的概念，它们都致力于通过信息共享和协同行动来提升效率和安全性。

①链上黑名单共享特点与应用

链上黑名单共享是指在区块链网络上，各参与方共享失信人名单或不良行为记录的过程。通过区块链技术，这些黑名单数据可以实现去中心化存储、不可篡改和可追溯性，确保数据的真实性和安全性。

其主要特点如下。

去中心化：区块链网络没有中心化的管理机构，数据存储在多个节点上，提高了数据的安全性和可靠性。

不可篡改：一旦数据被记录在区块链上，就无法被篡改或删除，保证了数据的真实性和完整性。

信息共享：各参与方可以实时共享黑名单数据，提高信息共享的效率和准确性。

其主要优势如下。

体现为提高安全性：通过共享黑名单数据，各参与方可以及时发现和防范潜在的风险。

降低欺诈风险：在金融行业，共享欺诈黑名单可以有效降低欺诈行为的发生。

提升信任度：通过共享真实可靠的黑名单数据，可以增强各参与方之间的信任度。

②跨区域联防联控的特点与应用

跨区域联防联控是指在不同地区之间，针对疫情防控、环境治理、金融风险等特定领域进行信息共享、协同行动和联合监管的过程。通过跨区域联防联控，各地区可以共同应对跨区域的问题和挑战。

其主要特点如下。

信息共享：各地区之间共享相关信息和数据，提高信息共享的效率和准确性。

协同行动：各地区之间协同行动，共同应对跨区域的问题和挑战。

联合监管：通过联合监管，提高监管的效率和效果，确保各地区之间的公平竞争和协调发展。

跨区域联防联控优势如下。

提高应急响应速度：通过信息共享和协同行动，各地区可以更快地应对突发事件和挑战。

增强监管效果：通过联合监管，提高监管的效率和效果，确保各地区之间的公平竞争和协调发展。

提升整体治理水平：跨区域联防联控有助于提升整体治理水平，推动各地区之间的合作与发展。

③链上黑名单共享与跨区域联防联控的关联

虽然链上黑名单共享和跨区域联防联控分别应用于不同的领域，但它们在信息共享和协同行动方面有着相似的目标。链上黑名单共享可以视为跨区域联防联控在信息共享方面的一种技术手段，通过区块链技术实现黑名单数据的共享和协同监管。

在金融领域不同地区的金融机构可以通过链上黑名单共享来防范跨区域金融风险。一旦某个地区的金融机构发现欺诈行为,就可以将相关信息记录在区块链上,其他地区的金融机构可以实时共享这些信息,从而及时采取措施防范风险。

6.3 共同富裕导向的“三农”信用治理实现路径

6.3.1 作用机理

“三农”信用治理主要是通过链上数据确权、信用共识达成、智能合约执行来实现。

1. 链上数据确权:土地经营权与农产品溯源等多元数据资产化

链上数据确权是数据资产化的重要环节,对于土地经营权、农产品溯源等多元数据资产化的推进具有重要意义。以下是关于链上数据确权在土地经营权和农产品溯源等多元数据资产化方面的详细分析:

(1)链上数据确权的基本概念

链上数据确权是指利用区块链技术,对数据的权利主体、权利内容等信息进行明确和记录,确保数据的真实性、完整性和不可篡改性,从而实现数据资产化的基础。区块链技术以其去中心化、不可篡改、可追溯等特性,为数据确权提供了可靠的技术保障。

(2)链上数据确权在土地经营权资产化中的应用

一是提高确权效率:传统土地经营权确权流程烦琐,耗时较长。通过区块链技术,可以将土地经营权的确权信息上链存储,实现信息的实时共享和验证,大大缩短确权时间。

二是增强确权公信力:区块链技术具有不可篡改的特性,一旦信息上链,就无法被修改或删除。这确保了土地经营权确权信息的真实性和公信力,为后续的流转、抵押等提供了可靠的法律依据。

三是促进经营权流转:明确的土地经营权确权信息,有助于降低流转双方的信任成本,促进经营权的快速流转。同时,区块链技术还可以实现流转信息的实时记录和追溯,为监管部门提供便利。

(3)链上数据确权在农产品溯源资产化中的应用

一是建立信任机制:农产品溯源是消费者关注的重要问题。通过区块链技术,可以将农产品的生产、加工、运输等全流程信息上链存储,实现信息的透明化和可追溯性。消费者可以通过扫描二维码等方式,轻松查询农产品的溯源信息,建立对产品的信任。

二是提升品牌价值:透明的溯源信息有助于提升农产品的品牌价值,消费者更愿意购买那些能够证明其品质和来源的农产品,从而推动农产品市场的健康发展。

三是促进数据资产化:农产品溯源数据本身也具有价值,通过链上数据确权,可以将这些数据转化为数据资产,为企业带来新的收益来源。例如,企业可以将溯源数据出售给研究机构或营销机构,用于市场调研或品牌推广。

目前,已有多个区块链农业溯源平台在市场上取得成功。这些平台通过为农产品建立全周期的溯源体系,实现了农产品价值的传递和增值,通过区块链追溯平台对产地 GPS 定位、记录区块链时间戳和原产地物联网等方式,为原产地产品进行背书,从源头杜绝了假冒产品。

(4)链上数据确权对多源数据资产化的重要意义

一是明确产权归属:链上数据确权有助于明确各类数据资产的产权归属,为数据资产的流通和交易提供法律保障。

二是促进数据流通:通过区块链技术,可以实现数据资产的快速流通和交易,提高数据资源的利用效率。

三是推动数字经济发展:链上数据确权是数字经济时代的重要基础设施。通过推动数据资产的流通和交易,可以激发数字经济的发展活力,促进经济的转型升级。

2. 信用共识达成:分布式账本打破金融机构垄断性信用评价

分布式账本技术在信用评价领域的应用,尤其是打破金融机构垄断性信用评价方面,展现出巨大的潜力和价值。

(1)分布式账本打破信用评价垄断

传统信用评价体系通常由金融机构或第三方机构主导,存在中心化管理、数据可篡改及人为操纵等问题。区块链技术通过分布式账本和共识机制,实现了信用数据的去中心化存储和不可篡改,从而打破了传统金融机构对信用评价的垄断。

(2)分布式账本技术如何增强信用评价公信力

①去中心化特性增强信用评价的公正性

传统信用评价系统往往由少数金融机构垄断,这可能导致信用评价过程中的不公正现象。而分布式账本技术采用去中心化的架构,允许多个参与者共同维护一个账本,没有单一的控制机构。这意味着信用评价不再依赖于某一特定机构,而是由网络中的多个节点共同参与和验证。这种结构使得信用评价过程更加透明、公正,减少了人为干预和操控的可能性。

②不可篡改特性保障信用评价的准确性

分布式账本技术中的每一条记录都经过加密处理,并且与前一条记录链接在一起,形成一个不可篡改的链式结构。这种结构使得任何对数据的修改都会被其他节点检测到,从而保证了数据的完整性和准确性。在信用评价过程中,这种特性确保了评价结果的客观性和准确性,使得评价结果更加可信。

③透明度高特性提升信用评价的公信力

分布式账本技术具有高度的透明性,所有参与者都可以查看账本数据。这使得信用评价过程更加公开、透明,增强了公众对信用评价结果的信任度。同时,由于账本数据是实时更新的,参与者可以随时了解信用评价的最新进展和结果,进一步提高了信用评价的公信力和可信度。

④智能合约应用自动化信用评价流程

分布式账本技术可以与智能合约相结合,实现信用评价的自动化和智能化。智能合约是一种基于代码的自动化合约,可以在没有第三方的情况下执行合约条款。在金融领域,智能合约可以用于信用评价的自动化处理,如自动收集和分析数据、自动计算信用评分等。这种自动化的处理方式减少了人为干预和错误的可能性,进一步提高了信用评价的公信力和准确性。

⑤多方协作与共享促进信用评价的全面性

分布式账本技术允许多个参与者共同维护一个账本,这促进了多方协作与共享。在信用评价过程中,不同机构之间可以共享交易记录、风险评估等信息,从而实现对信用评价的全面覆盖和深入分析。这种多方协作与共享的方式提高了信用评价的准确性和全面性,使得评价结果更加可靠和可信。

(3)实际应用场景

金融领域:通过区块链技术,金融机构可以共享信用数据,减少信息不对称,同时降低欺诈风险。政府采购:区块链技术可用于政府采购信用体系建设,通过共识算法确保信用信息的真实性和可靠性,减少失信行为。共享经济:在共享经济中,区块链技术能够记录交易双方的行为数据,提供透明的信用评价,降低责任划分的难度。

3. 智能合约执行:自动触发惠农信贷与风险管控条款

智能合约在惠农信贷与风险管控中的应用,通过其自动执行特性,实现了信贷发放的自动化和风险管理的智能化。

(1)智能合约在惠农信贷中的应用

一是自动触发信贷发放:智能合约可以基于预设的条件自动触发惠农信贷的发放。当农户满足一定的信用评级、收入水平或种植规模等条件时,智能合约可以自动执行信贷发放流程,将贷款资金转入农户的账户。这种自动触发机制减少了人工干预,提高了信贷发放的效率和准确性。

二是简化信贷流程:智能合约可以简化惠农信贷的申请和审批流程。农户只需提交一次申请,智能合约会根据预设的条件自动进行审批,无须经过多层级的审核和审批。这不仅提高了信贷发放的速度,还降低了信贷成本。

三是提高透明度:智能合约的执行过程是透明的,所有参与者都可以查看信贷发放的条件和结果。这增强了信贷过程的透明度和可信度,有助于建立农户对金融机构的信任。

(2)智能合约在风险管控中的应用

一是自动执行风险管控条款:智能合约可以包含各种风险管控条款,如利率调整、还款期限延长、抵押物处置等。当农户出现逾期还款、信用评级下降等风险情况时,智能合约可以自动执行相应的风险管控条款,减少金融机构的损失。

二是实时监控风险:智能合约可以实时监控农户的信用状况、还款能力和抵押物价值等风险因素。一旦发现潜在风险,智能合约可以立即采取措施,如提醒农户还款、调整信贷额度或要求提供额外担保等。

三是提高风险管理效率:智能合约可以自动执行风险管控措施,无须人工干预。这不仅提高了风险管理的效率,还降低了管理成本。同时,智能合约的执行过程是标准化的,有助于减少人为错误和欺诈行为。

(3)智能合约的优势与挑战

优势体现为如下几方面。自动化执行:智能合约可以自动执行信贷发放和风险管控条款,减少人工干预,提高效率。透明度高:智能合约的执行过程是透明的,所有参与者都可以查看,增强信任度。标准化管理:智能合约的执行过程是标准化的,有助于减少人为错误和欺诈行为。

面临的挑战主要有如下几方面。技术复杂性:智能合约的编写和执行需要一定的技术知识,对于金融机构和农户来说可能存在一定的门槛。法律法规限制:智能合约在法律法规方面仍存在一些限制和不确定性,需要进一步完善。数据安全问题:智能合约的执行依赖于区块链等分布式账本技术,需要确保数据的安全性和隐私保护。

6.3.2　实现路径

面向共同富裕导向的“三农”信用治理实现路径主要包括技术融合路径、制度创新路径、生态培育路径及风险防范路径。

1. 技术融合路径

(1)构建“区块链+物联网+卫星遥感”的农村信用数据底座

构建“区块链+物联网+卫星遥感”的农村信用数据底座是一项系统性工程,需要结合技术创新、数据融合、政策支持和多方协作。以下是分步骤的实施方案与关键要点。

①技术架构设计

一是数据采集层。物联网设备部署:在农田、农机、仓储设施等场景部署低成本传感器,监测土壤湿度、作物长势、气象数据、农机使用率等。使用低功耗广域网(LPWAN,如LoRa、NB-IoT)解决农村网络覆盖不足问题。卫星遥感数据接入:整合多源遥感数据(如Landsat、Sentinel、高分卫星),获取耕地面积、植被指数(NDVI)、灾害监测(洪涝/干旱)等宏观信息,结合无人机航拍补充高精度局部数据(如病虫害识别)。

二是数据存储与处理层。区块链平台搭建:采用联盟链(如Hyperledger Fabric)或混合链架构,政府、金融机构、农户作为节点,确保数据共享透明且可控。设计链上数据存证机制:原始数据哈希上链,原始数据加密后存储于分布式数据库(IPFS或私有云)。数据清洗与融合:通过ETL工具整合多源异构数据(物联网时序数据、遥感影像、农户历史信贷记录),利用AI模型(如时间序列分析、图像识别)提取特征,例如作物产量预测、灾害风险评估。

三是信用评估与应用层。信用建模:结合传统金融数据(还款记录)与农业行为数据(种植合规性、环境风险),构建多维信用评分模型,引入联邦学习技术,在保护隐私的前提下联合多方数据训练模型。智能合约应用:自动触发信贷发放(如达到作物生长阶段阈值后放款)、保险理赔(灾害确认后自动赔付)。

②实施关键挑战与解决方案

首先面临的技术难点有数据标准化:制定农业数据采集标准(如传感器精度、遥感数据格式),联合农业农村部等机构推动行业规范。边缘计算优化:在物联网网关部署轻量级AI模型,实现数据本地预处理,减少传输带宽依赖。

其次是落地障碍。设备成本与维护:政府补贴或金融机构合作,以“信用合作社”模式分摊设备成本;培训本地技术人员负责运维。农户参与意愿:设计激励机制(如信用分高者可获更低利率贷款),通过示范项目验证成效。

③合作生态与政策支持

多方协作机制包括:政府提供卫星遥感数据开放接口,制定数据隐私法规(如农户数据脱敏规则);金融机构基于信用数据底座开发专项农业金融产品(如“按产量还款”贷款);科技公司提供物联网设备、区块链平台及AI算法支持。试点与推广可以优先选择数字化基础较好的地区(如长三角农村)试点,逐步向中西部扩展。

④应用场景与预期成效

应用场景可以考虑小额贷款审批。农户申请贷款时,系统调取其地块的卫星历史影像(验证种植真实性)+物联网实时土壤数据(评估作物健康度),区块链验证数据未被篡改后,AI 模型输出信用评分。智能合约自动匹配贷款额度和利率,资金直达农户账户。

预期成效体现为风险控制提升:金融机构可实时监控抵押物(如农作物)状态,降低骗贷、不良贷款风险。普惠金融落地:无传统抵押物的农户凭生产数据获得信贷,促进农业投资。农业智能化:数据反向指导生产(如根据信用模型建议优化种植品类)。

通过技术融合解决了农村信用数据缺失、验证难的问题,但需平衡投入成本与收益,初期依赖政策引导,长期需形成市场化运作机制,最终目标是构建"数据驱动信用—信用激活资源—资源反哺农业"的正向循环,

(2)开发适配乡村场景的轻型区块链节点设备

开发适配乡村场景的轻型区块链节点设备,需要针对农村地区的网络条件弱、电力供应不稳定、维护能力有限等特点进行优化设计,同时确保低成本、低功耗和易用性。以下是具体的实现方案与技术要点。

①设备设计原则

轻量化:降低计算和存储资源需求,适配边缘计算场景。低功耗:支持太阳能供电或电池长期运行。网络兼容性:适应弱网环境。易维护:模块化设计,支持远程升级和故障诊断。

②硬件架构

硬件架构主要考虑核心组件和环境适应性,核心组件包括:

处理器:采用低功耗 ARM 架构芯片(如树莓派 CM4 模块或国产瑞芯微 RK3566),满足轻量级区块链共识算法运行。存储:配置 eMMC(32GB~64GB)或 TF 卡扩展,存储区块链账本摘要和本地数据缓存。通信模块包括多模通信:集成 4G/5G(农村广覆盖)、LoRa(本地物联网组网)、WiFi(近场配置)。断网缓存:在网络中断时暂存数据,恢复后自动同步。电源管理:支持太阳能板(12V/20W) + 锂电池(12V/20Ah)供电,续航 7~15 天。动态功耗调节:根据负载自动切换性能模式(如空闲时降频)。

环境适应性设计主要包括:

防护等级:IP65 防尘防水外壳,适应田间、仓库等露天环境。温度范围:-20 ℃~60 ℃宽温运行,内置散热风扇/加热膜。物理安全:防拆卸设计(触发自毁机制或数据擦除)。

③软件架构

一是轻量化区块链协议。共识算法:采用 PoA(权威证明)或 PBFT(实用拜占庭容错),减少计算资源消耗,支持"链下计算+链上存证"模式,仅关键数据(如哈希值、信用评分)上链。数据同步优化包括增量同步:仅同步区块头和新交易,全量账本存储在云端或区域中心节点。压缩传输:使用 Snappy 或 Zstandard 算法压缩交易数据。

二是边缘计算能力。本地化处理:在节点内部署轻量级 AI 模型(TensorFlow Lite),支持异常值过滤等物联网数据清洗。预验证交易合法性,减少与主链的交互延迟。智能合约轻量化:支持 Wasm(WebAssembly)虚拟机,替代资源消耗高的 EVM(以太坊虚拟机)。

④网络适应性方案

混合组网模式包括强网环境:直接连接主链节点,实时同步数据。弱网环境:通过 LoRa

网关与其他本地节点组成子网，定期批量同步至主链。中继节点支持：在乡镇一级部署中继节点（高配置服务器），汇总多个村级轻型节点数据，降低链上负载。

⑤安全与隐私保护

硬件级安全：集成SE（安全芯片）或TPM（可信平台模块），保护私钥和签名过程，支持国密算法（SM2/SM3/SM4）满足监管要求。数据隐私：零知识证明（ZKP）：验证信用评分时不泄露农户具体产量等原始数据。链上数据脱敏：仅存储哈希和元数据，原始数据加密后存于本地或授权云端。

⑥部署与运维方案

低成本部署包括：

设备成本：通过规模化采购和国产化替代（如华为海思芯片），将单节点成本控制在500~1 000元。安装模式：与现有基础设施整合，部署在村委会、农业合作社的屋顶或通信塔上，共享电力与网络资源。运维管理考虑远程监控：通过MQTT协议上报设备状态（电量、信号强度、存储容量），异常时自动告警。OTA升级：固件和智能合约支持无线更新，无须人工现场维护。社区协作：培训本地技术员负责简单故障排查（如重启设备、更换电池）。

⑦挑战与对策

网络延迟：采用异步共识机制，允许节点在弱网下临时达成局部共识。设备防盗：GPS追踪+电子围栏，位移超过阈值自动锁机。农户接受度：设计可视化界面（如LED状态灯、语音提示），降低使用门槛。

轻型区块链节点设备需以“够用、耐用、易用”为核心，通过硬件定制、协议优化和本地化组网，解决农村场景中的技术障碍。未来可结合边缘AI与联邦学习，进一步挖掘数据价值，推动“技术下沉”与“普惠金融”在农村落地。

2. 制度创新路径

（1）建立涉农链上数据的法律确权与交易规则

建立涉农链上数据的法律确权与交易规则，是推动农业数字化、促进数据要素在农业农村领域高效流通和利用的重要举措。

①涉农链上数据确权的重要性

数据确权是数据立法中的关键环节，对于涉农链上数据而言，确权同样具有重要意义。

一是保护劳动成果：涉农链上数据往往包含了农户、农业企业等主体的辛勤劳动和智力成果，确权可以明确数据的归属，保护其合法权益。

二是激励数据生产：通过确权数据生产者可以获得相应的经济回报，从而激励其积极投入数据生产，提高数据的质量和数量，发展数字经济产业。

三是促进数据流通：明确的数据权属关系有助于降低数据交易的摩擦成本，促进数据在农业产业链各环节之间的流通和共享。

四是强化数据保护：确权后，数据生产者可以更加有效地保护自己的数据不被非法使用或泄露，维护自身的商业利益和个人隐私。

②涉农链上数据确权的原则

在建立涉农链上数据确权规则时，应遵循以下四个原则。合法性原则：确权应依据国家相关法律法规进行，确保数据的获取、处理、交易等活动符合法律规定。公平性原则：确权应公平对待所有数据生产者，避免因数据垄断或不当竞争导致的不公平现象。透明性原则:确权过程应公开透明,让数据生产者了解确权的依据、程序和结果。安全性原则:确权应充分考虑数据的安全性,采取必要的技术和管理措施保护数据不被非法访问、篡改或泄露。

③涉农链上数据确权的具体规则

结合区块链技术的特点,涉农链上数据确权的具体规则如下。

一是数据生成确权包括数据来源合法:数据生产者应确保其生成的数据来源合法,未侵犯他人的知识产权或商业秘密。数据生成记录:利用区块链技术记录数据的生成时间、地点、方式等信息,作为确权的依据。数据标识:为每条数据生成唯一的标识,便于在链上进行追溯和验证。

二是数据处理确权包括数据处理权限:明确数据处理者的权限范围,避免未经授权的数据处理行为。数据处理记录:利用区块链技术记录数据处理的每一个环节,包括处理者、处理方式、处理结果等。数据处理收益分配:根据数据处理者的贡献,合理确定其在数据交易中的收益分配比例。

三是数据交易确权包括交易主体资格:明确参与数据交易的主体资格,确保交易双方具备合法的数据交易权利。交易合同:交易双方应签订书面合同,明确交易的数据内容、数量、价格、交付方式、违约责任等条款。交易记录:利用区块链技术记录交易的每一个环节,包括交易时间、交易双方、交易内容等,确保交易的不可篡改和可追溯。

④涉农链上数据交易规则

为确保涉农链上数据交易的有序进行,应建立以下交易规则:

一是交易场所要遵循合法设立:数据交易场所应经政府相关部门批准设立,具备合法的经营资质。功能完善:交易场所应提供数据交易所需的各项功能,包括数据展示、交易撮合、资金结算等。监管合规:交易场所应接受政府相关部门的监管,确保交易活动的合法合规。

二是交易流程主要是注册登记:交易双方应在交易场所进行注册登记,提交相关资质证明文件。信息发布:数据提供方应在交易场所发布数据交易信息,包括数据内容、数量、价格等。交易撮合:交易场所应利用智能合约等技术手段实现交易双方的自动撮合。资金结算:交易双方应按照合同约定完成资金结算,确保交易的安全可靠。

三是交易监管要注意风险防控:交易场所应建立完善的风险防控机制,及时发现并处置交易风险。争议解决:对于交易过程中出现的争议,交易场所应提供多元化的争议解决机制,包括协商、调解、仲裁等。合规审查:交易场所应对交易数据进行合规审查,确保交易数据符合法律法规的要求。

(2)设计兼顾效率与公平的链上“三农”信用奖惩算法

设计兼顾效率与公平的链上“三农”信用奖惩算法,需在确保信用评估结果科学合理的前提下,降低计算复杂度以适应农村场景的链上资源限制,同时避免算法对小农户、贫困地区特定群体的隐性歧视。分层设计的算法框架及技术实现方案如下。

①算法设计目标

公平性要保障群体公平:消除因种植规模、地域经济差异导致的评分偏差。

动态修正:对自然灾害等不可抗力导致的信用降级提供缓冲机制。

轻量化计算:支持在边缘节点(如乡村轻型区块链设备)实时运行。

低链上负载:减少链上交易验证的 Gas 消耗。

②信用评估指标体系

第一步,多维度数据输入。多维度数据来源与公平性校准方法见表 6-3。

表 6-3　多维度数据来源与公平性校准方法

类别	数据来源	公平性校准方法
生产行为	物联网传感器、卫星遥感	按土地规模归一化(如单位面积产量)
金融履约	链上还款记录、保险理赔	引入收入占比权重(还款额/年收入)
社会贡献	村委会链上认证(环保种植)	动态激励系数(如环保行为加权)
外部风险	气象局灾害数据	风险缓释因子(灾害期间暂停扣分)

第二步,指标动态权重分配。

熵权法+层次分析法(AHP):基于历史数据计算指标熵值(客观权重),结合专家经验设定主观权重。链上定期更新权重参数(如每年通过 DAO 投票调整)。

③奖惩算法核心逻辑

第一步,构建信用评分模型

$$S = \alpha \cdot \sum_{i=1}^{n} \omega_i X_i - \beta \sum_{j=1}^{m} \gamma_j Y_j + \delta \cdot Z$$

参数说明:

S:最终信用评分(0~1 000 分)。

X_i:正向指标(如按时还款、高产效率)。

Y_j:负向指标(如农药超标、虚假申报)。

Z:动态调节项(如灾害补贴、社区投票加分)。

α、β、δ:公平性校准系数(通过链下联邦学习训练)。

第二步,构建公平性保障机制

基尼系数约束:在评分模型中嵌入约束条件,确保农户群体信用分的基尼系数≤0.3。

公式:Maximize　s. t. $G(S_{\text{all}}) \leq 0.3$

差异化阈值:对小型农户(<5 亩)提高环境风险容忍度(如干旱扣分减少 30%)。

第三步,制定奖惩规则见表 6-4。

表 6-4　奖惩规则

信用分区间	奖励措施	惩罚措施
$S \geq 800$	贷款利率下降 20%+优先获得农机补贴	无
$600 \leq S < 800$	正常利率+保险费用折扣	链上预警提醒
$S < 600$	无	贷款利率上浮 15%+链上黑名单公示

④链上高效实现方案

一是分层计算架构。

链下计算:在边缘节点运行轻量级 AI 模型(如决策树剪枝版本)完成指标预处理,仅将哈希摘要和最终评分上链存证。

链上验证:使用 zk-SNARKs 生成评分计算零知识证明,其他节点可快速验证结果真实性。

二是智能合约优化。

批量处理:按行政村分组,每周批量更新信用分(减少交易次数)。

Gas 节省设计:采用状态通道(state channel),农户日常行为通过离线签名累积,最终结算时一次性上链。

⑤抗风险与纠错机制

灾年信用保护:若卫星遥感检测到区域灾害(如洪水),自动触发 $Z=Z+\eta$ 灾害强度,临时提升受影响农户评分。

异议申诉:农户质押 Token 发起申诉,链上 DAO 组织(政府、金融机构、村民代表)投票裁决,修正错误评分。

⑥示例场景

场景:干旱期间的信用评估。

卫星遥感检测到某村遭遇重度干旱,智能合约自动激活风险缓释因子 δ。

受灾农户的生产效率指标 X_i 权重降低 50%,同时增加灾害补贴项 Z。

边缘节点重新计算信用分,避免因不可抗力导致评分暴跌。

⑦潜在问题与对策

数据偏见:定期通过链上治理对模型进行公平性审计,采用对抗学习(adversarial learning)消除隐含偏差。

计算资源瓶颈:在轻型节点部署 WebAssembly(WASM)虚拟机,替代传统 EVM,提升算法运行效率。

该算法通过动态权重、公平性约束与链下/链上协同计算,在资源受限的农村场景中平衡效率与公平。未来可引入预言机接入更多外部数据(如农产品市场价格),进一步优化评估维度,形成“数据驱动-算法透明-奖惩及时”的“三农”信用生态。

3. 生态培育路径

(1)培育农村数字信用合作社新型组织形态

培育农村数字信用合作社新型组织形态,需融合技术赋能、制度创新与社区共建,构建以数据为纽带、信用为核心、普惠为导向的农村金融生态。以下是系统性实施方案。

①组织架构设计:双层治理与多方共治

一是成员构成。核心成员:农户(以土地/生产数据入股)、村级集体组织、地方农商行、农业科技公司。协作方:政府监管机构(提供政策背书)、保险公司(风险分担)、电商平台(产销对接)。

二是治理机制,双层决策架构。链上 DAO 治理:贷款利率调整、利润分配等重大事项由成员通过区块链投票决定,规则写入智能合约。线下理事会:日常运营由选举产生的农户代表、金融机构、技术专家组成理事会执行。收益分配模型:农户凭信用积分获得贷款利息分红(如年度利润的30%按信用分权重分配),科技公司按数据服务贡献获得技术服务费,如链上自动结算。

②技术支撑体系:信用基础设施构建

一是构建数据共享平台。多源数据整合:部署轻量化区块链节点(见前序方案),实时采集物联网农情数据、卫星遥感灾害预警、电商销售流水。链上建立“数据贡献证明(PoDC)”机制:农户上传数据可累积信用积分,用于兑换低息贷款额度。

二是运用信用服务工具。动态信用画像:基于联邦学习模型,在不导出原始数据的前提下,联合金融机构历史信贷记录与合作社生产数据,生成农户信用评分。智能合约金融产品:按产量还款和贷款:贷款合约与物联网产量监测绑定,收成后自动按比例扣款。气候保险互助池:农户缴纳保费形成资金池,卫星触发灾害条件时自动赔付。

③运营模式创新:三螺旋驱动

一是数据驱动的信用生产。信用合作社即数据合作社:农户通过共享生产数据(如土壤墒情、施肥记录)获得“数据股权”,可转化为贷款额度或合作社分红。数据经脱敏后打包成农业大数据产品,对外出售给农资企业、科研机构,收益反哺合作社。

二是金融与产业闭环。产业链金融嵌入:订单农业+信贷,合作社对接电商平台预售订单,基于订单金额生成预授信额度。农机共享质押:农户将区块链记录的农机使用权作为链上 NFT,可抵押融资。

④政策与生态保障

一是政策支持。监管沙盒试点:地方政府开辟试验区,允许合作社试点基于数字资产的股权登记、信贷资产证券化。财政激励:对合作社数据采集设备(传感器、节点)给予50%采购补贴,前三年免征营业税。

二是能力建设。数字素养提升:设立“乡村数字信用学院”,培训农户使用区块链钱包、数据采集程序。技术运维网络:每县组建“数字农匠”团队,负责设备维护、系统故障响应,费用由合作社与政府共担。

⑤典型场景应用

场景1:绿色农业信用激励。

农户采用有机种植(数据由物联网监测农药残留为0),合作社智能合约自动提升其信用分至S级。凭信用分获得“碳中和贷”(利率低于市场30%),并优先对接高端生鲜电商渠道。合作社将绿色种植数据售卖给环保机构生成碳积分,农户额外获得碳交易分红。

场景2:灾害联合应对。

卫星检测到台风路径覆盖合作社区域,智能合约自动启动灾害响应,暂停受灾农户信用分下降,触发保险互助池预赔付(50%保额提前到账);调用无人机巡查损失,数据上链作为保险理赔依据。

⑥风险防控机制

数据安全:采用国密算法加密数据,敏感信息(如农户身份)仅存储于私有子链,通过跨链哈希验证实现“可用不可见”。

流动性风险:设立风险准备金池(资金来源:合作社利润提存、政府担保基金),智能合约设定触发式注资规则。

道德风险:引入社交信用约束,农户违约信息经 DAO 投票确认后,将影响其所在自然村的整体信用评级,形成社区监督。

⑦推广路径

试点阶段(1~2 年):选择数字化基础较好的县域(如浙江德清、江苏泗洪),联合 3~5 个行政村建立示范社区,重点打磨“信用+订单农业”模式,验证技术可行性与农户接受度。

复制阶段(3~5 年):开发标准化合作社 SaaS 平台,支持快速部署区块链节点、信用模型配置,通过“省联社—县级农商行”体系向中西部推广,政府提供专项债支持基础设施建设。

生态阶段(5 年后):形成全国性农村数字信用合作社联盟链,实现跨区域信用互认、资产流转,对接沪深交易所探索“三农数字资产”证券化产品。

农村数字信用合作社的本质是通过技术重构生产关系,将分散的农户转化为“数据股东”和“信用共建者”。其成功需突破以下三点:一是建立数据价值确权与分配机制,二是设计激励相容的治理规则,三是构建“技术-金融-产业”协同的政策生态。最终目标是将传统农村“熟人信用”升级为“算法信用”,为乡村振兴与共同富裕注入数字原动力。

(2)开展农民数字素养与链上信用意识专项培训

开展农民数字素养与链上信用意识专项培训,需结合农村实际场景,以“低门槛、强实用、重激励”为核心,设计覆盖认知普及、技能实操、生态共建的全周期培训体系。以下是分阶段落地方案。

①培训体系架构

一是分层培训对象。培训重点及能力提升见表 6-5。

表 6-5　培训重点及能力提升

群体	培训重点	目标能力
普通农户	基础数字工具使用、链上信用价值认知	会用 App,理解信用分与贷款额度的关联
合作社骨干	区块链节点维护、数据采集设备管理	能处理设备故障,解释信用评分规则
村干部	链上治理参与、数据隐私保护法规	组织培训、协调纠纷、监督算法公平性

二是三阶段课程设计。

阶段一:认知唤醒(1 个月)

通过村广播、短视频(方言版)宣传信用积分应用案例(如“老张靠信用分多贷 5 万买农机”),组织“区块链信用集市”,用积分兑换农资体验,直观感受链上信用价值。

阶段二:技能实训(3 个月)

必修课:手机 App 操作(数据上传、信用查询)、生物识别认证、防诈骗知识。

选修课:物联网设备协作(如给传感器更换电池)、链上投票参与(模拟 DAO 治理)。

阶段三:生态共建(持续)

优秀学员成为“链上信用大使”,协助新用户教学,获得额外信用分奖励。

开展“信用创富大赛”,基于信用分增长幅度评选标杆农户,给予免息贷款额度。

②场景化培训工具开发

一是低门槛交互设计。硬件适配:定制老年版手机 App,图标放大 3 倍、语音输入替代打字、一键呼叫客服；开发声控智能终端（如带屏幕的智能音箱），通过语音查询信用分、预约培训。链上模拟器：搭建沙盒环境，农户可体验“虚拟贷款申请—数据上链—信用分变动—利率变化”全流程，无真实资金风险。

二是沉浸式学习场景。田间课堂：在农机上安装二维码，扫码观看“数据采集原理”动画（如传感器如何监测土壤数据并提升信用分）；利用 AR 技术，手机扫描稻田显示虚拟弹窗，解释卫星遥感如何评估灾害风险。家庭学习包：发放“数字信用扑克牌”，每张牌印有信用知识问答（如“按时还款加多少分？”），全家参与游戏化学习。

③激励机制与效果保障

一是双链激励模型。学习行为上链：农户参加培训，通过考试等行为生成学习 NFT，累积可兑换实物奖励（如种子、化肥）；建立“信用教育银行”，学习时长转化为“教育积分”，可抵扣贷款利息。成果贡献激励：学员教会 1 名新农户通过基础考试，双方各加 20 信用分（链上智能合约自动执行）。

二是效果量化评估。能力雷达图：从“设备操作、数据理解、风险防范、链上参与”4 个维度定期测评，生成个性化提升建议。链上可信存证：培训证书哈希值上链，金融机构可验证农户真实学习记录，作为授信参考。

④组织保障与资源整合

一是多方协同机制。师资队伍包括技术讲师：高校团队开发标准化课件，科技公司提供远程直播教学。本地助教：每村选拔 2～3 名年轻返乡人员，经考核后持证上岗，月补贴 800 元（由合作社与政府分担）。基础设施：利用村级党群服务中心建立“数字信用驿站”，配备千兆宽带、VR 培训舱等设备。

二是政策支持。财政补贴：对完成培训的农户，政府提供首笔链上贷款贴息 50%（通过智能合约自动发放）。考核挂钩：将各村农户数字素养达标率纳入乡镇干部绩效考核，占比不低于 10%。

⑤风险防控与纠偏

信息过载防控：采用“微证书”体系，将复杂知识拆解为 5 分钟短视频课程，每日推送 1 节至农户手机。

算法歧视预警：设立链上投诉 DAO，农户可匿名举报培训中的不公平现象（如教学内容偏向大规模种植户），触发人工复查。

数据安全兜底：培训 App 强制启用“隐私计算模式”，敏感操作（如人脸识别）仅通过本地安全芯片处理。

⑥典型场景示例

场景：农户李大姐的培训进阶之路。

第 1 周：通过村头大屏观看方言版动画，了解“信用分高＝贷款快”的逻辑。

第 2 月：在数字驿站用 AR 眼镜模拟“上传施肥数据－信用分＋10”的操作，学会手机 App 使用。

第 6 月：带领 5 户邻居通过考试，获得“信用大使”称号，链上自动奖励 200 积分，兑换一台喷雾器。

第 12 月：凭持续学习记录，获批利率低至 4%的“数字优享贷”，扩建蔬菜大棚。

农民数字素养培训需跳出传统“教室授课”模式，通过“游戏化交互—链上正向激励—

社区共学网络”重塑学习路径,最终实现两个转化,即将技术术语转化为生产工具(如明白数据上传能换贷款),将链上信用转化为社会资本(如高信用分获得村民尊重)。关键在于建立“学习即收益”的闭环,让农民从被动接受变为主动共建数字信用生态。

4. 风险防范路径

(1)建立技术主权可控的国产“三农”信用区块链底层架构

建立技术主权可控的国产“三农”信用区块链底层架构,需以自主可控、安全合规、场景适配为核心目标,突破底层协议、密码算法、共识机制等关键技术,构建符合中国农村治理需求与监管要求的区块链基础设施。以下是分模块实现方案。

①核心技术自主化

一是基础协议层。自主共识协议包括研发混合共识算法(HPoA+RBFT)。HPoA(分层权威证明):村级节点由地方政府、农商行、村委会担任权威节点,负责快速出块(秒级确认)。RBFT(鲁棒拜占庭容错):针对跨区域交易,容忍 1/3 节点作恶,确保省—市—县三级链间通信安全。性能指标:TPS≥2 000(满足农村小额信贷高频需求),出块延迟<3 秒。国密算法深度集成:全链路支持 SM2(签名)、SM3(哈希)、SM4(加密),密钥管理模块通过国家密码局认证。硬件级安全:与国产安全芯片(如紫光同芯 THD89)绑定,实现私钥不可导出。

二是数据层使用国产分布式存储引擎。基于鲲鹏服务器+达梦数据库构建自主可控存储层,支持冷热数据分离:链上元数据(哈希、地址)实时存储,原始农业数据(遥感影像、传感器日志)异步存证。跨链互操作:通过开放原子基金会的 ChainX 跨链协议,对接政务链(户籍数据)、供应链(农资溯源)等异构链。

②架构设计与适配优化

一是分层架构(表 6-6)。

表 6-6 分层架构功能及组件

层级	功能模块	国产化组件
核心层	共识算法、密码模块、网络协议	华为 MindSpore(AI 优化共识)
服务层	智能合约引擎、跨链网关、监管接口	蚂蚁链 ODATS(适配国产云环境)
应用层	“三农”信用去中心化应用(DApp)、数据可视化平台	统信 UOS 兼容中间件

二是网络拓扑优化。轻节点—全节点混合组网。村级轻节点:部署于国产信创终端(如龙芯 3A5000+麒麟 OS),仅同步区块,存储容量小于 10 GB。县域全节点:采用浪潮服务器集群,承载完整账本,提供数据审计接口。抗弱网设计:北斗短报文中继,在无地面网络区域,通过北斗卫星传输关键交易哈希,确保数据上链可达性。

③安全与合规增强

一是数据主权保障。数据分级分类如下。红区数据(农户生物识别信息):仅存于政务私有链,通过多方安全计算(MPC)提供链间验证。黄区数据(生产行为记录):加密后存于联盟链,授权机构可解密。绿区数据(公开信用评分):全局可查,哈希上链防篡改。隐私计算融合:集成国产联邦学习框架(如 FATE),支持跨机构联合建模而不泄露原始数据。

二是监管友好性设计。监管沙盒接口：预留监管探针模块，支持国家金融科技监管平台（如央行贸金平台）实时抓取交易元数据；内置交易风险扫描引擎，自动识别可疑信贷行为（如同一地块重复抵押）并上报。可控匿名机制指农户地址采用双层加密，外层为公开DID（去中心化身份），内层为KYC映射表，由省级监管节点托管密钥。

④“三农”场景深度适配

一是轻量化智能合约。模板化合约库：预置20+“三农”专用合约模板（如《土地经营权抵押合约》《农业保险自动理赔合约》），支持低代码修改。合约执行环境基于RISC-V指令集定制WASM虚拟机，避免X86架构依赖。离线签名支持：农户可通过短信/USB-KEY签署交易，适应农村智能手机普及率低的问题。

二是硬件设备国产化。自主可控终端：定制“三农”区块链一体机（搭载中科曙光主板+麒麟OS），功能为数据采集（对接传感器）、信用查询、合约签署，每台成本小于2 000元，满足村级合作社采购能力。

⑤生态与标准化建设

一是标准体系。牵头制定《“三农”区块链应用技术规范》。数据标准：定义农业生产数据采集格式（如GB/T 37097—2018扩展）。安全标准：明确节点准入、密钥轮换、隐私计算等技术要求。

二是开源生态。建立OpenAgriChain开源社区，核心模块开源，即共识算法、跨链协议，吸引农科院、阿里云、华为等贡献代码，避免单一厂商技术垄断。

⑥实施路径与验证

一是“三步走”战略。

阶段一（1年）：完成基础链研发，在浙江、四川等5个县试点，通过信通院区块链功能与性能双认证。

阶段二（2年）：接入国家级“三农”数据平台（如农业农村部“全产业链大数据中心”），实现跨省数据互通。

阶段三（3年）：输出国际标准，服务“一带一路”农业合作项目。

二是技术验证指标，分层架构功能及组件见表6-7。

表6-7　分层架构功能及组件

指标	目标值	测试方法
节点启动时间	小于30秒（轻节点）	龙芯3A5000+麒麟OS实测
监管数据上报延迟	小于1分钟	模拟央行监管探针抓取交易
国密算法性能损耗	较国际标准算法≤15%	OpenSSL Benchmark对比测试

国产“三农”信用区块链底层架构的建立，既是技术攻坚（突破卡脖子协议），更是生态重构（政府—企业—农户协同）。其核心价值在于：通过技术主权保障数据主权（避免跨国链平台渗透），通过自主可控实现风险可控（符合《中华人民共和国数据安全法》《中华人民共和国个人信息保护法》），未来需持续迭代，在“高效—安全—普惠”三角中寻求最优解，成为乡村振兴的数字基石。

(2)完善"三农"信用链上纠纷的线下法律救济衔接机制

完善"三农"信用链上纠纷的线下法律救济衔接机制,需结合区块链技术特性与农村法律实践,构建"链上存证—司法认可—高效执行"的全流程闭环。以下是具体实施方案。

①链上—线下证据衔接体系

一是司法存证标准制定。区块链证据规则:联合最高法出台《"三农"链上数据司法认定指引》,明确符合国密算法的链上哈希值、时间戳视为有效电子证据。

村级轻节点数据需附加村委会数字签名+物联网设备 ID 双重认证。存证固证流程:开发"一键固证"功能,农户触发纠纷时,自动生成包含区块链高度、交易 ID、数据哈希的《电子证据报告》,同步至司法区块链(如"天平链")。

二是跨链司法协作网络。司法联盟链对接:通过跨链协议(如 BCOS 跨链网关)打通"三农"信用链与法院电子证据平台,实现自动校验数据完整性(原链哈希与司法链存储)。法官后台直接调取涉案区块数据,无须人工举证。

②分层式纠纷解决机制

一是链内自治调解。智能合约仲裁条款包括预设纠纷分级处理规则:小额争议(小于 5 万元):触发链上 DAO 投票,随机抽取 21 个农户节点快速裁决。大额争议:自动转入线下调解,调用司法链生成调解协议书并上链存证。仲裁机器人:部署 AI 法律顾问(集成《中华人民共和国农村土地承包法》《中华人民共和国民法典》条款库),自动生成责任认定建议书。

二是线下司法程序优化。"三农"金融法庭专窗指在县域法院设立"链上纠纷合议庭",配备 1 名熟悉农村土地政策和 1 名精通区块链技术(双法官制)。异步审理系统:农户通过村级司法服务站视频出庭,链上证据当庭可视化展示。执行绿色通道:对链上已确权的土地经营权、农机所有权,支持"区块链查封令",即法院执行局直接修改链上资产状态为"冻结",禁止转移交易。

③适配农村场景的配套机制

一是普惠法律援助网络。法律机器人下乡:在村级数字驿站部署智能终端,提供纠纷自检工具(输入案情自动匹配法律条款),诉讼文书自动生成(起诉状、证据清单)。积分激励律师驻村:律师代理"三农"链上纠纷案件,可按胜诉标的额获得政府信用积分奖励(可兑换税收优惠)。

二是农民举证能力建设。举证责任倒置试点:对金融机构发起的贷款违约诉讼,要求被告方(金融机构)自证链上数据采集过程合规性。证据保全保险:农户每年缴纳 20 元保费,即可享受链上数据全程公证存证服务(由保险公司对接司法鉴定中心)。

④技术-制度协同创新

一是监管沙盒机制。容错试错清单是允许试点地区对链上纠纷中的智能合约漏洞适用《中华人民共和国民法典》第一百五十七条(过错责任原则),避免一刀切判例阻碍创新。判决上链反馈:法院终审判决结果自动写入原区块链,触发智能合约执行(如自动解除抵押物权属)。

二是链上失信惩戒。联合信用惩戒:将拒不履行判决的当事人地址列入"三农"信用黑名单,所有接入链的金融机构自动限制其贷款、保险服务。DAO 社区自治惩罚:经链上投票通过,可对恶意发起虚假诉讼者实施"链上社交隔离"(如禁止参与合作社投票 1 年)。

⑤实施路径示例

场景:土地经营权抵押纠纷。

链上触发:农户未按期还款,智能合约自动标记抵押地块状态为“违约”。

调解前置:系统推送《调解建议书》至双方手机,农户选择“申请延期还款”并提交新种植计划。诉讼阶段:银行拒绝调解后,农户在村级服务站一键发起诉讼,系统自动打包抵押合约代码、地块物联网监测数据、历史还款记录哈希。

庭审执行:法院调取链上数据验证违约事实,判决银行有权处置抵押地块。执行法官通过区块链管理平台直接将该地块挂牌流转,所得款项自动划扣还款。

该机制通过“技术赋能司法流程,制度保障技术落地”,破解“三农”链上纠纷的三大难题:证据认定难(司法链跨链存证)、执行效率低(智能合约联动执行)及农民维权成本高(驻村法律机器人)。

未来需重点防范两类风险:

一是区块链匿名性导致的当事人身份核实漏洞,需强化 DID-KYC 映射;

二是算法歧视引发的系统性不公,应建立链上判决的定期人工抽检制度。

第7章　生态转型的要素集聚机制

本章遵循多维融合视角将生态经济学、制度分析与要素流动理论交叉融合；按照机制系统性从产权、市场、技术、协同四维度构建完整机制链条；采用模式进阶性提出生态价值转化的三级跃迁路径；本着冲突化解导向设计生态保护与民生改善的利益兼容方案。

7.1　核心命题与理论基础

7.1.1　现实诉求与理论坐标

1. 共同富裕目标下生态治理的正外部性内化需求

在共同富裕目标下，生态治理的正外部性内化需求具有迫切性和必要性，主要体现在以下几个方面。

一是实现生态服务价值的市场化。正外部性内化通过政府购买、协议补偿、生态商品化和创建市场等方式，将生态服务价值转化为经济收益，从而激励更多主体参与生态治理。生态治理的正外部性是指生态治理行为为社会带来的额外收益，如改善环境质量、提升生态系统服务功能等。然而，这些收益往往难以通过市场机制直接体现，导致生态治理主体难以获得应有的经济回报。

二是推动区域协调发展与共同富裕。生态治理的正外部性内化能够促进区域间的公平与协调发展。通过生态补偿机制，上游地区因生态保护而放弃的发展机会成本可以通过下游地区的补偿得到弥补，从而实现区域间的利益共享。这种补偿机制有利于缩小区域间的发展差距，进一步推动共同富裕目标的实现。

三是提升生态治理的内生动力。生态治理面临“搭便车”和集体行动失灵等问题。通过正外部性内化，可以将生态治理的外部收益内部化，使治理主体直接从生态保护中获得经济收益，从而激发其内生动力。黄显乔（2024）认为生态产品价值实现既应体现生态产品的稀缺性又应包含其外部经济性的内部化。欧阳振益和谢花林（2023）认为随着乡村社会结构不断变迁和重构，乡村生态产品价值实现的多中心治理尤其重要，并且建议构建“有为政府、有效市场、担当集体和自发村民”的多中心治理格局，以实现乡村生态产品的价值增值。

四是完善生态治理的市场化机制。正外部性内化是生态治理市场化的重要途径。通过建立生态产品市场、完善生态补偿标准和机制，可以推动生态治理从政府主导逐步向市场主导转变。

五是促进生态与经济的协同发展。生态治理的正外部性内化能够实现生态保护与经济发展的良性互动。一方面，通过生态补偿和市场化机制，生态治理主体可以获得经济收益,促进生态产业的发展;另一方面,生态治理带来的环境改善又为区域经济的可持续发展提供了基础。

2. 脱贫攻坚生态补偿政策与高质量转型的衔接困境

在脱贫攻坚与生态补偿政策衔接高质量转型的过程中,面临着多方面的困境,这些困境主要体现在政策机制、区域协调、市场参与和内生动力等方面。

一是政策机制衔接不畅。补偿机制不完善:尽管国家出台了一系列生态保护补偿政策,但在实际操作中,补偿标准和资金分配仍存在不足。生态补偿资金的使用效率不高,部分地区未能充分落实对贫困人口的直接受益。政策协同性不足:生态补偿政策与脱贫攻坚政策在目标和实施路径上存在差异,缺乏有效的衔接机制。生态补偿政策更多关注生态保护目标,而脱贫攻坚政策侧重于经济收益,两者在实际执行中难以形成合力。

二是区域协调难度大。区域利益冲突:在跨区域生态治理中,不同地区之间的利益诉求存在差异。一些地区可能更关注经济发展,而忽视生态保护责任,导致区域间生态治理的协调难度增大。生态补偿资金分配不均衡:生态补偿资金在区域间的分配存在不均衡现象,上游贫困地区可能因生态保护而牺牲发展机会,但获得的补偿资金有限,难以实现生态保护与经济发展的双赢。

三是市场参与机制不健全。市场化程度低:生态补偿机制尚未充分引入市场机制,社会资本参与生态保护修复的积极性不足。例如,生态产品价值实现机制仍处于探索阶段,生态产业的发展面临诸多瓶颈。政策支持不足:尽管国家出台了一系列政策支持生态补偿与生态产业的发展,但在具体落实中,部分地区仍缺乏配套政策支持,导致市场机制难以有效发挥作用。

四是内生动力不足。地方积极性不高:部分地区对生态补偿政策的理解和执行不到位,地方政府在生态保护与经济发展之间的平衡上存在困难,导致生态补偿政策难以落地。生态保护意识薄弱:一些贫困地区对生态保护的长期价值认识不足,更倾向于短期经济收益,缺乏生态保护的内生动力。

3. 生态产品价值实现的要素错配问题

生态产品价值实现需要高效的要素配置,但当前存在要素错配问题,主要体现在以下几个方面。

(1)要素配置效率低下

数据要素利用不足:尽管数字经济能够通过数据要素提升传统生产要素的利用效率,但在生态产品价值实现中,数据要素的整合和应用仍不充分。

生产要素错配:生态产品生产供给地区大多基础条件薄弱,生态产业集中在初级加工和旅游资源开发等低附加值领域,缺乏基础设施和配套支撑,导致要素配置不合理。

(2)产权界定与市场机制不完善

产权边界模糊:生态产品价值实现过程中,产权界定不清晰,存在产权边界模糊、所有者缺位等问题,导致生态产品交易困难。

市场化机制不健全:生态产品对应的资产难以进行抵质押,资产评估技术尚未形成共识,绿色金融产品的匹配度不足,进一步阻碍了生态产品价值的市场化实现。

(3)价值核算体系不完善

核算标准不统一:生态产品价值核算体系复杂,度量困难,缺乏统一的核算标准。核算指标、方法、关键参数和时空尺度存在主观偏差,导致核算结果缺乏可比性和应用性。宋昌素(2023)针对推进生态产品价值实现的现实困境指出,对核算指标认识不一致,存在概念混淆、重复计算等问题,造成了生态系统评估结果不一致,缺乏统一的度量标准和核算平台,核算结果不能够实现区域间的互认,进而导致生态产品价值核算结果应用难。

核算结果难以认可:由于核算体系不完善,各地区生态产品价值核算结果难以获得各方普遍认可,进一步影响了生态产品价值的市场化交易。

(4)收益分配不均衡

分配机制不合理:生态产品价值实现过程中,生态环境保护者未获得合理回报,受益者未支付足够费用,破坏者未付出相应代价,受害者未获得应有赔偿。这种分配不平衡的问题加剧了生态产品价值实现的困难。

受益主体不明确:生态产品受益主体不明确,进一步导致收益分配不均衡,影响生态产品价值实现的可持续性。

(5)区域发展不平衡

区域异质性显著:数字经济对生态产品价值实现的赋能效应存在区域异质性,东部地区表现更为显著,而中西部地区仍面临较大挑战。

资源环境要素错配:碳排放权、用能权、用水权、排污权等资源环境要素在市场化配置改革中面临困难,各领域试点大多属于单项推进,难以适应系统高效推进改革的现实需求。

(6)政策与市场协同不足

政策支持不足:生态产品价值实现需要政府、市场和社会的协同推进,但当前政策支持体系仍不完善,缺乏系统性、整体性和协同性。孙博文(2022)认为对于具有非竞争性和非排他性的生态纯公共品,由于其综合价值难以核算,通常应由政府主导实现生态产品价值补偿。

市场机制不完善:生态产品市场交易机制不完善,缺乏统一的市场交易平台和标准化的市场规则,进一步阻碍了生态产品价值的市场化实现。

7.1.2 生态产品价值实现的核心命题

1. 如何通过生态产品价值实现重构绿水青山与金山银山转化通道

如何通过生态产品价值实现重构绿水青山与金山银山转化通道,需以生态资源资产化、生态资产资本化、生态资本产业化为主线,构建“评估—交易—增值—共享”全链条机制。林永民等(2024)认为生态资源资本化的过程是聚合、提质和运营 3 个关键要素的动态循环,从而能够实现从资源到资本的转化。

(1)生态资源资产化:量化绿水青山的价值

①科学评估体系

GEP 核算精细化:基于卫星遥感、物联网监测,建立县域生态系统生产总值(GEP)动态核算平台,量化水源涵养、碳汇、生物多样性等指标。如浙江丽水市 2022 年 GEP 突破 5 000 亿元,精准指导生态补偿。差异化定价:森林碳汇,结合树种、树龄、区域气候因子定价(如云南普洱古茶树碳汇溢价 30%);水资源,按水质等级(Ⅰ类至Ⅴ类)阶梯定价。

②产权确权流转

四权分置改革:所有权(集体)、承包权(农户)、经营权(企业)、收益权(多方共享)分离,颁发电子产权证。如福建三明林票制,村民持林票可交易、质押、分红。生态银行模式:成立“两山银行”,收储碎片化生态资源(如闲置林地、水域),打包后进行招商开发。

(2)生态资产资本化:激活绿色金融工具

①市场化交易平台

碳汇交易:对接全国碳市场,开发农业碳汇(如稻田甲烷减排)、林业碳汇(CCER)产品。如广东韶关“碳汇+”交易,农户单户年增收超万元。水权交易:跨区域水权交易平台(如新安江皖浙水权交易),上游保护者获下游补偿。

②金融产品创新

生态信托基金:发行“绿水青山债券”,募集资金用于生态修复,收益来自未来碳汇销售。绿色信贷:银行推出“GEP 贷”,以生态资产预期收益为抵押,利率下浮 20%。

(3)生态资本产业化:打造高附加值产业链

①生态+农业

有机品牌溢价:认证溯源系统(区块链+北斗定位),优质农产品价格提升 50%~200%。如江西婺源“皇菊链”,每朵菊花溯源至种植户,售价翻倍。林下经济:林药、林菌复合种植,亩产值从 2 000 元增至 1.5 万元。

②生态+文旅

特许经营权开发:引入社会资本开发自然教育、生态康养项目,收益按比例反哺社区。如四川唐家河自然保护区,生态旅游收入占当地 GDP 35%。

③生态+科创

生物经济开发:利用特有物种(如红豆杉、石斛)提取生物活性物质,形成高值化产品。如云南白药集团与农户合作开发重楼种植,带动亩产值超 10 万元。

(4)共享机制:实现共同富裕

①收益精准分配

保底收益+分红:农户以土地入股获保底租金,项目盈利后按比例分红(如浙江安吉“股金+租金+薪金”模式)。弱势群体倾斜:生态护林员、低收入户优先获得碳汇收益分配(如贵州单株碳汇扶贫项目)。

②数字化治理

区块链+智能合约:自动执行收益分配,确保透明度(如福建武平“林链通”平台秒级到账)。生态积分体系:村民环保行为(垃圾分类、节水灌溉)兑换积分,可抵医保自费部分或换购商品。

(5)保障体系:政策与科技双轮驱动

①制度创新

生态补偿立法:推动《生态保护补偿条例》出台,明确“谁受益、谁补偿”法定责任。跨区域协同:建立流域、山脉级生态联盟(如长三角生态绿色一体化发展示范区)。

②技术赋能

数字孪生平台:构建生态资源三维模型,模拟开发方案对 GEP 的影响,辅助科学决策。AI 预警系统:实时监测生态风险(如病虫害、非法采伐),损失率降低 60%。

典型案例如浙江余村“两山”转化路径。资源整合:关停矿山,收储 5 600 亩竹林统一经营。价值实现:开发碳汇竹制品、生态旅游,年产值从 300 万增至 2.3 亿。全民共享:村民年分红超万元,生态护林员月薪达5 000元。

重构"两山"转化通道的核心在于打通"资源—资产—资本—产业"闭环,通过市场化手段让生态价值可量化、可交易、可持续。赵艳霞等(2023)构建"资源—资金—资产—资本"为生态产品价值实现内生逻辑的分析链,从而以生态产品的价值为基础探索差异化的价值实现模式,以生态振兴助力乡村振兴。赵艳霞等(2024)认为在生态产品价值实现过程中,应当根据利益相关者的博弈行为模型,坚持党的领导、政府引路、企业铺路、社会参与的生态产品价值实现的制度体系,从"政府—企业"维度、"企业—公民"维度、"政府—公民"维度三个层面探究生态产品价值实现主体之间的互动关系。未来需重点突破三大约束:产权界定模糊(推进自然资源统一确权)、交易成本高昂(建设全国性生态产品交易平台)、科技应用滞后(推广卫星遥感+区块链溯源)。唯有如此,方能让绿水青山真正成为普惠共富的金山银山。

2. 如何探寻生态转型中土地、资本、数据等要素的协同集聚规律

探寻生态转型中土地、资本、数据等要素的协同集聚规律,需要从理论框架、实证分析等多个维度展开,结合生态转型的目标与要素流动的特征,构建科学的研究路径。

(1)理论框架构建

①要素协同集聚的内涵

土地要素:包括土地利用效率、生态功能(如碳汇、水源涵养)及空间分布特征。资本要素:涵盖绿色金融、生态补偿资金、产业投资等,驱动生态转型的经济支持。数据要素:通过卫星遥感、物联网等技术,实现生态资源监测、评估与优化配置。协同集聚:指土地、资本、数据在特定区域内通过互补与互动,形成高效配置与价值释放的动态过程。

②协同集聚的驱动机制

内生驱动:要素间的互补性与协同效应,如数据驱动土地资源优化配置,资本支持生态修复项目。外生驱动:政策引导(如生态补偿)、市场需求(如绿色产品)、技术进步(如区块链+物联网)。

(2)实证分析方法

①数据采集与处理

土地数据:利用高分辨率遥感影像获取土地利用类型、植被覆盖度、生态功能指标。资本数据:收集绿色金融投资、生态补偿资金流向、产业投资分布等数据。数据要素:整合物联网传感器数据、卫星遥感数据、区块链存证数据,构建生态资源数据库。

②模型构建

耦合协调度模型:评估土地、资本、数据三者的协同水平,分析其时空演变规律。空间计量模型:揭示要素协同集聚的空间分异特征,识别热点区域与冷点区域。门限回归模型:分析协同集聚对生态效率的非线性影响,识别最优集聚水平。

③案例分析

区域选择:以生态转型典型区域(如浙江丽水、湖南岳阳)为研究对象,分析其要素协同集聚的成功经验。跨区域比较:对比不同经济发展水平、生态资源禀赋区域的协同集聚差异,提炼普适性规律。

(3)探寻协同集聚的规律与特征

①时空演化规律

时间维度:协同集聚水平随生态转型进程逐步提升,初期以资本投入为主,后期数据驱动作用增强。空间维度:协同集聚呈现"核心—边缘"分布,生态资源丰富区域(如山区、流域)集聚效应显著。

②要素互动规律

土地与资本:资本投入提升土地利用效率,但过度集聚可能导致生态功能退化(如过度开发)。土地与数据:数据驱动土地资源精准配置,如通过遥感监测优化耕地布局。资本与数据:数据要素提升资本配置效率,如区块链技术实现生态补偿资金透明分配。

(4)政策建议

①优化要素配置

一是土地要素优化配置。推行生态功能区划,明确保护与开发边界,提升土地利用效率。二是增加资本要素投入。设立绿色金融专项基金,引导社会资本投向生态修复与绿色产业。三是发挥数据要素优势。建设全国性生态数据平台,推动数据共享与价值释放。

②完善协同机制

跨区域协同:建立流域、山脉级生态联盟,实现要素跨区域流动与配置。

多元主体参与:构建政府、企业、社区协同治理机制,激发各方参与生态转型的积极性。

③强化科技支撑

技术创新:推广区块链、物联网、人工智能等技术,提升要素协同集聚的智能化水平。

数据赋能:开发生态资源数字化模型,支持科学决策与精准管理。

探寻生态转型中土地、资本、数据等要素的协同集聚规律,既是理论创新的重要课题,也是实践探索的迫切需求。通过构建科学的理论框架、采用多元的实证方法、设计有效的政策工具,可以推动要素协同集聚从"失配"走向"协同",为生态转型与高质量发展提供有力支撑。

3. 如何构建生态产业化与产业生态化的双向互促机制

构建生态产业化与产业生态化的双向互促机制,是实现经济高质量发展与生态环境保护双赢的重要途径。

(1)理解生态产业化与产业生态化的内涵

生态产业化是指在生态保护与环境治理的前提下,将生态资源的开发利用与经济发展有机结合,通过生产、经营和管理等一系列措施,实现生态资源的保值增值。其核心是将生态优势转化为经济增长的动力,推动形成绿色产业链和循环经济模式。

产业生态化是指在自然系统承载能力范围内,对特定地域空间内产业系统、自然系统与社会系统之间进行耦合优化,达到充分利用资源,消除环境破坏,协调自然、社会与经济的持续发展。其核心:在生产中推广资源节约型生产技术,建立资源节约型的产业结构体系,减少对环境资源的破坏。

(2)明确价值目标与功能定位

一是争取价值互享。生态产业化与产业生态化均致力于生态产业的可持续发展。生态产业化通过产业发展为生态保护提供资金和物质保障,产业生态化则通过绿色技术应用和资源节约,为生态产业化奠定基础。

二是达到功能互通。生态产业化将生态资源转化为经济价值,产业生态化则通过资源减量和环境减排,提升资源利用效率,减少环境污染。

(3)构建双向互促机制的策略

一是政策引导与规划先行。制定政策:政府应出台相关政策,明确生态产业化和产业生态化的发展目标、重点任务和保障措施。编制规划:结合区域资源禀赋和产业基础,编制生态产业化与产业生态化的发展规划,明确发展路径和重点项目。

二是技术创新与产业升级。推动创新:鼓励企业加大研发投入,开发节能环保技术、清洁生产技术和生态修复技术,提高产业生态化水平。产业升级:利用先进技术改造传统产业,淘汰落后产能,培育发展资源利用率高、能耗低、排放少、生态效益好的新兴产业。

三是市场培育与价值实现。完善市场:建立健全生态产品市场体系,完善生态产品价值实现机制,促进生态产品供需精准对接。价值实现:通过租赁、托管、交易等多种方式,推动生态资源资产化、资本化,实现生态资源的保值增值。

四是产业融合与协同发展。跨界融合:推动生态农业、生态工业、生态服务业等产业融合发展,形成生态产业集群,提高产业综合竞争力。区域协同:加强区域间的合作与交流,实现生态产业化和产业生态化的协同发展,共享发展成果。

五是制度保障与监管强化。完善制度:建立健全生态产业化与产业生态化的法律法规体系,为产业发展提供制度保障。强化监管:加强对生态产业化与产业生态化项目的监管,确保项目符合环保要求,防止环境污染和生态破坏。

(4)推动生态资源的资产化与资本化

资源培育与资产化:通过生态资源的培育和确权,明确产权主体,划清产权界线,推进生态资源流转,实现生态资源向生态资产的转变。资本化运作:探索建立生态资源定价和收益机制,吸引社会资本参与生态产业发展,推动生态资源资本化。构建生态产业化与产业生态化的双向互促机制,需要政府、企业和社会各界的共同努力,通过政策引导、技术创新、市场培育、产业融合和制度保障等措施,推动生态产业化与产业生态化的协同发展,实现经济效益、社会效益和生态效益的有机统一。

7.1.3 生态产品价值实现的理论基础

1.生态资本理论视角下的自然资源资产化路径

在生态资本理论视角下,自然资源资产化是实现自然资源可持续利用和生态价值转化的重要路径。生态资本理论强调将生态资源和生态环境视为具有资本属性的资产,通过市场机制和管理手段实现其价值增值。朱竑等(2023)认为从生态型产品到品牌型产品的跃迁是生态产品价值实现的二次增值和变现过程。陈振等(2024)认为生态产品价值实现的宏观目标是存量生态产品得到有效保护,生态系统服务功能不断提升,增量生态产品得到系统修复,能够保障持续供给。王静怡(2022)认为生态产品价值实现涉及生态环境、经济产业、金融法律等领域基础理论、关键技术、机制体制等诸多科学技术难题,是需要多部门协同、多学科支持的综合工程,通过协调生态保护利益相关者的关系,达到维护生态系统服务、保护生态环境的目的。

(1)自然资源确权登记与产权明晰

一是编制自然资源清单。明确自然资源资产产权主体,这是开展自然资源资产配置的基本前提。通过编制自然资源清单,可以清晰界定特定国土空间内的各类自然资源资产的产权主体、履职对象、权利义务等。

二是开展自然资源确权登记。自然资源确权登记是自然资源转化为自然资源资产的条件之一。通过开展自然资源确权登记可以划清“四条边界”,即划清全民所有和集体所有之间的边界,划清全民所有、不同层级政府行使所有权的边界,划清不同集体所有者之间的边界,划清不同类型自然资源的边界。

三是实施自然资源资产整备。自然资源资产整备是实现自然资源资产整体配置的关键一环。通过收储、征收、赎买、租赁等多种方式,将自然资源“资产包”中的各类自然资源资产的使用权统一集中到政府手中,达到“净出让”条件后再整体配置给市场主体。

四是明确产权主体。推进相关法律修改,明确国务院授权国务院自然资源主管部门具体代表统一行使全民所有自然资源资产所有者职责。同时,推进农村集体所有的自然资源资产所有权确权,依法落实农村集体经济组织特别法人地位。

(2)自然资源资产配置与交易机制的构建

一是实施自然资源资产策划。自然资源资产策划是根据市场需要,由自然资源资产配置主体或委托的运营平台主动对自然资源资产进行“产品加工”的过程。这包括明确规划条件、市场需求和利用条件。

二是开展自然资源资产评估。全民所有自然资源资产是重要的国有资产,在进入市场前必须科学评估资产价格。自然资源资产整体评估与单项自然资源资产评估不同,需要充分考虑不同自然资源“资产包”的特点及其整体性。

三是公开交易自然资源资产。通过公开交易方式,让市场主体公开、公平竞争,可以最大程度显化自然资源资产价值,需要在制定资产交易管理办法、搭建资产交易平台和建立合理溢价机制等方面进一步完善。

四是加强自然资源资产供后监管。加强供后监管是规范有序开展自然资源资产整体配置的重要保障,需要进一步创新监管模式,建立相关监督管理机制与监管办法。

(3)自然资源资产的资本化与资金运作

一是推动自然资源资产资本化。通过投资生态资产,经过资本运营后,在市场交易中获得更大利润,实现增值。例如,福建南平市的“森林生态银行”就是通过集中整治,形成权属明确、分布集中的林木资产,完成生态资源资产化过程。

二是创新绿色金融产品。创新绿色金融产品,拓展多渠道生态金融。例如,发展林业碳汇项目,通过碳交易市场实现生态资产的货币化。

三是拓展社会资本参与。通过合理的流转方式实现“所有权、承包权、经营权”的分置,将碎片化的生态资源集中收储、整治为优良资产,并通过对接产业与市场完成资本化过程,以市场化的方式实现生态产品的价值。

四是实施生态保护补偿机制。探索建立政府主导、企业和社会参与、市场化运作、可持续的生态保护补偿机制,对履行自然资源资产保护义务的权利主体给予合理补偿。

五是构建生态产品价值实现机制。通过赋予一定期限的自然资源资产使用权等产权安排,激励社会投资主体从事生态保护修复。

(4)政策与制度保障

一是加强组织领导。自然资源资产产权制度改革涉及重大利益调整,必须在党的集中统一领导下推行。建立统筹推进自然资源资产产权制度改革的工作机制，明确部门责任，制定时间表和路线图。

二是深入开展重大问题研究。重点开展自然资源资产价值、国家所有权、委托代理、收益分配等重大理论和实践问题研究，构建我国自然资源资产产权理论体系。

三是统筹推进试点。对自然资源资产产权制度改革涉及的具体内容，鼓励地方因地制宜开展探索，充分积累实践经验。

四是加强宣传引导。加强政策解读，系统阐述自然资源资产产权制度改革的重大意义、基本思路和重点任务。

通过上述路径和实施步骤，可以有效推动自然资源的资产化，实现生态资本的保值增值，促进生态产品价值的全面实现。

在生态资本理论视角下，自然资源资产化是将自然资源转化为可量化、可交易、可增值的生态资本的过程。自然资源资产化是生态资本理论在实践中的具体应用，通过产权界定、价值评估、市场交易、产业化开发，将“绿水青山”转化为“金山银山”。这一路径不仅能够实现生态保护与经济发展的双赢，还能促进区域公平与共同富裕。

2. 生态系统服务付费的科斯定理再诠释

科斯定理是产权经济学的重要理论基础，其核心观点在于，如果产权界定清晰且交易成本为零或很小，无论产权初始如何分配，经济主体之间的谈判都能导致资源配置的帕累托最优。

（1）科斯定理在生态系统服务付费中的应用

一是产权界定与交易成本。科斯定理强调产权的明确界定是市场交易的前提。这意味着必须清晰界定谁是生态系统服务的提供者（如森林所有者）和谁是受益者（如下游水用户）。科斯定理指出，如果交易成本为零，资源配置将自动达到最优。然而，在现实世界中，交易成本往往不为零，这要求设计机制时必须考虑如何降低交易成本。

二是市场机制与资源配置。市场机制能够有效地解决外部性问题，通过市场交易可实现生态服务的供给和需求平衡。在明确产权和低交易成本的条件下，资源配置将自动达到最优。通过市场交易，生态服务的供给者和购买者能够达成互利的协议。

三是外部性内部化。外部性问题指服务的提供者不一定能从市场中获得相应的回报。生态系统服务往往具有外部性。科斯定理提供了一种通过市场交易内部化外部性的方法，通过支付机制将生态服务的外部效益转化为提供者的直接经济收益，如通过碳交易市场将碳减排的外部效益内部化。

（2）实际应用案例分析

一是哥斯达黎加的 PSA 项目。哥斯达黎加的森林覆盖率曾急剧下降，为了保护森林资源，政府启动了 PSA 项目。该项目通过国家森林基金（FONAFIFO）向森林所有者支付保护费用，激励森林保护和可持续管理。项目有效地保护了森林资源，提高了生物多样性，同时也为森林所有者带来了经济收益。

二是美国的 CRP 项目。项目目标是通过休耕保护土壤和水资源，同时提供野生动物栖息地。实施方式是农民通过竞标机制参与项目，政府根据生态效益选择最优的休耕地块。该项目通过市场机制实现了资源的有效配置，提高了生态保护的效率。

(3)关键环节

一是明确产权:确保生态系统服务的提供者和受益者的权益得到明确界定。

二是降低交易成本:通过建立信息平台、简化交易流程等方式减少交易成本。

三是市场机制设计:利用市场机制激励生态保护,如竞标机制、碳交易市场等。

四是监督与评估:建立有效的监督和评估机制,确保项目目标的实现和资源的有效配置。

3.生态产品供需均衡的双重价值属性

生态产品供需均衡的双重价值属性主要体现在生态产品的使用价值和经济价值上。

(1)使用价值与经济价值的双重属性

生态产品的使用价值体现在其对人类福祉的直接贡献上,如清洁的空气、水源和土壤等。这些产品是生态系统提供的具有自然属性特征的产品与服务,它们是生命支持系统的基础,对人类生存和发展至关重要。使用价值还体现在生态产品的非物质服务上,如文化服务、美学价值和休闲娱乐等。生态产品的经济价值体现在其能够通过市场交易实现货币化的能力上。通过生态补偿、碳交易、生态旅游等方式,生态产品可以转化为经济收益。经济价值的实现有助于激励生态保护和可持续利用,促进生态优势向经济优势的转化。

(2)具体表现形式

一是物质供给:生态产品如农产品、林产品等可以直接满足人类的物质需求。这些产品通过市场交易实现其经济价值,同时保障了生态系统的可持续性。

二是生态调节服务:生态系统提供的调节服务,如气候调节、水源涵养、土壤保持等,具有显著的使用价值。这些服务通过改善环境质量,间接提高了地区的发展潜力和居民的生活质量。

三是文化服务:生态产品还提供文化服务,如教育、科研、旅游和休闲等。这些服务丰富了人们的精神生活,提升了生态产品的附加价值。

(3)在生态经济中的作用和影响

一是促进生态保护:生态产品的双重价值属性强调了生态系统保护的重要性。通过经济激励机制,如生态补偿和绿色金融,可以促进生态保护和修复。

二是推动绿色发展:生态产品的经济价值实现有助于推动绿色产业的发展。通过发展生态农业、生态旅游等产业,可以实现经济增长与环境保护的双赢。

三是实现区域均衡发展:生态产品的供需均衡有助于缩小区域发展差距。通过生态产品的合理定价和交易,可以促进资源丰富地区与经济发达地区之间的利益平衡。

四是提升居民福祉:生态产品的使用价值直接关系到居民的生活质量和健康。通过保障生态产品的供给,可以提高居民的生活满意度和幸福感。

五是促进可持续发展:生态产品的双重价值属性体现了可持续发展的理念。通过合理利用和保护生态资源,可以实现经济、社会和环境的协调发展。

7.2 障碍诊断与机制构建

7.2.1 生态产品价值实现实践探索

1. 流域横向生态补偿的“新安江模式”启示

(1)产生背景与起源

新安江发源于安徽省黄山市休宁县六股尖,流经安徽、浙江两省,汇入千岛湖。2010 年左右,随着上游安徽省黄山市进入工业化、城镇化加速发展阶段,大量污水和垃圾通过新安江进入千岛湖,导致水质富营养化趋势明显,流域生态安全面临严峻挑战。为破解这一难题,2012 年,浙江与安徽两省携手,启动了全国首个跨省流域生态补偿机制试点,即“新安江模式”。

(2)核心内容与特点

一是建立系统的生态补偿标准体系。“对赌”协议:两省约定,以跨界断面水质为考核标准,如果上游水质达标,下游浙江补偿上游安徽;反之,则上游安徽补偿下游浙江。P 值考核体系:以高锰酸盐、氨氮、总磷、总氮四项污染物指标和水质稳定系数、指标权重系数构成补偿标准体系 P 值。

二是资金补偿与产业协作并重。资金补偿:中央及浙皖两省累计拨付补偿资金数十亿元,用于安徽省境内新安江流域水环境保护。产业协作:两省在交通互联互通、旅游资源合作、产业联动协作、公共服务共享领域等方面深化合作,实现互利共赢。

三是联防联控与联合执法。共同布设监测点位:在交界口断面共同布设环境监测点位,实现监测数据互惠共享。联合执法:坚持联防联控、联合执法、应急联动,构建防范有力、指挥有序、快速高效和统一协调的应急处置体系。

四是探索多元化补偿方式。引入产业人才补偿指数 M 值:在保持前三轮 P 值考核的基础上,创新了产业和人才补偿指数 M 值,作为分配补偿资金的重要依据。共建合作区:推动新安江流域生态补偿机制试点升级为新安江—千岛湖生态保护补偿试验区,探索园区共建、人才交流等多种方式。

(3)实施效果

一是水质持续改善。跨省界断面水质稳定达标:新安江跨省界断面水质连续多年达到Ⅱ类标准,千岛湖水质持续保持优良。生态系统服务价值提升:根据评估,新安江生态系统服务价值总计达到数百亿元。

二是推动绿色发展。促进产业转型:上游安徽省黄山市通过淘汰高排放高能耗产业、加快产业转型等措施,实现了经济发展与环境保护的双赢。提升生态产品价值:积极探索生态产品价值实现机制,通过农村产权、水权、排污权、林业碳汇等交易及抵押贷款,让生态“含绿量”变成发展“含金量”。

(4)形成示范效应

“新安江模式”为全国流域横向生态保护补偿机制提供了可复制、可推广的经验。推动区域协同发展:通过生态补偿机制的实施,促进了浙皖两省在生态环境共治、产业联动协作等方面的协同发展。"新安江模式"是流域横向生态补偿机制的成功实践,通过系统的生态补偿标准体系、资金补偿与产业协作并重、联防联控与联合执法等措施,实现了新安江流域水质的持续改善和生态环境的整体提升。未来,随着生态补偿机制的不断完善和推广,有望在更多流域实现生态效益、经济效益和社会效益的共同提升,为构建生态文明社会做出更大贡献。

2. 国家公园特许经营制度创新剖析

国家公园特许经营制度是指国家公园管理机构通过竞争程序选择社会资本,授权其在特定区域内从事餐饮、住宿、交通等非基本公共服务项目的经营活动,旨在协调资源保护与经济发展的关系,提升国家公园的公共服务质量,同时实现原住居民的受益。以下是对国家公园特许经营制度创新的剖析。

(1)制度创新的背景与意义

其主要背景有以下两点。

一是生态保护与经济发展的矛盾:国家公园作为重要的生态保护区,承担着严格的生态保护职责。然而,国家公园的建设和管理需要大量资金,单纯依靠政府财政拨款难以满足需求。同时,当地社区的发展也受到国家公园保护政策的限制。

二是国际经验的借鉴:国际上,许多国家公园通过特许经营制度成功实现了资源保护与经济发展的双赢。例如,美国、澳大利亚等国家的国家公园特许经营制度已经相当成熟,为我国提供了宝贵的经验。

产生的意义有以下三方面。

一是缓解财政压力:特许经营制度能够拓宽国家公园的资金来源渠道,通过收取特许经营费等方式,为自然资源的保护、原住居民的补偿等提供充足的资金。

二是提高公共服务质量:引入市场竞争机制,促使特许经营者在餐饮、住宿、观光等基础项目上不断推陈出新,提升服务质量,满足游客需求。

三是促进社区发展:通过特许经营制度,当地社区可以参与到国家公园的建设和管理中,实现经济收益,改善生活条件。

(2)制度创新的主要内容

一是坚持生态保护第一的原则。最严格的保护:国家公园特许经营制度必须在确保生态安全的前提下进行,任何经营活动都不能损害公园的生态环境。生态友好型项目:鼓励特许经营者开展生态友好型项目,如生态旅游、生态体验等,减少对环境的负面影响。

二是完善法律体系与保障机制。法律法规建设:推动《国家公园法》等相关法律法规的制定,明确特许经营的合法性,为制度创新提供法律保障。政策支持与引导:出台特许经营管理办法和分级分类操作指南,对特许经营项目的范围、准入机制、监管机制等进行详细规定。

三是创新特许经营模式。多元化经营主体:鼓励社会资本参与国家公园的特许经营活动,形成多元化的经营主体结构。品牌增值体系:借鉴法国等国家经验,通过品牌增值体系,将国家公园的生态保护价值转化为经济效益,实现生态保护与经济发展的良性循环。

四是强化监管与评估机制。严格的监管:建立健全特许经营项目的监管机制,对特许经营者的经营活动进行全过程监督,确保符合生态保护要求。科学地评估:定期对特许经营项目的生态效益、经济效益和社会效益进行评估,根据评估结果调整特许经营政策。

五是促进社区参与与受益。社区共建共管:鼓励当地社区参与国家公园的建设和管理,通过特许经营制度实现社区受益。利益共享机制:建立国家公园与周边社区的利益共享机制,确保特许经营收益能够惠及当地社区。

(3)制度创新的实践案例

一是三江源国家公园。生态体验项目:三江源国家公园推出了以生态体验为主体的特许经营业态结构,如黄河源自然圣境生态体验项目,不仅为访客提供了高质量的生态体验活动,还促进了当地社区的发展。社区共建公司:成立了社区共建的股份制特许经营公司,使转产牧民有效增收,国家公园品牌增值体系建设初见端倪。

二是武夷山国家公园。茶产业特许经营:武夷山国家公园依托当地成熟的茶产业基础,推行"公司+企业+农户"运行模式,通过特许经营实现了茶产业的经济效益与生态效益的双赢。严格的分区管理:根据功能分区,将特许经营活动限制在特定区域内,确保了生态保护与经济发展的协调。

三是普达措国家公园。反哺社区机制:普达措国家公园积极鼓励原住民参与特许经营,通过制定反哺社区实施办法,每年从国家公园经营收入中抽取资金反哺社区,有效改善了园内居民的生计状况和收入水平。多元化的特许经营项目:特许经营范围包括运营和维护运营服务设施、提供交通/医疗等服务、销售国家公园品牌商品和生态产品等。

国家公园特许经营制度是一项重要的制度创新,对于缓解财政压力、提高公共服务质量、促进社区发展等方面具有重要意义。随着相关法律法规的完善和实践经验的积累,国家公园特许经营制度有望在更多国家公园中得到推广和应用,为实现生态保护与经济发展的双赢目标发挥更大的作用。

7.2.2 生态产品要素流动障碍诊断

1.制度性壁垒:生态产权界定模糊与交易规则缺位

在生态产品价值实现的过程中,制度性壁垒是一个重要的制约因素。其中,生态产权界定模糊与交易规则缺位是尤为突出的两个方面。以下是对这两个问题的详细分析。

(1)生态产权界定模糊

生态产权界定模糊指的是在自然资源资产化过程中,由于自然资源资产产权体系缺位、资源产权虚置、生态产权界定模糊等原因,导致生态产品资产产权制度失灵。这种模糊性不仅体现在公共性生态产品产权界定缺乏依据,还表现在效用外溢的受益者与供给者识别不足、增益权等权益缺位遗失、产权交叉重叠、权责界定不明等方面。

其影响与问题主要表现在资源配置效率低下:生态产权界定模糊导致资源环境生态产品的损益或增益无法对交易主体形成有效激励,从而引发租值耗散、自然资源要素流动性低、生态产品价格扭曲等问题,严重制约了生态产品的配置效率。利益激励不足:产权不明晰使得生态产品的损益难以准确界定,进而影响生态产品交易主体的利益激励。对于生态产品的提供者来说,产权界定不清容易导致"搭便车"行为,使其得不到预期的利润,难以形成生态利益供给的激励机制。

生态破坏与浪费:对于生态产品的消费者来说,产权界定不清容易使自然生态资源成为一种无价值的公共产品,这种公共产品不具有排他性和竞争性,从而导致竞争性消费,引发自然资源的大量浪费和生态环境的破坏。

生态产权界定模糊可以通过以下对策解决。

一是完善生态产品产权制度:依托自然资源统一确权登记,界定权能体系中各项权益的内涵及权益人的权责范围,厘清生态产品占有、使用、维护、收益、处分等权利和责任关系,构建归属清晰、权责明确、监管有效的生态产品产权制度。

二是明确自然资源产权主体:建立自然资源资产全面调查与统一评价制度,重点界定水流、森林、湿地等自然资源资产的产权主体及权利,进行水权、林权、河湖水库承包权、土地承包权等分级分类的确权登记,明晰可用于交易的产权和管理权。

(2)交易规则缺位

交易规则缺位指的是在生态产品交易过程中,由于缺乏完善的交易规则和标准,导致生态产品市场难以形成有效的交易机制。这种缺位不仅体现在生态产品认证标准制度不完善,还表现在生态产品价格标准难以统一、生态产品交易种类较少、覆盖面窄等方面。

交易规则缺位造成的影响如下。市场交易混乱:由于缺乏统一的交易规则和标准,生态产品市场存在信息不对称、价格扭曲、交易效率低下等问题,严重制约了生态产品的市场流通和价值实现。供需匹配不畅:生态产品交易种类较少、覆盖面窄,难以突破地理局限实现更大范围生态产品的供需精准对接,导致生态产品供需矛盾突出。市场风险大:生态产品市场缺乏完善的监管机制和风险防控体系,容易受到自然灾害、政策变动等外部因素的影响,增加市场风险。

交易规则缺位可以通过以下对策解决。通过建立完善的生态产品认证标准体系,加强生态产品标志管理,指导和监管生态产品生产过程,助推生态产品品质提升;规范生态产品市场标准,维护生态产品标准化市场秩序,引导生态产品市场消费;扩大生态补偿覆盖面,完善生态补偿标准;完善生态补偿机制,激励生态产品的提供者积极参与生态保护和环境治理,促进生态产品的有效供给。

李冬青等(2024)认为通过建立受益者和保护者之间的补偿机制,可以提升水域的调节和供给服务功能。构建多层次的生态产品交易平台:利用数字技术赋能生态产品交易平台建设,提高交易效率和稳定性;扩大生态产品交易种类和覆盖面,实现更大范围生态产品的供需精准对接。

2. 市场性失灵:生态产品价格形成机制扭曲

市场性失灵在生态产品价格形成机制中表现为价格未能真实反映资源的稀缺程度、环境成本和生态价值,导致资源配置效率低下和市场机制扭曲。

市场性失灵是指市场经济中出现的一种严重的经济问题,导致市场中的价格和数量失去平衡,市场效率下降,从而影响经济发展。在生态产品价格形成机制中,市场性失灵的特征主要表现如下。价格扭曲:生态产品的价格未能真实反映其生产过程中的资源消耗、环境成本和生态价值,导致价格偏低或偏高。资源配置效率低下:由于价格扭曲,市场无法有效引导资源流向生态产品领域,导致资源配置效率低下。市场机制失效:生态产品的市场供求关系被扭曲,市场无法有效调节生态产品的生产和消费。

生态产品价格形成机制扭曲的原因有哪些呢?主要是外部性未纳入价格:提供清新的空气、优美的环境等生态产品具有显著的正外部性,但这些外部性在市场价格中并未得到充分体现。由于外部性无法在市场上通过价格机制进行交易,导致生态产品的生产者无法获得应有的回报。信息不对称:生态产品的生产和消费过程中存在信息不对称问题,消费者往往难以准确了解生态产品的生产过程和生态价值,导致市场无法有效形成反映生态产品真实价值的价格。市场不完全竞争:生态产品市场往往存在不完全竞争现象,这些市场结构导致生态产品的价格被扭曲,无法真实反映市场供求关系和生态产品的真实价值。政府干预不当:政府对生态产品市场的干预可能导致价格扭曲。

生态产品价格形成机制扭曲造成恶劣影响。

一是生产者积极性受挫:由于价格扭曲,生态产品的生产者无法获得应有的回报,导致生产积极性受挫。这不利于生态产品的生产和供应,进而影响生态环境的保护和改善。

二是消费者行为扭曲:价格扭曲可能导致消费者过度消费资源消耗大、环境污染严重的产品,而忽视生态产品的消费。这不利于形成绿色、低碳、可持续的消费模式。

三是资源配置效率低下:由于价格扭曲,市场无法有效引导资源流向生态产品领域,导致资源配置效率低下。这不利于实现经济、社会和环境的协调发展。

市场性失灵导致的生态产品价格形成机制扭曲是一个复杂的问题,需要政府、企业和消费者共同努力,通过政策调整、市场机制完善和信息公开等措施,推动生态产品价格回归合理水平,实现经济、社会和环境的协调发展。

3. 技术性短板:生态系统生产总值(GEP)核算标准化与动态监测能力不足

GEP 是衡量生态系统为人类提供的所有最终物质产品和服务的价值总和的重要指标,在反映生态保护成效方面发挥着类似国内生产总值(GDP)在经济领域的重要作用。然而,在 GEP 核算和动态监测方面,目前仍存在技术性短板,主要体现在 GEP 核算标准化不足、动态监测能力不足及监测质量管控不足等方面。

(1)GEP 核算标准化不足

一是核算范围认识不统一。生态系统服务的类型繁多、属性特征差异巨大,导致学术界对生态系统服务概念内涵认识不统一。例如,在气候调节服务方面,有的核算体系将其解释为生态系统降低气温、增加空气湿度,而有的则侧重于对温室气体的调节。这种不统一的认识使得不同核算体系在核算范围上存在明显差异,导致核算结果缺乏可比性。

二是核算方法专业性强,业务化核算技术缺失。目前常用的生物物理模型法核算过程相当复杂,需要较强的专业知识背景和专业科研工具进行数据处理与结果核算。因此,GEP 核算多依赖于专业的科研机构,政府非专业人员难以掌握核算方法。这限制了 GEP 核算在地方的自主开展和定期更新,不利于 GEP 核算结果在生态保护政策制定、项目规划、绩效考核等方面的广泛应用。

三是核算结果准确性不足。由于核算范围认识不统一、核算方法复杂多样,不同团队得到的 GEP 核算结果存在较大差异,且准确性不足。一方面,许多重要的生态系统服务被遗漏;另一方面,一些不应纳入核算的服务被纳入核算。这影响了 GEP 核算结果的社会公认度和市场认可度,限制了其在生态文明建设中的实际应用。

(2)动态监测能力不足

一是监测技术设备落后。我国在生态环境监测方面的技术设备相对落后,自动化程度低,大多数仍以人工现场采样、实验室仪器分析为主要的监测手段。这限制了监测数据的准确性和时效性,难以满足 GEP 核算对高质量数据的需求。

二是监测体系不完善。现有的监测体系还不能完全满足 GEP 核算工作需要。例如,在生态、生物多样性等监测方面存在明显短板,监测数据缺乏、采集频度低、时间序列分散等因素会产生误差。这影响了GEP核算结果的精确度和可靠性，限制了其在生态文明建设中的实际应用。

(3)监测数据质量管控不足

各级环境监测站普遍存在重视实验室内部质量控制，忽视环境监测的全过程质量管理的问题。监管力度不够，自我约束和外部监督机制薄弱，使环境监测质量体系得不到有效的运行。这降低了监测数据的可信度，进一步影响了GEP核算结果的准确性和可靠性。

解决策略如下。

一是推进GEP核算标准化。建立统一的核算框架和指标体系：借鉴国内外认可度较高的核算指标体系，结合我国实际情况，建立统一的GEP核算框架和指标体系。简化核算方法：在保障核算结果准确性的前提下，简化核算方法，降低核算工作的技术门槛，推动地方政府和相关部门自主开展核算工作。加强核算结果的应用：将GEP核算结果与生态保护补偿、生态损害赔偿、绿色发展绩效考核等政策制定相结合，推动GEP核算结果在政府决策和绩效考核评价等方面的广泛应用。

二是提升动态监测能力。加强监测技术设备建设：加大投入，引进先进的监测技术设备，提高监测数据的准确性和时效性。完善监测体系：建立健全生态产品调查监测、生态产品普查、生态产品动态监测机制，统一生态环境监测规范标准。加强监测数据质量管控：建立数据质量控制制度，包括探索建立数据逻辑关系审核、数据台账制度、辖区间数据的比对审核机制等，确保监测数据的可信度。

综上所述，针对GEP核算标准化与动态监测能力不足的技术性短板，需要从推进核算标准化和提升动态监测能力等方面入手，加强技术研发、完善监测体系、加强数据质量管控等措施的实施，为GEP核算和动态监测提供有力的技术支撑。

4. 社会性阻力：生态保护与地方发展短期利益冲突

在生态保护与地方发展之间，短期利益冲突是一种重要的社会性阻力。

(1)冲突的表现

一是经济增长与环境保护的矛盾。地方发展诉求是地方政府往往面临经济增长的压力，希望通过发展工业、农业、旅游等产业来提高地方财政收入，改善民生。生态保护压力是这些产业的发展可能会对生态环境造成破坏，如工业污染、过度开垦、旅游资源的无序开发等。地方政府在追求经济增长的过程中，可能会忽视或放松对生态环境的保护，导致生态退化、资源枯竭等问题。

二是政策执行中的利益冲突。中央政策与地方利益不协调：中央政府通常从国家整体利益和长远利益出发，制定严格的生态保护政策。地方执行难度：政策在执行过程中可能会与地方短期利益产生冲突。限制高污染、高能耗产业的发展可能会影响地方税收和就业。地方政府在执行中央政策时可能面临两难选择，甚至可能出现“阳奉阴违”选择性执行或者执行偏差的情况，导致政策执行效果不佳。

三是民众环保意识与经济发展的矛盾。随着环保教育的普及和民众环保意识的提高，公众对生态环境的要求也越来越高。地方发展往往需要牺牲一定的生态环境来换取经济利益。民众对环境质量的不满和抗议可能会阻碍地方发展项目的推进，甚至引发社会矛盾和冲突。

(2)冲突的原因

一是发展理念不同。中央政府强调可持续发展的理念,注重生态环境的保护和资源的合理利用。地方政府往往更注重短期的经济增长和政绩考核,对生态环境保护的重视程度相对较低。

二是利益诉求不同。中央政府代表国家的整体利益,追求经济、社会和环境的协调发展。地方政府代表地方利益集团,追求地方财政收入的增加和就业的提升,对生态环境保护的投入相对较少。

三是考核机制不完善。地方政府的政绩考核往往以经济增长为主要指标,对生态环境保护的考核相对较弱。缺乏对生态保护工作的有效激励机制,导致地方政府缺乏保护生态环境的积极性和主动性。

(3)冲突的影响

一是生态环境恶化。过度开发和利用自然资源,导致资源枯竭和生态退化。工业污染、农业面源污染等环境问题日益严重,影响居民的生活质量和健康。

二是社会矛盾激化。民众对环境质量的不满和抗议可能导致社会矛盾激化,影响社会稳定。地方政府在执行中央政策时的不力表现,可能导致政府公信力下降,影响政府形象和权威。

三是可持续发展受阻。短期利益导向致使地方政府追求短期经济利益的行为。生态保护与地方发展的不平衡发展,可能导致区域间、城乡间的发展差距进一步拉大。

(4)解决策略

一是要转变发展理念。树立绿色发展理念:地方政府应树立绿色发展的理念,注重生态环境的保护和资源的合理利用。推广生态经济模式:推广生态经济模式,实现经济效益和生态效益的双赢。

二是完善考核机制。增加环保指标:将生态环境保护纳入地方政府的政绩考核指标,增加环保指标的权重。实施奖惩机制:对生态环境保护工作成效显著的地方政府给予奖励,对生态环境破坏严重的地方政府给予惩罚。

三是加强政策引导和支持。出台支持政策:中央政府应出台支持生态保护和绿色发展的政策,为地方政府提供政策引导和支持。加大资金投入:加大对生态保护工作的资金投入,支持地方政府开展生态保护项目。

四是推动公众参与和社会监督。提高公众环保意识:加强环保教育,提高公众的环保意识,形成全社会共同关注生态环境保护的氛围。加强社会监督:鼓励公众参与生态保护工作,加强对地方政府和企业的社会监督,推动生态保护工作的有效实施。

7.2.3 生态转型的要素集聚机制构建

通过产权制度突破、市场交易机制、技术赋能机制和多元协同机制构建生态转型的要素集聚机制。

1. 制度突破机制

(1)自然资源资产"三权分置"改革深化

自然资源资产"三权分置"改革是推动自然资源资产产权制度改革的重要内容,旨在通过明确自然资源资产的所有权、使用权和经营权,优化资源配置,促进生态保护与经济发展。

自然资源资产"三权分置"改革的核心目标是通过明确产权归属,优化自然资源的配置和管理,实现生态保护与经济发展的协同共进。改革旨在解决当前自然资源管理中存在的产权模糊、交易规则不完善等问题。

①"三权分置"改革的主要内容

一是明确产权边界:通过自然资源统一确权登记,清晰界定自然资源资产的所有权、使用权和经营权。试点地区已探索出一套行之有效的工作流程和技术方法,为全面推广奠定了基础。

二是强化整体保护:落实"山水林田湖草沙"生命共同体理念,推进自然资源的整体保护和系统修复。改革强调通过空间维度的整体登记,实现自然资源的立体化管理。

三是优化交易规则:构建"自然生态空间+自然资源要素"的复合式登记模式,兼顾保护性和权属性的双重目标,为生态产品交易提供制度保障。

②"三权分置"改革的实践进展试点成效显著。试点地区重点探索了国家公园、湿地、水流、矿产资源等确权登记模式。制度体系逐步完善:自然资源部联合多部门修订完善《自然资源统一确权登记暂行办法》,明确以不动产登记为基础,实现自然资源确权登记的全覆盖。

面临的挑战主要

一是产权界定模糊:当前,自然资源产权界定仍存在模糊地带,尤其是集体与国有自然资源的边界划分不清晰。建议进一步细化产权登记规则,明确集体自然资源的独立地位。

二是交易规则不完善:生态产品交易平台的建设仍处于起步阶段,交易规则和评估标准尚未统一。建议加强数字技术在生态交易平台中的应用,提升交易效率。三是立法协调不足:自然资源登记与不动产登记在立法分工、登记对象和事项上存在矛盾。建议构建"前置且衔接"的立法路径,厘清两者之间的分工。

(2)生态产品数字确权与跨区域交易规则设计

生态产品数字确权是实现生态产品价值的重要基础,通过数字化手段可以有效解决产权界定模糊、信息不对称等问题,推动生态产品价值的市场化实现。

一是数字技术赋能:利用大数据、云计算、区块链等技术,建立生态产品信息云平台,对生态产品的数量、分布、功能特点、保护和开发利用情况进行集成展示。

二是统一确权登记:在国家层面明确不同类型生态产品的价值核算方法,建立统一的生态产品目录清单和数据库系统。这为生态产品的数字确权提供了标准化的技术支持和数据基础。多维度价值实现:通过数字平台,生态产品不仅可以在交易市场中实现价值,还可以通过抵押贷款、生态保险等金融手段进一步提升其经济价值。

跨区域生态产品交易是实现生态产品价值最大化的重要途径,需要从平台建设、交易机制和政策支持等方面进行系统设计。

一是平台建设:构建全国性或区域性的生态产品交易平台,促进生态产品在更大范围内的供需对接。例如,中国南方生态产品交易平台通过"生态+互联网+金融"的模式,实现了全省互联互通、标准统一、信息共享。

二是交易机制构建:根据生态产品的类型,探索建立不同层级的市场交易体系,包括碳汇交易、用能权交易、水权交易等。

三是政策支持:政府在生态产品交易中应发挥主导作用,通过制定统一的价值核算标准和交易规则,推动跨区域生态产品交易的规范化和市场化。

2. 市场交易机制

(1)生态产品交易平台分层架构

生态产品交易平台的分层架构设计旨在通过构建国家级交易所和区域性市场相结合的多层次体系,实现生态产品的高效交易和价值实现。

一是分层架构的总体设计。生态产品交易平台的分层架构可以借鉴“1+N+X”体系,即1个国家级交易场所+N个区域级交易场所+X个行业级或专业性交易平台。这种架构能够充分发挥不同层级平台的优势,实现生态产品的精准交易和价值最大化。

二是国家级交易所的定位与功能。国家级交易场所是生态产品交易体系的核心,主要承担以下功能。合规监管与基础服务:提供合规认证、登记发布、交易备案、争议仲裁、虚假交易发现和安全监管等服务。统一规则与标准制定:制定全国统一的生态产品交易规则和标准,推动市场规范化发展。跨区域交易与市场整合:推动全国性的生态产品交易,如林草碳汇、农田碳汇等,实现生态产品在全国范围内的优化配置。公共属性与公益定位:突出其公共属性,为市场多类主体提供共性基础服务。

三是区域级市场的功能与作用。区域级交易场所是生态产品交易体系的重要组成部分,主要功能包括如下。区域资源整合与交易:整合区域内分散的生态资源,推动林权、水权、碳汇等生态产品的交易。特色生态产品交易:根据区域特点,开展具有地方特色的生态产品交易,如湿地占补平衡指标、绿化增量指标等。市场创新与试点:探索适合本区域的交易模式和机制,为全国市场提供经验借鉴。

四是行业级或专业性交易平台。行业级或专业性交易平台主要聚焦特定领域,如碳汇交易、水权交易、生态旅游等,其功能如下。行业资源整合:针对特定行业需求,整合生态资源,提升交易效率。专业化服务:提供专业的交易服务和技术支持,推动生态产品的精细化管理。

五是政策支持与市场机制。为推动生态产品交易平台的分层架构有效运行,需要从政策、市场机制、风险防范方面入手。政策支持:政府应主导建立统一的生态产品价值核算标准,完善确权登记制度,为生态产品交易提供基础支撑。市场机制:完善生态产品交易制度,拓宽价值实现路径,如产品交易、抵押贷款、生态保险等。风险防范:建立生态产品交易风险预警机制,探索开展政策性保险业务,化解市场风险。

(2)环境权益抵押融资与证券化产品创新

随着绿色金融的快速发展,环境权益抵押融资和证券化产品创新成为推动生态产品价值实现的重要金融工具。

环境权益抵押融资是指以碳排放权、用能权、排污权等生态产品的权益作为抵押物,获取金融机构的贷款支持。这种方式能够有效盘活生态资产,拓宽生态产品价值实现的路径。国家层面已明确发布《环境权益融资工具》金融行业标准,为企业和金融机构开展环境权益融资活动提供指引。此外,金融机构被鼓励探索资源环境要素担保贷款,完善碳排放权及国家核证自愿减排量(CCER)担保制度。

截至2023年底,全国绿色贷款余额达30.08万亿元,连续四年保持20%以上的高速增长。同时,多地已开展生态产品收益权、经营权等权益抵押融资试点,支持生态资源的综合利用。

随着绿色金融体系的不断完善，环境权益抵押融资和证券化产品创新将为生态产品价值实现提供更广阔的空间。未来需进一步深化生态产品价值核算方法，健全市场交易机制，推动生态产品价值实现机制的市场化、规范化和可持续发展。

(3)生态信用积分与绿色消费场景挂钩机制

生态信用积分与绿色消费场景挂钩机制是推动绿色消费、促进生态产品价值实现的重要手段。通过建立生态信用积分体系，并将其与绿色消费场景紧密结合，可以有效激励消费者参与绿色消费，推动生态产品市场化发展。

生态信用积分体系旨在通过量化消费者的绿色消费行为，赋予其相应的积分，并根据积分提供优惠服务或金融服务。这一体系的建立包括以下几个关键环节。积分核算：依托科学的核算方法，对绿色消费行为进行量化评估，确保积分获取的公正性和透明性。积分管理：建立完善的积分管理制度，涵盖积分的发放、使用、兑换等环节，确保积分的有效管理和安全运行。信用记录：通过信用管理体系，记录市场主体的信用行为，提升诚信意识，防范积分滥用或欺诈行为。

生态信用积分与绿色消费场景的挂钩机制，旨在通过积分激励消费者选择绿色产品和服务，具体措施如下。积分兑换：消费者可以使用生态信用积分兑换绿色产品、折扣优惠、服务升级等，降低绿色消费成本。联合营销：企业与积分兑换合作伙伴开展联合营销活动，提供更多绿色消费选择，提升消费者参与度。绿色消费券与补贴：通过发放绿色消费券、直接补贴、降价降息等方式，进一步激励绿色消费。

为确保生态信用积分体系的健康发展，需要从政策支持和监管机制两方面入手：国家和地方政府鼓励建立本地绿色消费积分制度，推动绿色消费积分与金融服务的结合。建立积分审计和稽查制度，强化市场监管，防范支付挤兑风险和积分超发问题。

3. 技术赋能机制

(1)空天地一体化生态监测网络建设

空天地一体化生态监测网络建设是生态环境保护的重要支撑，它综合运用卫星遥感监测、航空遥感监测和地面站点监测等多种技术手段，实现对生态环境的全面、实时、精准监测。

①建设背景与意义

随着全球生态环境问题的日益严峻，传统单一的监测手段已难以满足生态环境保护的需求。空天地一体化生态监测网络通过整合多种监测资源和技术手段，能够实现对生态环境的立体、全方位监测，为生态环境保护、自然资源管理、土地利用规划等提供科学依据。

②网络架构与组成

空天地一体化生态监测网络主要由以下三部分组成。

卫星遥感监测(天)：利用人造卫星搭载的各种探测仪器，如可见光、红外、微波等，对大范围宏观环境质量和生态状况进行遥感监测。卫星遥感监测具有覆盖范围广、监测频率高、数据获取快等特点，能够实时反映生态环境的整体状况。

航空遥感监测(空)：利用无人机、飞机等航空器搭载遥感设备，对重点区域进行中小尺度的生态监测与评估。航空遥感监测具有较高的时空分辨率，数据采集灵活，能够获取更为详细和精准的生态环境信息。

地面站点监测(地):利用地面观测技术和样方调查,对既定区域内气象、水文、植被等方面进行精准监测。地面站点监测包括气象站、水文站、通量站、物候相机等多种监测设备,能够实时获取生态环境的基础数据。

③技术特点与优势

立体监测:空天地一体化生态监测网络通过整合不同高度的监测资源,实现了对生态环境的立体监测,能够更全面地反映生态环境的状况。

实时监测:利用卫星遥感和航空遥感技术,能够实时获取生态环境数据,及时发现生态环境问题,为生态环境保护提供决策支持。

精准监测:通过多种技术手段的综合运用,空天地一体化生态监测网络能够获取更为详细和精准的生态环境信息,为生态环境保护提供科学依据。

高效协同:空天地一体化生态监测网络中的不同监测手段能够相互协同,提高监测效率和准确性,降低监测成本。

(2)生态资产价值核算 AI 模型开发

为实现生态资产价值的精准核算,需构建融合多源数据、动态评估且可解释的 AI 模型。

①数据体系构建:多源异构数据融合

a. 数据采集层

遥感数据:卫星影像(Sentinel-2、Landsat 8):提取 NDVI(植被指数)、地表温度、水体分布等,空间分辨率达 10 m,时间分辨率 5 天。

无人机高光谱数据:针对小尺度区域(如湿地、农田)获取亚米级光谱特征,识别物种组成。

物联网数据:土壤传感器(湿度、pH 值)、气象站(温湿度、降水)、水质监测浮标,实时传输至边缘节点。

社会经济数据:土地交易价格、碳汇交易记录、政策补贴标准,通过区块链存证确保可信。

b. 数据处理与融合

时空对齐:使用 GDAL 库将多源数据统一至 WGS84 坐标系,时间戳对齐至 UTC 标准。如将每日气象数据与月度 NDVI 变化进行时序匹配。

特征工程包括空间特征:提取景观格局指数(如斑块密度、聚集度)。

时序特征:计算生态参数年际波动率(如碳汇量变异系数)。

②模型架构设计:可解释与动态评估

混合模型架构采用空间-时序双流网络:一是空间分支,采用 U-Net 结构处理遥感影像,提取生态功能分区(如森林碳汇区、水源涵养区);二是时序分支,使用 Transformer 编码器分析生态参数长周期变化(如 10 年 NDVI 趋势)。

特征融合层:通过注意力机制加权拼接空间与时序特征。

可解释性模块:SHAP(shapley additive explanations)值分析,量化各特征对价值的影响(如降水量增加 10%提升碳汇价值 5%)。

动态评估机制包括:

在线学习:部署增量学习框架(如 River 库),每季度用新数据微调模型,适应生态变化。

异常检测:集成孤立森林算法,识别突发性生态事件(如火灾导致碳汇骤降),触发模型重评估。

③核心算法与技术创新

a. 生态服务价值计算模块

碳汇定价模型：基于 CEEMDAN（自适应噪声完备集合经验模态分解）分解碳汇波动，结合 EU ETS 碳价预测未来收益。计算公式如下：

$$V_{\text{carbon}} = \sum_{t=1}^{T} \frac{C_t + P_t}{(1+r)^t} \quad (C_t \text{ 为 } t \text{ 年碳汇量}, P_t \text{ 为碳价}, r \text{ 为折现率})$$

水源涵养评估：耦合 SWAT（土壤与水评估工具）与 LSTM，预测径流量变化对下游经济的影响。

b. 轻量化部署方案

模型压缩：使用知识蒸馏技术，将大模型（如 ResNet-101）压缩为适用于边缘设备的 TinyML 模型，体积缩小 80%。

联邦学习框架：各省数据本地训练，仅共享模型参数，满足《中华人民共和国数据安全法》要求。

④验证与优化：精度与鲁棒性提升

验证方法如下。

交叉验证：按生态区划（如东部沿海、西部干旱区）划分数据集，测试模型泛化能力。

实地校准：在 100 个样地布设验证点，对比 AI 估值与实地测量结果（如生物量、土壤有机碳）。性能指标见表 7-1。

表 7-1　性能指标

指标	目标值	测试方法
碳汇量预测误差	≤15%（RMSE）	对比地面激光雷达扫描结果
模型推理速度	≤0.5 秒/平方千米	NVIDIA Jetson Xavier NX 实测
跨区域泛化能力	$R^2 \geq 0.85$	东部模型应用于西部数据集测试

⑤应用场景与系统集成

a. 智能决策平台

可视化驾驶舱：基于 Cesium 引擎构建三维地图，动态展示生态资产价值空间分布。政策模拟器：用户调整参数（如退耕还林比例），实时预测 GEP 变化及经济影响。

b. 区块链联动

价值上链：模型输出哈希值写入联盟链（如 FISCO BCOS），作为生态补偿金发放依据。智能合约触发：当监测到某区域碳汇增长超阈值，自动向农户钱包发放奖励通证。

⑥风险控制与伦理考量

数据偏差校正包括对抗训练，加入地域、气候对抗样本，避免模型高估发达地区生态价值。

合规性保障主要处理数据脱敏，农户身份信息经同态加密处理，模型仅访问脱敏后特征。利益分配审计根据链上溯源，记录模型版本、输入数据、计算过程，支持第三方审计争议案例。

AI模型通过“多源数据融合—混合模型架构—动态轻量化部署”，突破传统核算方法效率低、主观性强等瓶颈。未来需聚焦两大方向：一是开发机器学习算法，应对超大规模生态数据计算；二是构建数字孪生生态，实现价值核算与政策制定的虚实交互。最终形成“数据驱动评估—智能决策调控—价值公平分配”的生态治理新范式。

4. 多元协同机制

(1)政府—企业—村集体“生态共治联合体”

构建政府—企业—村集体“生态共治联合体”，需通过权责明晰、利益共享、技术赋能实现三方协同治理，形成生态保护与经济发展的良性循环。以下是系统性设计与实施框架。

①联合体架构与角色定位

一是主体角色分工见表7-2。

表7-2 主体角色分工

主体	核心职能	资源投入
政府	政策制定、生态红线监管、跨区域协调、公共资金引导	财政补贴、数据开放、法规保障
企业	技术赋能、产业开发、市场化运营	绿色技术、资本投入、品牌渠道
村集体	资源供给(土地/生态资产)、在地化执行、社区监督	劳动力、传统生态知识、在地网络

二是治理结构设计。

决策委员会：三方代表按比例(如政府30%、企业40%、村集体30%)组成，采用“双否决权”机制(政府保生态底线、村集体保民生权益)。

专业工作组包括：生态修复组(政府牵头)，制定修复标准，监督企业施工合规性；产业运营组(企业牵头)，设计生态产品开发与营销方案；社区协调组(村集体牵头)，组织村民参与、调解利益纠纷。

②协同机制与运作模式

一是利益共享机制。基础收益：村集体以生态资源入股，获得固定分红(如年收益的20%)。绩效分成：企业超额利润的30%用于村集体福利(医保、教育)、30%投入生态再投资。政府补偿：生态绩效达标后，政府按GEP增量给予奖励(如每提升1%补偿50万元)。

二是风险共担机制。设立风险储备金池(三方按5∶3∶2比例出资)，用于应对自然灾害或市场波动。

三是技术赋能体系。区块链+智能合约：生态数据(如碳汇量、水质)实时上链，触发自动分配收益(例：碳汇交易到账后，智能合约按比例分账至三方钱包)。村集体通过DAO投票参与重大决策(如项目选址)，投票权重与生态贡献挂钩。数字孪生平台：构建三维生态模型，模拟开发方案影响(如旅游设施建设对生物多样性的影响)，辅助科学决策。

③典型应用场景

场景1：矿山生态修复与产业开发。

政府:划定修复标准,提供每亩3万元补贴。

企业:采用“土壤改良+光伏发电”技术修复矿区,建设观光农业园。

村集体:以废弃矿地入股,村民参与园区维护,获得工资+分红。

成效:修复后土地增值5倍,村民年增收2万元,政府获得碳汇指标。

场景2:流域生态保护与水资源交易

政府:建立跨省补偿机制(下游按水质支付上游保护费)。

企业:开发智能水权交易平台,实现实时计量与结算。

村集体:组织村民成立“护水队”,数据化巡河记录提升补偿金。

成效:水质达标率从70%提升至95%,村集体年获补偿金500万元。

④制度保障与政策工具

一是法律与政策创新。生态产权制度:颁发生态资源经营权证,允许村集体将修复后的土地经营权质押融资。绿色金融支持:银行对联合体项目提供“优先审贷、利率下浮1%”优惠,政府提供风险补偿金。

二是考核与激励机制。政府考核:将GEP增长率纳入官员政绩考核(权重≥20%),实行“生态一票否决制”。企业激励:生态项目税收减免(如企业所得税减按15%征收),优先获得土地开发权。村民参与:设立“生态积分”,积分可兑换医保补贴、低息贷款,积分排名高者优先获聘项目岗位。

⑤风险防控与冲突协调

一是利益冲突化解。三级调解机制包括村级协商:社区协调组组织村民议事会;第三方仲裁,引入环保NGO专家委员会;司法介入,生态法庭快速审理。

二是动态利益调整:每3年根据GEP增长率和村民收入增幅重新协商分成比例。三是生态风险管控。AI预警系统:通过卫星遥感监测生态扰动(如非法砍伐),自动触发无人机核查并报警。退出机制:企业连续2年未达生态绩效,政府有权收回经营权;村集体破坏生态,扣减分红并纳入征信黑名单。

“生态共治联合体”通过制度重构(产权—分配—考核)、技术穿透(区块链-AI)、利益相容(风险共担—收益共享),破解了传统治理中“政府管、企业干、村民看”的困局。其成功关键在于建立三方平等对话的制度性信任,并通过数字化工具实现生态价值的可衡量、可交易、可追溯。未来需深化跨区域联合体网络建设,推动“点状突破”转向“系统变革”,为全球生态治理提供中国方案。

(2)生态银行模式中的风险共担机制

生态银行模式中的风险共担机制需通过多方责任划分、金融工具创新、动态调节机制,平衡生态保护与市场风险,确保各方利益与责任对等。以下是系统性设计框架。

①风险类型与识别

一是风险表现与主体见表7-3。

表 7-3 风险表现与主体

风险类别	具体表现	影响主体
生态风险	生态修复失败、自然灾害(洪水/干旱)、生物多样性下降	政府、村集体
市场风险	生态产品价格波动(如碳汇贬值)、市场需求萎缩(如有机农产品滞销)	企业、金融机构
政策风险	生态补偿标准下调、土地用途管制收紧	政府、企业
执行风险	村集体履约能力不足(如土地流转纠纷)、技术实施偏差(如修复技术不达标)	企业、村集体

二是风险量化工具。

生态风险评估模型:基于卫星遥感数据(如植被覆盖度、土壤侵蚀率等)与历史灾害数据库,预测区域生态风险等级。如某湿地修复项目生态风险指数=0.35(低风险)。

市场敏感性分析:蒙特卡洛模拟碳汇价格波动(±30%),测算项目内部收益率(IRR)变化区间。

②风险共担主体与责任分配

一是多方责任矩阵见表 7-4。

表 7-4 多方责任矩阵

主体	承担风险类型	责任形式
政府	政策风险、部分生态风险	提供财政担保、灾害救助基金、调整补偿政策
生态银行	市场风险、执行风险	设立风险储备金,购买保险,动态调整项目组合
企业(运营商)	技术风险、市场风险	缴纳履约保证金、技术兜底(修复失败则自担成本)
村集体/农户	执行风险(违约)、部分生态风险	以土地经营权抵押,参与保险共保
金融机构	融资风险	设计分层信贷(优先级/劣后级),要求抵押物足值

二是风险分担比例示例(以碳汇项目为例)见表 7-5。

表 7-5 风险分担比例示例

风险类型	政府/%	生态银行/%	企业/%	村集体/%	金融机构/%
碳汇价格下跌/%	30	40	20	5	5
修复技术失败	10	30	50	5	5
自然灾害	50	20	10	15	5

③风险共担工具与机制

一是资金池与保险机制。风险储备金池：各方按比例注资（如政府30%、生态银行40%、企业20%、村集体10%），用于覆盖突发风险。如1亿元项目，储备金池规模为总投资的5%（500万元）。指数保险：基于客观指标（如降雨量<50mm触发干旱赔付），避免道德风险。如广西桉树林碳汇项目购买“降雨指数保险”，保费由生态银行与村集体按7∶3分担。

二是动态调节机制。收益—风险再平衡：每年根据风险发生情况调整各方分担比例。若企业连续两年无技术失败，其风险承担比例降低5%。风险对冲金融工具：发行“绿色衍生品”（如碳汇期货），允许企业锁定未来销售价格，减少市场波动冲击。

三是技术赋能风控。区块链+智能合约：生态数据实时上链（如林木生长量），若未达预期则自动冻结部分收益，用于风险缓冲。如四川大熊猫栖息地项目，碳汇增长量低于目标90%时，智能合约划转10%收益至储备金池。AI预警系统：利用LSTM模型预测生态参数异常（如病虫害暴发概率≥30%），提前启动应急预案。

④典型案例：福建南平“生态银行”风险共担实践

一是运作机制包括风险储备金：政府出资2 000万元，生态银行募资3 000万元，企业缴纳1 000万元。保险覆盖：购买“生态修复效果险”，保险赔付触发条件为植被恢复率小于80%。动态调整：每季度评估风险敞口，各方分担比例通过DAO投票调整。二是成效显著。风险事件发生率下降40%，项目平均IRR提高至12.5%。村集体通过土地抵押获得低息贷款，违约率仅2.3%。

⑤优化方向与政策建议

一是强化制度保障。立法明确责任：出台《生态银行风险管理条例》，规定各方风险分担下限。政策性再保险：由国家成立生态保险再保公司，分担地方保险机构风险。二是创新金融工具。生态风险证券化：将风险储备金池打包为ABS产品，吸引社会资本参与。气候衍生品试点：在碳汇交易中引入期权合约，对冲价格波动风险。三是技术深度融合。元宇宙模拟：构建生态项目数字孪生体，压力测试极端风险场景（如百年一遇洪水）。DeFi（去中心化金融）：通过链上流动性池实现风险分散，农户可质押生态资产获得稳定币补偿。

生态银行风险共担机制的核心在于“风险分散化、责任契约化、调控智能化”，通过多层次工具设计，将单一主体承担的系统性风险转化为可量化、可交易、可管理的模块化风险。未来需重点突破两大瓶颈：一是建立跨区域风险对冲网络（如流域生态银行联盟），二是开发精准风险定价模型（如基于强化学习的动态定价），最终实现生态保护与市场效益的可持续平衡。

（3）公众参与式生态保护志愿服务体系

构建公众参与式生态保护志愿服务体系，需以技术赋能、多元激励、精准匹配为核心，形成“人人可参与、过程可追溯、贡献可量化”的生态治理新模式。以下是系统性实施方案。

①组织架构：分层协作网络

一是四级联动体系角色与职能见表7-6。

表 7-6　四级联动体系角色与职能

层级	角色	核心职能
国家级	生态环境部+共青团中央	制定标准、统筹平台建设、跨区域资源调配
省级	环保厅+志愿者联合会	项目审核、培训师资库管理、数据对接地方生态监测系统
市级	环保局+社会组织孵化中心	活动执行、在地企业合作对接、志愿者星级评定
社区/村级	居委会/村委会+环保网格员	需求采集、微项目发起、志愿者日常管理

二是专业联盟构建。高校联盟:开设生态志愿服务学分,研发公民科学项目(如鸟类识别 AI 训练数据标注)。企业 CSR 网络:员工志愿服务时长可兑换企业碳账户积分,用于抵扣碳排放。银发志愿者库:组织退休专家开展生态监护(如河道巡查),累计时长兑换养老社区优惠。

②技术平台:区块链+AI 双驱动

一是全流程数字化管理。"绿码"身份系统:志愿者实名认证后生成唯一生态 ID,记录参与项目、技能标签、信用评分,数据上链存证,对接政府信用体系(优良记录纳入个人征信加分项)。智能匹配引擎:基于 LBS(地理位置服务)+兴趣标签(如观鸟、植树),推送个性化志愿项目。如家住太湖边的用户,自动推荐"蓝藻监测助手"岗位。

二是贡献值量化体系见表 7-7。

表 7-7　贡献值量化体系

行为类型	计量方式	贡献值兑换
实地服务(植树/巡护)	北斗定位签到+任务完成照片核验,每小时=50 积分	1 积分=0.1 元碳币(可购有机农产品)
知识传播(科普内容)	短视频播放量×0.01 + 点赞数×0.1	1 000 积分=自然教育营地体验券
数据贡献(物种记录)	每条经专家审核的有效数据=20 积分	500 积分=兑换濒危物种领养权(虚拟 NFT)

③服务场景与模式创新

一是公民科学计划。生物多样性普查:志愿者通过 AI 识别 App(如"自然伙伴")上传物种照片,数据直通中科院生物多样性平台。贡献突出者可获署名权,进入《区域生态白皮书》致谢名单。环境质量哨兵:发放便携式检测包($PM_{2.5}$、水质 pH 值检测),数据实时上传至生态云脑。

二是虚实融合行动。元宇宙植树:线下认养实体树苗,线上通过 VR 照料虚拟树木,生长数据映射现实状态,成材后生成唯一碳汇 NFT,可交易或捐赠。游戏化任务:开发"生态守卫者"闯关游戏,清理虚拟垃圾兑换真实湿地清理工具包。

④激励机制:物质—精神双循环

一是阶梯式荣誉体系见表 7-8。

表 7-8　阶梯式荣誉体系

服务时长	称号	权益
50 小时	绿色新星	电子勋章、公益捐赠证书
200 小时	生态卫士	优先参与国家级保护区科考、定制纪念装备
500 小时	自然代言人	成为环保品牌推荐官、入选《中国志愿者年鉴》

二是市场化价值转换。碳普惠联动：志愿服务积分按 1∶10 兑换地方碳普惠额度，用于乘坐公交、景区门票折扣。绿色金融赋能：银行推出“志愿贷”，年度服务超 100 小时者可获低息贷款（利率下浮 0.5%）。

⑤保障机制：可持续运营设计

一是资金多元供给。社会企业反哺：环保产品销售额的 1%注入志愿服务基金（如“每卖一个环保袋捐 0.5 元”）。政府购买服务：将河道巡查、入侵物种清除等非核心业务外包给志愿团队，按成效支付费用。

二是风险防控。保险覆盖：为高风险项目（如野外巡护）购买团体意外险，保费由平台运营方承担。信用黑名单：虚假签到、数据造假等行为扣除双倍积分，严重者冻结生态 ID 并公示。

⑥典型案例：深圳“志愿者之城”升级版

a. 运作机制是接入“碳普惠”平台，志愿服务积分可兑换地铁票、充电桩优惠。

b. 开发“生态任务链”小程序，企业发布任务（如海滩清理），志愿者接单获奖励。

c. 成效表现为年均参与人次突破 200 万，红树林修复效率提升 40%。

d. 通过技术穿透（区块链确权+AI 匹配）、价值重构（贡献可量化兑换）、场景创新（虚实融合），破解传统志愿活动参与低效、激励不足的痛点。未来可探索 DAO 治理模式，让志愿者通过链上投票决定资金使用方向，真正实现“我的生态我做主”，推动生态文明建设从政府主导迈向全民共治。

7.3　生态产品价值实现的共同富裕路径

7.3.1　生态产品价值实现的要素集聚动力

1. 政策牵引力：生态保护红线与市场准入负面清单

生态保护红线与市场准入负面清单作为两大核心政策工具，通过“刚性约束+柔性引导”的协同设计，形成对生态保护与经济发展的双向调控力。二者的联动机制需在空间管控、产业筛选、动态调整等维度深度融合，实现“红线守底线、清单划禁区”的治理目标。崔元飞（2023）认为政府调控路径，主要是生态保护补偿，提出总量、结构、质量、功能、成本、效益作为补偿依据的生态保护补偿框架，以追求生态保护补偿效益最大化。

（1）政策功能定位与作用边界

一是政策功能与管控方式见表 7-9。

表 7-9　政策功能与管控方式

政策工具	核心功能	作用对象	管控方式
生态保护红线	划定生态安全底线,禁止/限制开发活动(如工业建设、采矿)	地理空间(陆域/海域)	空间刚性约束
市场准入负面清单	明确禁止或限制投资的产业类别(如高污染、高耗能行业)	市场主体(企业/项目)	行业准入限制

二是协同逻辑。空间—行业双重锁定:红线划定“哪里不能开发”,清单明确“什么不能开发”,交叉形成“空间+产业”立体防护网。正向激励补充:清单中设“生态友好产业鼓励类”,引导资本向绿色领域流动,对冲红线区经济机会损失。

(2)协同机制设计:三维联动模型

一是空间联动:地理信息融合决策。“一张图”管理系统:将生态红线边界坐标嵌入工商登记系统,企业选址自动触发红线核查。如某化工企业拟在长江沿岸设厂,系统识别该区域属红线范围,直接驳回注册申请。缓冲区梯度管控:红线外延 5 千米设为“限制准入区”,清单中高环境风险行业需额外通过环评(如废水零排放证明)。

二是产业联动:清单动态适配红线。负面清单分类管理:生态红线区禁止一切工业项目,仅允许生态修复、科研监测,如青海三江源禁止风电项目;红线毗邻区,限制新建石化、造纸项目,现有企业需达到超低排放标准,如太湖沿岸印染企业强制安装水质在线监测;一般区域执行全国统一负面清单;绿色产业白名单,对红线区内允许的生态产业(如碳汇交易、生态旅游)给予税收减免、审批绿色通道。

三是动态调整:弹性适应发展需求。五年评估机制:基于卫星遥感监测红线区生态恢复状况,决定是否放宽毗邻区产业限制。如若某红树林保护区生物多样性提升 20%,允许外围适度发展生态养殖。企业退出补偿:对因清单调整被迫退出的企业,按“资产评估+生态贡献”给予补偿(如河北钢铁企业搬迁补偿标准为产值的 30%)。

(3)实施保障:技术穿透与利益平衡

一是智能监管技术支撑。区块链+遥感监测:企业排污数据实时上链,与红线区生态参数(如水质、空气 $PM_{2.5}$)自动比对,触发预警。如江苏建立“环保天眼”系统,2022 年拦截红线区违规项目 83 个。AI 产业筛选模型:输入项目位置、工艺参数,自动输出合规性结论及整改建议(准确率≥95%)。

二是利益协调机制。生态补偿 2.0:红线区所在地政府可获得清单内高污染行业税收的 30%作为补偿(资金来源于全国生态补偿基金)。飞地经济模式:受管控地区通过“飞地园区”引进绿色产业(如贵州赤水与上海共建竹产业加工园),GDP 与税收分成。

(4)典型案例:长三角生态绿色一体化发展示范区

政策协同实践。空间联动:划定示范区生态红线占比达 32%,禁止清单内 12 类产业(如电镀、印染)进入。产业引导:制定“生态友好产业目录”,对绿色科创企业给予地价优惠(按基准价 70%出让)。

实施成效:2020—2023 年红线区生态质量指数提升 18%,绿色产业投资占比从 25%增至 47%。跨省(市)补偿机制落地,上海向江苏支付水源保护补偿金年均 2.3 亿元。

(5)未来优化方向

清单精细化:按生态敏感性细分行业限制等级(如一类红线区全行业禁止,二类限制特定工艺)。

数据共享破壁:打通自然资源、市场监管、税务部门数据孤岛,构建全生命周期监管链。

市场化工具补充:发展排污权交易、绿色债券等,减轻行政管控压力。

生态保护红线与市场准入负面清单的协同机制本质是通过“空间锁死+产业筛选”形成政策合力。未来需强化三方面能力:动态适应的政策弹性(避免“一刀切”)、智能化的监管穿透力(技术赋能)、多元化的利益平衡机制(补偿与激励并行)。唯有如此,方能在守护生态底线的同时,激活高质量绿色发展的新动能。

2. 市场驱动力:碳汇交易、水权交易等绿色金融工具创新

绿色金融工具的创新是生态价值市场化的核心引擎,通过碳汇交易、水权交易等机制,将“绿水青山”转化为可量化、可流通、可增值的金融资产,激发多方主体参与生态保护的积极性。以下是系统性创新路径与实践案例。

(1)碳汇交易:从核算到资本化

①底层技术创新。精准核算体系:基于卫星遥感(如GF-6号高光谱数据)与地面物联网监测,构建森林、湿地、农田碳汇动态模型,核算精度提升至90%以上。如福建三明林业碳汇项目,通过AI算法实现每15天更新一次碳储量数据。

②区块链存证:碳汇数据哈希值上链(如蚂蚁链),确保不可篡改,支持跨国买家追溯来源。

③交易机制突破。

一是多元化产品设计创新见表7-10。

表7-10　多元化产品设计创新

产品类型	标的物	创新点
林业碳汇期货	未来5年碳汇交付权	对冲价格波动风险,吸引金融机构套期保值
社区小微碳包	农户退耕还林碳汇(<100吨)	聚合碎片化资源,降低交易门槛

二是跨区域交易网络。建立全国统一碳市场与区域试点市场(如广东碳普惠)的互联机制,允许CCER(国家核证自愿减排量)跨省流通。

三是实践效果显著。浙江安吉竹林碳汇:农户将毛竹林纳入碳汇项目,每亩年均增收200元,通过“碳汇贷”获得低息贷款扩建生态茶园。内蒙古草原碳汇交易:牧区减畜放牧形成的碳汇打包为“草牧碳汇包”,售予蒙牛集团抵消乳业碳足迹,牧民户均年收益增加5 000元。

(2)水权交易:从确权到金融化

一是产权制度创新。四维水权分割:将水资源分解为所有权(国家)、使用权(企业/农户)、收益权(交易方)、生态权(公共利益),颁发电子水权证。如宁夏“水银行”允许农户节余水权挂牌交易,2022年交易量达1.2亿立方米。

二是金融工具设计。水权质押融资:企业以水权证为抵押物,获得贷款利率下浮0.5%~1%的绿色信贷,资金用于节水技术改造。水期权合约:干旱高风险区农业企业购买

“水权看涨期权”,锁定未来灌溉用水价格,减少成本波动风险。

三是跨流域协同。新安江皖浙水权交易:安徽黄山市通过节水工程腾出2 000万立方米水权,以0.1元/立方米售予浙江杭州市,年收益200万元反哺上游生态保护。

(3)复合型工具创新:碳汇+水权联动

一是生态资产证券化。“山水债”发行:将碳汇、水权收益打包为ABS(资产支持证券),优先级收益率设定为5%~6%,吸引保险资金认购。如云南普洱发行首单“古茶树保护ABS”,募集2亿元用于生态修复,年化收益来自碳汇销售与茶叶品牌溢价。

二是指数联动保险。“碳—水”复合指数保险:当区域碳汇量下降10%且降水量低于历史均值20%时,触发保险赔付,覆盖生态修复成本。如甘肃祁连山保护区投保该产品,保费由地方政府与旅游企业按7∶3分担。

(4)技术赋能与风险防控

一是智能合约自动执行。碳汇交易资金通过智能合约分账:农户70%、管护机构20%、风险准备金10%,到账时间从30天缩至2小时。

二是AI风控模型。集成气象预测、市场供需、政策变动数据,预警碳价暴跌或水权违约风险,准确率超85%。

三是元宇宙沙盘推演。构建数字孪生流域,模拟不同交易策略对生态与经济的影响,辅助政府与企业决策。

(5)挑战与突破方向

一是标准化瓶颈。推动碳汇计量方法(如VCS、CCER)与水权核算规则(如ISO 14046)国际互认,减少跨境交易摩擦。二是流动性提升。发展做市商制度,允许金融机构持有碳汇现货并开展回购交易,日均交易量目标提升至100万吨。三是普惠性增强。开发“小微生态钱包”,农户可通过手机App直接交易碳汇、水权,手续费降至0.5%以内。

碳汇与水权交易的金融化创新,本质是通过市场化定价破解生态保护的正外部性难题,借助技术穿透(区块链、AI)与机制设计(期货、证券化)实现生态价值的规模化变现。未来需重点构建“国内统一市场+国际互认网络”,推动绿色金融工具从“政策驱动”转向“市场自驱”,最终形成“保护者获利、破坏者付费、投资者共赢”的生态文明新经济范式。

3.技术渗透力:生态资产核算技术与区块链溯源系统

生态资产核算技术与区块链溯源系统的结合,通过数据穿透、流程重构、信任重塑,解决了传统生态管理中数据孤岛、价值模糊、溯源困难等核心问题,为生态资产市场化提供技术基石,达到生态资产核算技术与区块链溯源系统的深度融合。

(1)生态资产核算技术:从静态评估到动态定价

①多源数据采集与融合

一是空天地一体化监测。卫星遥感:利用高分卫星(分辨率0.5米)监测土地利用变化,结合NDVI(归一化植被指数)评估森林碳汇动态。无人机巡检:搭载多光谱传感器,精准识别湿地植被类型(如红树林、芦苇),定位非法开垦区域。物联网终端:部署土壤湿度、水质pH值传感器,实时上传数据至边缘计算节点。

二是数据标准化处理。采用ISO 14064(碳核算)、SEEA EA(生态系统核算)标准,统一数据格式与计量单位。

②AI 动态估值模型

多模态深度学习：输入卫星影像、气象数据、市场碳价，输出区域生态资产现值及未来收益曲线（如云南普洱古茶树碳汇价值预测误差≤8%）。实时风险调整：集成 LSTM（长短期记忆网络）预测自然灾害对资产价值的影响，动态更新估值（如台风过境后红树林碳汇损失率实时修正）。

（2）区块链溯源系统：构建可信价值链条

①数据上链与存证

一是数据类型与存储方式见表 7-11。

表 7-11　数据类型与存储方式

层级	数据类型	存储方式
L1（公有链）	资产哈希、交易记录	IPFS 分布式存储
L2（联盟链）	原始监测数据、权属证明	政务云+私有节点

二是跨链互操作。通过 Polkadot 桥接生态链与金融链（如碳交易所），实现碳汇资产跨平台流转。

②全生命周期溯源

“一物一码”标识：为每块林地/水域生成唯一 NFT（非同质化通证），记录种植、管护、交易全流程。如江西婺源“皇菊链”中，消费者扫码可追溯菊花从种植到销售的碳排放数据。

智能合约自动执行：预设条件触发生态补偿：当卫星监测到某区域碳汇增长超阈值，自动向农户钱包发放奖励通证（如 1 吨 CO_2e 发放 10 个 GreenCoin）。

（3）技术融合应用场景

①林业碳汇精准管理

动态核算：基于高光谱卫星数据，AI 模型每季度更新碳储量，误差率<5%。链上交易：碳汇资产经第三方核证后上链，买家可追溯每吨碳汇的林地位置、树种组成及管护记录。如福建三明“林业碳汇+区块链”项目，2022 年交易额突破 2 亿元，数据篡改风险降低 90%。

②水权交易透明化

智能水表上链：农业灌溉用水量实时记录，超出配额部分需从水权市场购买，交易记录不可篡改。

跨区域结算：新安江皖浙水权交易通过智能合约自动分账，结算时间从 15 天缩至 2 小时。

③生物多样性金融

物种 DNA 链上存证：珍稀物种基因数据哈希值写入区块链，用于生态补偿定价参考（如中华穿山甲栖息地保护价值提升 30%）。生态贡献通证化：公众参与物种监测可获 BIO 代币，兑换保护区门票或科研众筹权益。

④技术实施挑战与突破

数据治理难题的解决方案：建立联邦学习框架，各方数据本地加密训练，仅共享模型参数（如浙江“天穹”隐私计算平台）。采用零知识证明（zk-SNARKs），验证数据真实性而不泄露敏感信息。能耗与性能平衡的技术创新方案：区块链层采用 PoS（权益证明）或 PoA（权威证明)共识机制,较传统 PoW(工作量证明)能耗降低 99%。分片技术(如 ETH 2.0)提升 TPS 至 10 万+,支持大规模生态数据上链。标准化与操作性路径设计:推动国际互认的生态数据标准(如联合国 SEEAB+ISO 14082),建立跨链协议(如 Cosmos IBC),开发适配多链的生态资产钱包,支持碳汇、水权、生物多样性通证一站式管理。

生态资产核算技术与区块链溯源系统的深度融合,标志着生态治理从"经验驱动"迈向"数据驱动"。通过实时监测—精准定价—可信交易的技术闭环,不仅解决了生态价值"算不清、看不透、卖不掉"的痛点,更重塑了政府、市场、公众的协作关系。未来,随着量子计算、AI 大模型的进一步渗透,生态资产管理将进入"超自动化"时代,为全球碳中和目标提供可复制的技术范式。

4. 社会参与力:社区共治与企业 ESG 投资趋势

在可持续发展目标的推动下,社区共治与企业 ESG 投资逐渐成为提升社会参与力的两大核心驱动力。两者的结合不仅重塑了社会资源分配和治理模式,还为解决复杂的社会与环境问题提供了创新路径。简聃(2024)认为一个完整的生态产品价值实现动态体系是由"多元参与—统筹协调—运行保障—探索创新—考核督促"这五个系统结构共同构成的。

(1)社区共治与企业 ESG 的核心理念

社区共治是以居民为核心,政府、企业、非营利组织等多方协作,通过民主协商共同解决社区问题。其主要特征:参与性,居民直接参与决策(如社区规划、预算分配);包容性,关注弱势群体需求(如老年人照护、残疾人设施);可持续性,推动本地资源循环利用(如社区菜园、共享能源)。

企业 ESG 投资是指企业在环境(E)、社会(S)、治理(G)领域的战略性投入,旨在实现长期价值与社会福祉的双赢。其核心维度包括:环境,碳中和、资源效率、生物多样性保护;社会,劳工权益、社区发展、产品责任;治理,董事会多样性、反腐败、透明披露。

(2)社区共治与 ESG 投资的协同逻辑

①需求互补

社区痛点是缺乏资金、技术、管理经验推动可持续发展。企业诉求是通过 ESG 实践提升品牌声誉、降低合规风险、获取政策支持。协同路径是企业以 ESG 资金支持社区项目,社区为企业提供在地化解决方案验证场景。

②价值共创

价值共创的成功案例如:联合利华"可持续生活计划",在印度农村社区推广节水农业技术,减少水资源消耗(E),同时提升农民收入(S);星巴克"社区门店",雇佣本地残障人士,提供培训并分享利润(S),增强社区凝聚力(G)。

(3)当前趋势与创新实践

①社区共治的 ESG 化

数字化治理工具:区块链投票平台(如瑞士"Decidim"),确保社区决策透明可追溯。AI 驱动的需求分析系统:识别社区环境问题(如垃圾处理瓶颈)并匹配企业资源。社区微金融:企业通过 ESG 基金支持社区绿色小额贷款(如太阳能设备购置),居民以节能收益还款。

②ESG 投资的社区嵌入

一是投资模式与社区受益见表 7-12。

表 7-12 投资模式与社区受益

项目类型	企业角色	社区受益
社区光伏电站	投资建设+运维	低价用电+售电分红
循环经济产业园	技术赋能+市场对接	就业岗位+废弃物资源化收益

二是社会效益债券(SIB)主要是企业预付资金支持社区教育或医疗项目,政府按成效偿还本金+利息(如纽约减少青少年犯罪项目)。

(4)挑战与应对策略

参与失衡风险问题表现为社区决策可能被精英群体主导,边缘群体被忽视。

应对策略是设立"少数群体代表席位",确保弱势群体发声(如原住民、低收入家庭),使用简易数字化工具(如语音投票 App)降低参与门槛。

ESG 绩效漂绿问题主要企业夸大社区项目的环境影响,实际效果有限。应对对策是第三方认证(如 B Corp、GRI 标准)结合区块链溯源,确保数据不可篡改。社区参与式监测:居民通过手机 App 实时反馈项目成效(如水质改善数据)。

长期可持续性的主要问题是企业撤资后社区项目难以维系。通过建立"社区能力建设基金",将 ESG 收益的 10%用于培训本地管理团队。设计"滚动投资"机制,新企业接棒延续项目(如碳汇林管护权转让)。

(5)未来展望

一是技术驱动的深度协同。元宇宙社区治理:虚拟空间模拟政策影响,居民通过数字分身参与决策。AI+ESG 合规:自动生成社区需求报告,匹配企业 ESG 资源库(如 IBM Watson)。

二是政策创新支持。税收杠杆:对社区共治型 ESG 项目减免企业所得税(如减按 15%征收)。标准统一:推动全球 ESG 披露准则(如 ISSB)与社区治理指标(如 SDG 11)对接。

三是跨界网络构建。社区—企业—政府数据共享平台:打破信息孤岛,实时追踪项目进展。全球 ESG 社区联盟:跨国企业联合资助气候脆弱社区(如太平洋岛国)的韧性建设。

社区共治与企业 ESG 投资的融合,标志着社会参与力从"分散行动"迈向"系统协作"。通过需求对接、技术赋能、制度保障,两者共同构建了"在地化创新—全球化影响"的可持续发展生态。未来,随着公民意识觉醒和资本向善趋势深化,这一模式有望成为破解不平等、气候变化等世纪难题的关键引擎。

7.3.2 生态产品价值实现的共同富裕路径

1. 价值转化路径

通过生态资源直接交易是生态价值市场化的基础路径,生态产业化开发是生态资源价值转化的进阶路径,生态品牌溢价与区域价值外溢的体系化构建探寻生态产品价值转化路径。罗琼和李宏伟(2023)认为碳汇生态产品价值实现与巩固脱贫攻坚成果、实现共同富裕之间在理论逻辑和战略内涵上具有较强的一致性。

(1)初级路径:生态资源直接交易(林业碳汇/水权交易)

生态资源直接交易是生态价值市场化的基础路径,通过林业碳汇和水权交易,将自然资源转化为可量化的经济收益,促进共同富裕。

①林业碳汇交易初级路径

一是资源评估与项目开发。资源摸底：利用卫星遥感（如 Landsat-8）和地面样地调查，核算县域森林碳储量，筛选可开发碳汇林（要求树龄≥5 年、连片面积≥100 亩）。技术工具：使用 IPCC（政府间气候变化专门委员会）推荐的碳计量模型（如 COMAP）。项目设计：编制《林业碳汇项目设计书》（PDD），明确基线情景（无项目时的碳排放）、额外性（项目减排量超出常规管理部分）。

二是核证与注册。第三方核证：选择国家发展改革委备案的核证机构（如中国质量认证中心），对碳汇量进行审定（误差率≤10%）。平台注册：在国家级碳交易平台（如全国碳排放权注册登记系统）或地方试点市场（如福建海峡股权交易中心）登记项目，签发 CCER（国家核证自愿减排量）。

三是交易与收益分配。交易模式及适用场景见表 7-13。

表 7-13　交易模式及适用场景

模式	适用场景	案例
协议转让	大宗交易（≥1 万吨 CO_2e）	国有企业购买碳汇抵消年度排放目标
挂牌竞价	中小企业零散交易	浙江安吉竹农通过区域碳普惠平台出售碳汇

收益分配为农户（70%）+村集体（20%）+管护基金（10%），通过区块链智能合约自动分账。

四是初级挑战与解决方案。计量准确性：部署低成本物联网设备（如土壤碳通量监测仪），结合 AI 模型校准数据。交易成本高：政府补贴核证费用（如福建三明补贴 50%审定费），村级集中申报降低边际成本。

②水权交易初级路径

一是水权确权与分配。水量核算：基于水文模型（如 SWAT）测算区域水资源总量，按“生活—生产—生态”用水红线分配初始水权。确权登记：颁发电子水权证，明确农业灌溉、工业取水等用途，嵌入区块链防篡改。

二是交易机制设计。交易类型及交易场景见表 7-14。

表 7-14　交易类型及交易场景

类型	标的物	交易场景
区域间水权交易	跨行政区用水指标转让	每年新安江安徽段向浙江转让 2 000 万立方米
农户间水权交易	节余灌溉水权	宁夏农民通过“水银行”出售节水指标

定价机制是基准价+浮动价：政府设定最低保护价（如 0.1 元/m^3），市场供需调节溢价。

三是监测与履约。智能监测：安装 NB-IoT 智能水表，实时上传用水量至监管平台，超量部分自动触发罚款。违约处置：建立“红黄牌”制度，首次超量警告（黄牌），二次取消交易资格（红牌）。

四是金融工具初探。水权质押贷款：农业企业以水权证为抵押，申请利率下浮 0.5%的绿色信贷(如内蒙古河套灌区试点)。水权保险:投保"干旱指数保险",降水量低于历史均值20%时获赔,保费由政府和用户分担(比例为7∶3)。

③政策与技术支撑

一是政策保障。法规完善:出台《生态资源交易管理条例》,明确交易流程、争议解决机制(如浙江丽水地方立法)。试点先行:选择生态资源丰富、市场化基础好的县域(如江西婺源、云南普洱)开展试点,积累经验。二是技术赋能。轻量化工具包:开发"碳汇计算器"App,农户拍照上传林木信息,自动估算碳汇潜力。水权交易平台集成GIS地图,可视化展示区域水权供需热力图。区块链存证:碳汇项目数据哈希值上链(如蚂蚁链),确保交易可追溯、防篡改。

④初级路径实施成效

典型案例成效见表7-15。

表7-15　典型案例成效

案例	核心措施	成效
福建三明林业碳汇	开发CCER项目12个,村级集中申报	累计交易额超3亿元,农户户均年增收5 000元
宁夏水权交易试点	建立"农业水权证+工业水票"交易体系	节水1.2亿立方米,工业用水效率提升30%

总结初级路径的主要核心经验是"小步快跑、聚焦可行":从易到难,优先开发计量清晰、权属明确的资源(如成熟人工林、灌区水权);技术降本,利用遥感+物联网替代高成本人工监测,区块链简化交易流程;利益驱动,设计"农户得大头、村集体可持续"的分配机制,激发参与动力。未来可通过升级至"生态资产证券化""跨区域复合交易"等进阶模式,持续释放生态价值。

(2)中级路径:生态产业化开发(生态旅游/有机农业)

生态产业化开发是生态资源价值转化的进阶路径,通过将生态优势与产业深度融合,构建可持续的商业模式。以下是生态旅游与有机农业的具体实施策略及关键要点。

①生态旅游产业化开发

一是先进行资源整合与产品设计。资源评估:利用GIS(地理信息系统)绘制生态资源地图,筛选核心吸引物(如森林覆盖率≥80%、生物多样性热点区)。技术工具:无人机航拍生成3D景区模型,识别可开发节点(观景台、徒步路线)。目标客群及核心卖点见表7-16。

表7-16　目标客群及核心卖点

产品类型	目标客群	核心卖点
自然教育研学	亲子家庭/学生群体	植物识别、生态修复实践课程
高端生态康养	高净值人群	森林疗愈SPA、定制化健康管理
社区文化体验	背包客/文化爱好者	非遗手作、农耕参与、在地美食工坊

二是社区参与与利益共享。合作社模式:村民以土地、房屋入股旅游公司(占股30%~40%),按年分红+工资(如云南阿者科村"旅游反哺"模式)。技能培训:政府联合企业开设"生态导游""民宿运营"培训班,村民持证上岗率≥70%。

三是可持续运营保障。环境承载力管控:设定每日游客上限(如九寨沟4.1万人次/日),通过门票预约系统动态调控。数字化营销:搭建"生态旅游元宇宙"平台,游客通过VR预览线路,预订碳积分抵现门票。成功案例如浙江余村"两山"旅游区开发竹海徒步、矿山遗址公园,2023年接待游客120万人次,村民年均旅游收入8万元。新西兰皇后镇生态旅游通过"环保税"(游客支付5%费用用于生态修复),实现旅游收入与保护投入的闭环。

②有机农业产业化开发

一是生产体系标准化。基地认证:申请中国有机产品认证(COFCC)、欧盟ECOCERT认证,认证成本政府补贴50%。技术要求:土壤3年转换期、生物防治替代农药(如释放赤眼蜂防控虫害)。智慧农业应用:部署物联网传感器监测土壤墒情,AI算法推荐最优施肥方案(如以色列滴灌系统节水40%)。

二是品牌与渠道建设。品牌定位及渠道策略见表7-17。

表7-17 品牌定位及渠道策略

品牌定位	产品示例	渠道策略
高端礼品市场	有机山茶油、野生菌	入驻盒马、Ole精品超市,售价溢价200%~300%
社区支持农业(CSA)	蔬菜订阅套餐	微信小程序直配,会员预付费模式

区块链溯源:消费者扫码可查看作物生长全周期数据(如施肥记录、检测报告),提升信任度。

三是产业链延伸。深加工增值:开发有机化妆品(如玫瑰精油)、功能食品(如富硒大米),毛利率提升至50%以上。农旅融合:开设有机农场体验日,游客参与采摘、加工(如自制果酱),带动二次消费(人均消费增加150元)。如黑龙江五常有机稻米通过"区块链+卫星遥感"确保种植合规性,终端售价达60元/千克,农户收入翻倍。日本MOA自然农法以自然循环为核心,产出高价有机农产品(如草莓售价300元/盒),覆盖高端市场。

③政策与技术赋能

一是政策支持体系。财政补贴:对有机认证费、生态旅游基建(木栈道、生态厕所)给予30%~70%补贴。土地政策:允许集体经营性建设用地直接入股旅游项目(如安徽宏村古民居开发)。

二是技术整合应用。数字孪生农场:构建虚拟农场模拟气候、市场波动影响,优化种植/旅游淡旺季策略。低碳技术:景区采用氢能摆渡车、光伏民宿,实现"零碳旅游"认证(如瑞士采尔马特小镇)。

④风险应对与升级路径

首先是风险管控。市场风险:开发"有机+旅游"保险产品,游客量或农产品价格低于预期时触发赔付。生态风险:设立生态修复基金,提取营业收入的5%用于保护区管护(如黄山西海大峡谷)。

其次是进阶方向。产业集群化:联合周边区域打造“有机农业走廊”“生态旅游联盟”,共享客源与供应链。碳标签赋能:测算有机产品碳足迹,贴上“负碳”标签进入高端市场(如英国 Riverford 农场)。

中级路径的核心在于“产业融合、价值倍增”:从资源到体验:将生态资源转化为可消费的旅游产品与高附加值农产品;从分散到系统:通过技术整合与政策支持,构建“生产—加工—营销”全链条;从短期到持续,设计社区共治与生态反哺机制,保障长期效益。

未来可向“生态金融化”(如发行文旅 REITs)、“全球化品牌输出”等高级阶段跃升,实现生态价值的指数级释放。

(3)高级路径:生态品牌溢价与区域价值外溢

生态品牌溢价与区域价值外溢是生态资源价值转化的顶层设计,通过品牌赋能与空间联动,将生态优势转化为全球竞争力和区域发展红利。以下是系统性实施框架。

①生态品牌溢价的构建逻辑

首先品牌核心要素与技术工具见表 7-18。

表 7-18　品牌核心要素与技术工具

层级	核心要素	技术工具	案例参考
功能价值	品质认证(有机/低碳/生物多样性)	区块链溯源、AI 质检	新西兰 Zespri 奇异果(每颗果品可追溯至果园)
情感价值	生态故事、文化 IP	VR 沉浸式叙事、NFT 数字藏品	日本“越后妻有大地艺术节”(艺术+稻田 IP)
社会价值	碳中和贡献、社区共富	碳足迹标签、DAO 治理公示	Patagonia“1%地球税”(年销售额 1%用于环保)

其次是品牌溢价实现路径。高端定价策略:对标奢侈品牌运营,限量发售生态珍品(如云南古树普洱单株定制茶,售价 10 万元/千克)。会员生态圈:设立“地球公民俱乐部”,会员消费额 5%转化为碳积分,可兑换北极科考参与权等稀缺权益。

第三是认证体系升级。国际双认证背书:同步取得欧盟 ECOLABEL、美国 USDA 有机认证,溢价能力提升 300%~500%。动态评级机制:基于卫星遥感的 ESG 评级系统(如 S&P Global CSA 得分),实时影响品牌估值。

②区域价值外溢的传导机制

一是核心区—辐射圈层结构见表 7-19。

表 7-19　核心区—辐射圈层结构

圈层	功能定位	产业联动
核心区	生态保护与品牌策源地	有机种植、科研监测、品牌总部
次级圈	配套加工与体验区	有机食品加工、生态研学基地
外延带	泛生态经济网络	清洁能源、碳汇交易、绿色金融

二是外溢价值捕获工具。区域品牌特许经营:授权周边企业使用生态品牌(如“武夷岩茶”地理标志),收取5%~15%特许权使用费。碳汇收益共享基金:提取区域碳交易收益的20%,投资于跨界基础设施(如跨省生态廊道)。

三是全球价值链嵌入。生态标准输出:主导制定国际生态产品标准(如ISO 14000衍生标准),掌控定价权。离岸生态园区:在发达国家设立“生态品牌体验中心”(如巴黎开设安吉竹文化馆),反向拉动本土出口。

③技术赋能与模式创新

一是元宇宙品牌生态。数字孪生地球:构建虚拟生态世界(如Decentraland环保主题岛),用户购买虚拟土地需绑定现实碳汇额度。NFT生态资产:发行濒危物种保护NFT(如东北虎数字徽章),销售收入50%用于野外巡护。

二是量子计算优化。生态经济预测:量子算法模拟气候-市场联动效应(如厄尔尼诺对有机咖啡价格影响),指导品牌策略。供应链超优化:量子退火算法规划全球低碳物流网络,降低运输碳排放30%以上。

三是社会协同网络。DeFi(去中心化金融)生态池:全球投资者质押加密货币参与生态基金,按智能合约分配碳汇收益。公民科学网络:消费者通过App上传生物观测数据,贡献突出者可获品牌股权奖励。

④实施挑战与战略突破

一是破解文化认知壁垒的解决方案。联合国教科文组织(UNESCO)合作认证“生态文化遗产”,提升全球认同。聘请国际明星担任“地球大使”(如莱昂纳多代言亚马孙雨林保护品牌)。

二是资本密集型投入。如融资创新:发行“生态品牌REITs”,将品牌无形资产(估值占比40%)证券化融资。主权财富基金设立“生态品牌成长母基金”,撬动千亿级社会资本。

三是地缘政治风险的对冲策略。建立“生态品牌海外维权基金”,应对贸易壁垒与知识产权诉讼,在RCEP、CPTPP框架内推动生态产品互认免税。

⑤典型案例:不丹“国民幸福总值”品牌化

品牌溢价构建:以“全球首个碳中和国”为定位,对外输出“幸福旅游套餐”。

区域外溢路径:喜马拉雅山麓生态保护经验复制至尼泊尔,收取区域品牌授权费。

技术赋能:全国区块链碳账户系统,游客消费自动折算碳积分抵充签证费。

生态品牌溢价与区域价值外溢的高级路径,本质是通过“品牌资本化、空间网络化、技术超维化”重构全球价值链分配规则。其终极目标是让生态禀赋成为比石油更重要的战略资源,对内形成“品牌溢价—产业升级—生态反哺”的内生循环;对外通过标准输出与文化渗透,掌握新时代的“生态话语权”。

未来竞争将不仅是产品与技术的较量,更是生态价值定义权的争夺。唯有以“地球级品牌”重塑经济地理,方能在碳中和时代占据制高点。

2. 要素配置策略

围绕建立生态功能区财政转移支付指数化调整机制构建、发行“生态专项债”引导社会资本下乡、培育生态产品经纪人职业群体的系统化路径进行要素配置策略组合优化。

(1)建立生态功能区财政转移支付指数化调整机制

①机制设立的目标

动态补偿:根据生态保护成效、区域发展成本等因素动态调整支付额度,确保补偿与贡献对等。

激励约束:通过指标量化,激励生态功能区提升保护效率,约束破坏性开发行为。

公平透明:基于客观数据实现资金分配科学化、流程公开化,减少人为干预。

②核心指标体系与权重

核心指标及权重见表7-20。

表7-20 核心指标与权重

指标类别	具体指标	数据来源	权重	调整逻辑
生态保护成效	森林覆盖率年增长率	卫星遥感(如Landsat)	30%	每提升1%,支付额增加3%
	地表水水质优良率(Ⅰ-Ⅲ类占比)	环保部门监测数据	20%	每提升5%,支付额增加2%
	生物多样性指数(物种丰富度/濒危物种保护)	生态普查+红外相机监测	15%	发现新物种或濒危物种繁殖成功,额外奖励5%
经济发展成本	生态保护投入占财政支出比例	地方财政决算报告	15%	比例每高于全国均值10%,支付额增加1.5%
	机会成本损失(限制产业GDP占比)	统计局数据+产业清单	10%	每损失1亿元,补偿0.2%
社会公平性	人均可支配收入与全国比值	国家统计局	10%	比值每低于全国10%,支付额增加1%

③指数化调整公式

年度支付额=基准支付额×综合调整系数

$$综合调整系数 = \sum (单项指标得分 \times 权重)$$

基准支付额:根据生态功能区等级(国家级/省级)初始核定。

单项指标得分:

正向指标(如森林覆盖率):(当年值-基期值)/基期值×100%

逆向指标(如水质劣Ⅴ类占比):(基期值-当年值)/基期值×100%

约束条件:若核心生态指标(如森林覆盖率)连续两年下降,综合调整系数最高不超过0.8。发生重大生态破坏事件(如非法采矿),当年支付额扣减30%~50%。

④实施流程

一是数据采集与核验。空天地一体化监测:卫星遥感月度扫描,自动提取植被、水域变化数据。无人机季度巡检重点区域(如自然保护区边界)。区块链存证:地方上报数据经哈希加密上链(如蚂蚁链),上级部门可溯源验证。

二是指数计算与公示。每年3月由第三方机构(如中国科学院生态环境研究中心)完成计算,结果在"全国生态补偿平台"公示15天。地方政府可对数据提出异议,触发专家复核程序(30日内完成)。

三是资金拨付与监督。按调整后额度分两期拨付(6月预付70%,12月结算30%)。资金用途审计:生态保护支出占比不得低于60%,违规地区下年度扣减20%额度。

⑤配套政策

一是奖惩机制。超额奖励:生态保护成效排名全国前10%的地区,额外奖励基准额的15%。一票否决:发生重大环境污染事故,取消当年支付资格并追回历史资金。

二是能力建设支持。技术赋能:免费接入国家生态云平台,获取遥感分析、碳汇核算工具包。人才培训:每年组织"生态管家"培训,提升基层数据管理与项目策划能力。

三是金融联动。绿色债券优先支持:生态绩效优良地区可发行专项债,利率下浮0.5个百分点。碳汇收益反哺:允许将未来5年碳汇收益权质押,提前获得50%支付额。

⑥试点案例:青海三江源地区

基准支付额:12亿元/年(国家级重点生态功能区)。

青海三江源地区2023年调整结果见表7-21。

表7-21　青海三江源地区2023年调整结果

指标	年度变化	得分贡献
森林覆盖率	+1.2%	+3.6%
地表水优良率	+8%	+3.2%
雪豹种群数量	新增3个繁殖家庭	+5%
生态投入占比	35%(全国均值25%)	+1.5%
人均可支配收入比值	全国均值的65%	+3.5%
综合调整系数	1.168	
实际支付额:12亿 × 1.168 = 14.02亿元(同比增加16.8%)。		

⑦预期成效

生态改善:力争5年内重点功能区森林覆盖率提升5%,水质优良率超90%。

公平性提升:贫困生态区人均收入与全国比值差距缩小至15%以内。

财政效率:资金使用合规率从现状60%提高至85%以上。

该机制通过"指标量化—动态调整—技术穿透",将生态保护从"被动输血"转为"主动造血",实现以下三大突破。科学性:多源数据支撑,避免"拍脑袋"分配。激励相容:保护越好、补偿越多,形成正向循环。全局统筹:通过指数化工具平衡生态保护与区域发展诉求。

未来需持续优化指标权重、强化数据治理,并探索与碳市场、生态产品交易等机制联动,全面激活生态功能区内生动力。

(2)发行“生态专项债”引导社会资本下乡

为通过“生态专项债”有效引导社会资本下乡,需构建“政策设计—项目筛选—风险管控—收益创新”的全链条机制,实现生态效益与资本回报的双赢。

①生态专项债核心设计

一是生态专项债发行创新设计见表7-22。

表7-22　生态专项债发行创新设计

要素	设计要点	示例
发行主体	省级政府或AAA级城投公司主导,联合乡村振兴基金设立SPV(特殊目的载体)	浙江省生态集团发行“千村绿债”
募集规模	单期50亿元~100亿元,期限10~15年(匹配生态项目回报周期)	四川省发行首期80亿元“长江生态修复债”
利率结构	基准利率+浮动溢价(与碳汇收益挂钩),提供利息补贴(财政贴息1%~2%)	“碳中和债”利率4.5%(贴息后实际3.5%)
担保机制	省级财政风险补偿金(覆盖本金的30%)+项目资产抵押(林地经营权、未来碳汇收益权)	福建省设立50亿元生态债担保基金

二是资金投向清单。优先级项目:山水林田湖草系统修复(如矿山复绿、湿地保护);农村面源污染治理(畜禽粪污资源化、秸秆综合利用);生态农业基础设施(智慧灌溉、有机肥厂)。限制类项目:禁止用于房地产、高耗能产业(负面清单动态更新)

②项目筛选与收益模式

一是项目准入标准见表7-23。

表7-23　项目准入标准

维度	指标要求
生态效益	每个项目年碳汇增量≥5 000吨CO_2e,生物多样性提升率≥10%
经济可行	IRR≥5%,项目资本金比例≥20%
社会效益	每亿元投资带动农户就业≥100人,脱贫地区项目优先

二是收益模式创新。碳汇捆绑开发:将林业碳汇预期收益(CCER)嵌入债券条款,投资者可额外获得碳汇销售分成(如收益的20%)。生态溢价反哺:项目区生态农产品(如有机茶叶)销售额的5%用于债券本息偿还,形成“绿色生产—溢价销售—资金闭环”。土地增值分成:生态修复后土地增值部分(如转为康养用地),按比例提取注入偿债基金。

成功案例如江西赣州“废弃矿山+光伏”债券:募集20亿元修复10座矿山,顶部建设光伏电站,电费收入覆盖债券本息,额外碳汇收益分配投资者。

③风险管控与政策协同

一是风险类型及缓释工具见表 7-24。

表 7-24　风险类型及缓释工具

风险类型	应对工具	案例
自然风险	巨灾保险(保额覆盖投资额的 50%)+气候衍生品(如降水量指数保险)	广东发行台风债券,触发条件后保险赔付
市场风险	碳汇远期合约锁定最低售价+政府承诺差额补足	云南普洱碳汇债签订 10 年期保底收购协议
政策风险	纳入省级财政中长期规划,还款优先于一般债务	浙江省将生态债列入政府隐性债务化解白名单

二是政策协同赋能。财税激励:投资生态债的企业享受所得税减按 15%征收,个人投资者利息收入免征个人所得税。审批绿色通道:生态债项目优先获得用地指标、环评加速(审批时限压缩至 30 个工作日内)。数据赋能:接入全国生态云平台,实时监测项目进展(卫星遥感+无人机巡检),动态披露信息,增强投资者信心。

④社会资本参与路径

一是资本类型及参与方式见表 7-25。

表 7-25　资本类型及参与方式

资本类型	参与方式	收益结构
险资/银行	认购优先级份额(占比 60%~70%),固定收益+超额收益的 10%	年化收益 4.5%~5.5%
PE/产业资本	认购劣后级份额(占比 20%~30%),承担高风险获取超额收益(剩余 90%)	预期 IRR 8%~12%
农户/合作社	以土地经营权入股(占比 10%),获得固定分红+利润分成	每户年增收 5 000 元+项目利润的 5%

二是退出机制设计。ABS 二次证券化:项目稳定运营 3 年后,将未来收益打包发行资产支持证券,实现早期投资者退出。国企并购回购:约定城投公司 5 年后按本金 120%回购,确保社会资本安全退出。

⑤实施成效与展望

一是预期效果。生态效益:5 年内修复退化土地 100 万亩,新增碳汇 500 万吨/年。经济拉动:撬动社会资本比例≥1∶4(即 1 元财政资金带动 4 元社会投资),创造农村就业岗位 50 万个。金融创新:形成可复制的“生态债+”模式(+碳汇、+光伏、+文旅),升级为常态化融资工具。

二是进阶方向。跨境生态债:引入 QFLP(合格境外有限合伙人),发行离岸人民币生态债,募集国际资金。数字债券平台:基于区块链发行 Token 化生态债,支持碎片化投资(最低100元起投)和实时交易。

生态专项债的深层价值在于“四两拨千斤”——通过结构化金融设计,将分散的社会资本转化为系统化生态投资。其成功需把握三大关键:项目现金流设计需穿透生态价值转化链路(如碳汇—光伏—康养联动)、风险管控需构建市场与政府的对冲网络、政策赋能需打破部门壁垒形成合力。未来可探索与央行碳减排支持工具(如绿色再贷款)对接,进一步降低融资成本,打造乡村振兴的绿色金融新引擎。

(3)培育生态产品经纪人职业群体

生态产品经纪人作为连接生态资源与市场的关键纽带,须具备生态价值评估、交易撮合、政策解读、金融工具运用等复合能力。培育生态产品经纪人职业群体的系统化路径需围绕“标准制定—能力建设—市场赋能—制度保障”展开,构建专业化、规范化的职业生态。

①职业定义与核心职能

生态产品经纪人核心职能及能力要求见表7-26。

表7-26　生态产品经纪人核心职能及能力要求

角色定位	核心职责	能力要求
生态价值评估师	核算碳汇、水权、生物多样性等生态资产价值,出具评估报告	熟悉GEP核算、遥感数据分析、碳汇方法学
交易撮合专家	对接买卖双方(如碳汇购买企业、有机农产品经销商),设计交易结构	掌握绿色金融工具、合同法规、区块链技术
政策与资源整合官	解读生态补偿、绿色金融政策,链接政府、企业、社区资源	精通政策法规、项目申报流程、社区治理模式

②职业资格与培训体系

一是国家职业标准制定。资格认证分级。初级经纪人:掌握基础评估工具(如InVEST模型)、交易流程。高级经纪人:具备复杂项目设计能力(如碳汇+文旅捆绑开发)、国际标准对接(如VCS认证)。考核体系包括理论考试(30%)+实操案例(50%)+职业道德评估(20%),每年复审更新资质。

二是产学研协同培养。高校课程嵌入:在生态学、经济学专业增设生态产品经纪实务、绿色金融工具必修课。如浙江大学开设“两山经纪人”微专业,学制1年,颁发技能证书。实训基地建设:在生态产品富集区(如浙江丽水、福建南平)设立实践基地,学员参与真实项目运作。

三是继续教育机制。数字学习平台:开发“生态经纪人云课堂”,提供碳汇核算AI工具包、政策法规动态更新库。国际认证衔接:与Gold Standard、VERRA等国际机构合作,开设跨境碳交易经纪人研修班。

③市场赋能与职业发展

一是交易平台支撑。国家级生态产品交易中心:设立经纪人专属接口,提供碳汇、水权、有机农产品挂牌撮合服务,佣金费率低于市场30%。区块链智能合约工具:内嵌标准化合同模板(如CCER购买协议),自动分账、确权,降低交易纠纷风险。

二是收益模式创新。“基础佣金+绩效分成”:碳汇交易按每吨1~3元收取佣金,超额成交部分提成5%~10%。数据服务增值:为客户提供生态资产动态估值报告(基于卫星遥感数据),采取年费制收费。

三是生态产品经济人职业晋升通道见表7-27。

表7-27　生态产品经纪人职业晋升通道

职级	准入门槛	典型收入(年)	发展路径
助理经纪人	初级资格认证	8万~15万元	项目执行、数据采集
资深经纪人	3年经验+高级认证	20万~50万元	独立承揽项目、团队管理
首席生态顾问	10年经验+国际认证	50万~200万元+股权激励	区域战略规划、跨国交易设计

④政策保障与生态构建

一是制度保障。立法明确地位:修订《职业分类大典》,增设“生态产品经纪人”职业类别,纳入人社部技能补贴目录。税收优惠:经纪人事务所前3年免征企业所得税,个人收入减按90%计征个税。

二是行业自治组织。全国生态经纪协会:制定行业公约(如《生态交易信息披露规范》),建立黑名单制度(违规者终身禁业)。争议仲裁机制:设立绿色仲裁庭,7日内出具具有法律效力的裁决书。

三是社会认可度提升。职业荣誉体系:评选“年度金牌生态经纪人”,获奖者优先参与国家生态项目评审。公众科普传播:制作纪录片《绿水青山的摆渡人》,在央视及新媒体平台播出。

⑤试点案例与成效分析

一是浙江丽水“两山经纪人”计划。培育措施:政府出资1 000万元设立培训基金,联合蚂蚁链开发经纪人工作台。成效显著表现为2023年持证经纪人达520人,促成碳汇交易1.2亿元,带动农户户均增收8 000元。

二是云南普洱“国际碳经纪专班”。创新点是定向培养精通东南亚语言的经纪人,推动老挝、缅甸碳汇项目对接中国买家。突出成果是2024年跨境碳交易额突破5 000万美元,经纪人佣金收入超300万美元。

生态产品经纪人职业群体的培育,是打通“绿水青山”向“金山银山”转化的“最后一公里”,需通过标准化赋能(资格认证)、市场化激励(收益创新)、生态化协作(平台支撑),将这一职业打造为绿色经济时代的“金领”岗位。未来可探索与元宇宙、AI大模型结合,发展“数字孪生经纪人”,实现生态资产全球24小时无缝交易,最终构建起人与自然和谐共生的新型职业文明。

3. 普惠共享机制

通过生态护林员岗位与脱贫人口就业衔接、社区参与生态保护的股权分红设计、生态教育纳入乡村振兴技能培训体系来构建普惠共享机制。

(1)生态护林员岗位与脱贫人口就业衔接

生态护林员岗位与脱贫人口就业的衔接,是一项既能促进生态保护又能助力脱贫攻坚的双赢策略，通过科学规划、政策支持与能力建设，可实现环境保护与民生改善的协同发展。

①政策设计与岗位开发

一是定向岗位设置。政府购买服务：国家林业部门联合乡村振兴局，在重点生态功能区（如天然林保护区、退耕还林区）设立生态护林员岗位，明确岗位数量不低于脱贫人口总数的1%。优先聘用原则：岗位招聘优先面向建档立卡贫困户、边缘易致贫户，确保“一人就业、全家不返贫”。

二是财政保障机制。中央转移支付：纳入中央财政生态补偿资金专项，按每人每年1.2万元标准拨付工资（如2023年安排资金30亿元，覆盖25万人）。

地方配套补贴：省级财政提供意外保险、交通通信补贴（如云南每人每月补助300元）。

②能力建设与技能培训

一是分级培训体系。基础技能培训内容包括森林防火、病虫害识别、GPS巡护设备使用（如奥维互动地图）。周期一般为岗前集中培训7天，每年复训2次。进阶资质认证指优秀护林员可考取“林业有害生物防治员”“森林消防员”职业资格，拓宽职业发展通道。

二是数字化赋能。智能巡护工具包：配备智能巡护终端（含卫星定位、一键报警功能），通过App实时上报异常情况；在线学习平台，开发“生态护林云课堂”，提供防火季专项课程、案例教学视频。

③就业衔接与增收机制

一是“护林+”复合增收模式。林下经济参与如护林员优先承包林下种植（如中药材、食用菌），合作社统一收购，年增收5 000~20 000元。贵州毕节护林员种植天麻，户均增收1.5万元。生态旅游协作：培训护林员兼任向导、安全员，按接待游客量获得分成（如四川九寨沟护林员年旅游收入超3万元）。

二是社会保障强化。全覆盖保险：政府统一购买意外伤害险、重大疾病险，保额不低于50万元。子女教育支持：护林员子女享受助学补贴（如初中生每年2 000元，高中生3 000元）。

④动态管理与考核激励

一是生态护林员绩效考核体系见表7-28。

表7-28　生态护林员绩效考核体系

指标	考核内容	奖励机制
巡护达标率	每月巡护天数≥22天，轨迹覆盖率≥90%	月度全勤奖300元
风险处置成效	火灾/盗伐事件及时发现并上报	单次奖励500~2 000元
生态知识掌握	年度技能测试得分≥80分	优先推荐参加省级培训、职称评定

二是退出与晋升机制。退出保障：对因年龄、健康原因离职的护林员，提供公益性岗位过渡（如生态宣传员）。晋升通道：连续3年考核优秀者，可转聘为乡镇林业站技术员或森林公安辅警。

⑤典型案例与成效

一是云南怒江州“生态护林员+”模式采取的措施是聘用脱贫户护林员 1.2 万人,人均年收入 1.5 万元。组建“护林员合作社”,发展草果种植,户均增收 8 000 元。其成效为森林覆盖率提升至 78.9%,返贫率降至 0.3%以下。

二是甘肃定西“智慧护林”试点创新之处是应用无人机巡护系统,护林员负责地面核查,效率提升 3 倍。设立“生态积分超市”,巡护积分兑换生活物资。

成果显著表现为 2022 年火情同比下降 60%,护林员满意度达 95%。

⑥挑战与优化建议

岗位可持续性面临挑战,建议将护林员经费纳入《生态保护补偿条例》法定支出,确保长期投入。技能匹配度有难度,建议开发“护林员能力雷达图”,针对弱点定制培训(如老年护林员强化设备操作训练)。区域平衡问题突出,建立东中西部对口支援机制,发达地区购买欠发达地区碳汇,反哺护林员工资。

生态护林员岗位与脱贫人口就业的深度衔接,不仅是“绿水青山就是金山银山”的生动实践,更是巩固脱贫成果、推动乡村振兴的关键抓手。通过政策精准供给、技能系统提升、利益联结强化,可构建生态保护与民生改善的良性循环,为全球减贫与可持续发展提供中国方案。

(2)社区参与生态保护的股权分红设计

社区参与生态保护的股权分红设计是推动生态保护与社区可持续发展的重要机制。通过合理的股权设置和分红模式,可以有效激励社区居民积极参与生态保护,实现生态效益与经济效益的双赢。

①股权分红设计的基本原则

一是按股分红为主,积分激励为辅:以股份分红为主要收益分配方式,同时结合积分激励机制,增强居民的参与感和获得感。

二是保障群众广泛参与:通过村民自治组织和协商活动,广泛征求居民意见,确保分红机制符合居民意愿。保持稳定适度增长:确保集体经济稳步增长,分红金额保持平稳增长,避免因短期利益分配影响长期可持续性。

②股权设置与分红模式

多主体参与:生态旅游或生态保护项目中,股权设置可包括国家股权、集体股权和个人股权。社区居民可通过土地使用权、劳动投入、资金等多种形式入股,按股分红。生态资源折算入股:以生态旅游资源价值为基础,核算生态林地、禁伐机会成本等,折算成股权参与分红。风险共担与利益共享:分红模式应体现“风险共担、利益共享、多投入多得”的原则,确保国家、集体和个人按持股比例获得相应收益。

③积分激励机制

结合生态保护任务:通过积分制将生态保护任务如人居环境整治、生态项目建设等与居民收益挂钩,积分可兑换分红激励金额。民主决策与监督:积分制度的设计和实施应广泛征求居民意见,确保透明性和公正性。

(3)生态教育纳入乡村振兴技能培训体系

将生态教育纳入乡村振兴技能培训体系,是推动乡村全面振兴迈向共同富裕、实现可持续发展的重要举措。

①生态教育的重要性

在全球气候变化和环境问题日益严峻的背景下，加强生态教育，提升公众的环境保护意识和可持续发展观念，已成为国际社会的共识。乡村振兴不仅关乎农业经济的发展，更涉及乡村生态环境的保护和改善。将生态教育纳入乡村振兴技能培训体系，旨在培养农民和乡村工作者的生态意识，引导他们积极参与乡村生态保护与建设，促进乡村经济与环境的协调发展。

②生态教育的内容

环境保护知识：包括环境污染的来源、危害及防治措施，生态资源的保护与合理利用，以及气候变化的影响和应对策略等。可持续发展理念：讲解可持续发展的内涵和意义，引导农民和乡村工作者树立绿色发展理念，推动乡村产业向低碳、环保、高效方向转型。生态农业技术：推广有机农业、循环农业等生态农业技术，提高农业生产的生态效益和经济效益。生态伦理和生态文化：弘扬尊重自然、顺应自然、保护自然的价值观念，倡导简约适度、绿色低碳的生活方式。

③纳入乡村振兴技能培训体系的途径

一是构建课程体系。开设生态教育课程：在乡村振兴培训中增设生态教育课程，系统讲解环境保护、可持续发展和生态农业等知识。结合乡村实际：根据乡村的地理环境、经济结构和文化传统，开发具有针对性的生态教育课程，如“乡村生态保护”“绿色能源技术”等专题课程。

二是创新培训方式。线上线下结合：利用互联网技术，开展线上培训，让农民和乡村工作者足不出户就能学习到先进的生态知识和技术。同时，组织线下培训，通过实地参观、专家讲座等形式，增强培训的互动性和实效性。实践教学：建立农业实践基地，让农民和乡村工作者在实践中学习生态农业技术，提高解决实际问题的能力。

三是加强师资队伍建设。专业培训：对参与乡村振兴培训的教师和专家进行生态教育方面的专业培训，提高他们的教学水平和专业素养。引进人才：邀请具有丰富实践经验的生态农业专家、环保工作者等参与培训，分享他们的经验和案例。

四是实施示范项目。选择示范点：在具有代表性的乡村开展生态教育示范项目，展示生态农业技术的应用成效和生态保护的实践成果。跨学科合作：组织农业科学、环境科学、社会学等不同学科的专家和学生共同参与项目规划和执行，发挥各自的专业优势。

④生态教育纳入乡村振兴技能培训体系的意义

提升农民生态意识：通过系统的生态教育，增强农民的环保意识和可持续发展观念，引导他们积极参与乡村生态保护与建设。推动乡村产业绿色转型：推广生态农业技术和可持续发展理念，促进乡村产业向低碳、环保、高效方向转型，提高乡村经济的生态效益和经济效益。促进乡村社会和谐发展：弘扬尊重自然、顺应自然、保护自然的价值观念，构建人与自然和谐共生的乡村发展格局，提升乡村社会的和谐稳定。

将生态教育纳入乡村振兴技能培训体系，是推动乡村全面振兴、实现可持续发展的有效途径。通过构建课程体系、创新培训方式、加强师资队伍建设和实施示范项目等措施，可以培养更多具备生态文明意识和实践能力的乡村人才，为乡村振兴注入新的活力。

第 8 章　路径探索与实践案例

本章主要从乡村振兴与城乡融合发展、公共服务均等化与社会保障改革、绿色发展与可持续共富等方面介绍脱贫攻坚到共同富裕的路径；对浙江共同富裕示范区、贵州“三变改革”、东西部协作机制方面进行实践案例分析。

8.1　乡村振兴与城乡融合发展

8.1.1　乡村产业升级路径

乡村产业升级是实现乡村振兴的重要路径，通过整合特色农业、乡村旅游和数字电商三大领域，可形成产业联动效应，提升乡村经济活力。

1. 特色农业升级路径

一是产品差异化与品牌化。品种优化：引入优质、高附加值的农作物品种（如有机果蔬、中药材、特色杂粮），结合本地气候和土壤条件打造差异化产品。

绿色生产：推广生态种植、循环农业模式（如稻渔共生），通过有机认证提升产品溢价能力。深加工延伸：发展农产品加工产业链（例如果汁、预制菜、药材提取物），建立本地化加工园区。品牌建设：打造区域公共品牌（如“五常大米”“赣南脐橙”），通过地理标志认证提升市场认知度。

二是科技赋能农业。建设农业科技示范园，引入智能温室、无人机植保、水肥一体化等数字技术，建立农业大数据平台，实现种植、病虫害预警、市场需求的精准分析。产业融合主要指农旅结合：开发农业观光、采摘体验、农耕教育等业态，吸引城市客群。订单农业：对接电商平台或企业，实现按需生产，降低市场风险。

2. 乡村旅游升级路径

一是资源整合与特色挖掘。文化活化：依托古村落、非遗技艺（如手工艺、传统节庆）打造沉浸式体验项目。生态利用：开发森林康养、田园露营、山地运动等主题线路，突出自然禀赋优势。

二是产品创新与服务提升。民宿集群化：推动精品民宿、乡野别墅建设，结合本地建筑风格形成特色知识产权。研学旅游：设计农业科普、非遗传承、红色教育等课程，吸引学校及亲子客群。节庆营销：举办乡村音乐节、丰收节、民俗市集，提升流量与知名度。

三是基础设施优化。完善交通网络（如旅游专线、停车场）、卫生设施（公厕改造）、智慧导览系统，引入专业运营团队，培训本地村民服务技能，提升接待标准化水平。

3. 数字电商升级路径

一是电商基础设施完善。构建县乡村三级物流体系，设立村级电商服务站，解决“最后一公里”配送问题。推动5G网络覆盖，降低农产品直播、短视频营销的硬件门槛。

二是电商模式创新。直播带货：培育本地“新农人主播”，联合头部主播推广特色农产品。社区团购：对接城市社区社群，建立直供直销渠道。跨境电商：通过阿里巴巴国际站、亚马逊等平台拓展海外市场。

三是数据驱动产销协同。利用电商平台数据反向指导农业生产，优化种植结构和上市时间；建立农产品溯源体系（区块链技术），增强消费者信任。

4. 三产融合协同策略

一是产业联动。农旅电商一体化：游客在乡村旅游中扫码购买农产品，电商平台预售乡村旅游套餐。共享资源：将农业基地转化为旅游景点，电商直播间设在民宿或田间。

二是利益共享机制。成立合作社或村集体企业，村民通过土地入股、劳务参与、分红等形式共享收益；吸引社会资本投资，明确企业与农户的权责分配。

三是政策与人才保障。政策支持：争取乡村振兴专项资金、税收减免、用地指标倾斜。人才引进：吸引大学生、返乡创业者，开展电商、旅游管理等技能培训。

5. 风险防范与可持续发展

避免同质化竞争：因地制宜设计产业模式，避免盲目复制其他地区经验。生态保护：限制过度开发，推广低碳农业和绿色旅游。社区参与：确保原住民在产业升级中的主导权，防止“资本下乡”挤占资源。

通过上述路径，乡村可形成“特色农业夯实基础、乡村旅游引流增值、数字电商拓宽市场”的良性循环，最终实现产业兴旺、农民增收与乡村活力的全面提升。

8.1.2　城乡要素双向流动机制

城乡要素双向流动机制是推动乡村振兴与城乡融合发展的关键，通过促进人才、资本、技术等要素从城市向乡村流动，同时带动乡村资源与产品向城市市场输出，形成城乡互补、协同发展的新格局。

1. 人才下乡机制

一是政策激励与保障。人才引进计划：实施“新乡贤回归工程”“大学生返乡创业计划”，提供住房补贴、创业贷款贴息、税收优惠等政策。职称评定倾斜：对下乡科技人员、教师、医生等，放宽职称评定条件，允许兼职取酬或离岗创业。

柔性流动机制：推广“周末工程师”“候鸟型专家”模式，通过远程协作、短期派驻解决乡村技术难题。

二是载体平台建设。乡村创客空间：建设返乡创业园、乡村众创基地，提供低成本办公场地和技术培训。产学研合作：推动高校、科研院所在乡村设立实践基地（如农业试验站、文旅设计中心），促进科研成果转化。

三是在地化人才培养。职业农民培训：开设农业经理人、电商运营、民宿管家等技能培训班，颁发职业资格证书。乡校合作：联合职业院校开设“订单班”，定向培养乡村急需的文旅、电商、农业技术人才。

2. 资本下乡机制

一是金融产品创新。普惠金融支持：开发“乡村振兴贷”“土地经营权抵押贷款”等专项金融产品，降低融资门槛。社会资本引导：设立乡村振兴产业基金，吸引国企、民企投资乡村产业(如冷链物流、民宿集群)。PPP 模式应用:在基础设施(如旅游公路、数字网络)建设中引入政府与社会资本合作模式。

二是利益联结机制。股份合作制:鼓励农户以土地、房屋入股企业,形成“保底收益+按股分红”模式。订单农业+保险:企业预付资金与农户签订收购协议,配套农业保险降低生产风险。

三是风险防控。负面清单管理:明确禁止资本下乡圈占耕地、破坏生态等行为,加强土地用途监管。农民权益保障:建立资本下乡项目村民议事会制度,确保农民知情权、参与权和收益权。

3. 技术下乡机制

一是技术供需对接。需求清单制:由村集体或合作社梳理技术需求(如智能灌溉、电商运营),政府搭建对接平台。科技特派员制度:派遣农业、数字化等领域专家驻村,提供“一对一”技术指导。

二是数字化赋能。智慧农业推广:引入物联网传感器、无人机植保、区块链溯源等技术,提升农业生产效率。乡村数字基建:加快 5G 基站、冷链仓储、村级物流网点建设,降低技术应用成本。

三是技术本土化适配。适用技术筛选:优先推广低成本、易操作的轻量化技术(如小型农机具、短视频营销工具)。在地化创新:结合传统技艺与现代技术(如非遗+3D 打印、手工产品+电商直播),打造特色技术融合模式。

4. 城乡要素双向流动的协同机制

一是城乡要素交易平台。建立农村产权交易中心,推动土地经营权、宅基地使用权、集体资产股权等规范流转;搭建城乡技术交易市场,促进专利技术、数字工具向乡村转化。

二是反向流动乡村资源进城。农产品上行:通过社区团购、商超直供、预制菜加工,打通优质农产品进城的稳定渠道。文化输出:将乡村非遗、民俗活动引入城市文旅展会、文化街区,实现“乡村 IP”商业化。

三是城乡共享经济模式。共享人力:城市退休教师、医生通过志愿服务平台参与乡村教育、医疗。共享空间:利用乡村闲置农房打造城市企业的“远程办公基地”或“创意工作室”。

5. 保障措施

一是制度突破。试点集体经营性建设用地入市,允许下乡企业依法取得土地使用权;放宽宅基地使用范围,允许改造为民宿、创客空间等经营性用途。

二是基础设施互联互通。完善城乡交通网络(如公交化班车、物流专线),缩短要素流动时空距离;建设县域大数据中心,整合农业、旅游、电商数据,实现城乡信息对称。

三是社会动员与文化认同。通过媒体宣传、乡愁叙事重塑乡村价值,吸引城市精英“情感返乡”;评选“乡村振兴贡献奖”,增强下乡人才与企业的荣誉感。

6. 案例借鉴

浙江“两进两回”行动:科技进乡村、资金进乡村,青年回农村、乡贤回农村,通过政策包吸引 20 万青年返乡创业。成都“共享田园”模式:城市居民认购农田、参与农事,农民提供托管服务,实现城乡资源互换。拼多多“农地云拼”:通过算法聚合分散的农产品需求,推动技术、物流资源向产地集中。

通过以上机制，城乡要素从单向输血转向双向互动，既能激活乡村内生动力，又能为城市拓展消费与投资空间，最终实现共同富裕目标。

8.1.3　新型城镇化与农民工市民化的制度衔接

新型城镇化与农民工市民化的制度衔接是推动以人为本城镇化、实现社会公平的关键环节，需通过系统性改革破除城乡二元壁垒，重点解决户籍、公共服务、土地权益等领域的制度矛盾，构建农民工"进得来、留得下、过得好"的长效机制。

1. 户籍制度改革与梯度落户机制

一是分类放宽落户限制。超大城市：推行积分落户制度，增加社保缴纳年限、技能等级、社会贡献等权重（如上海、广州模式）。中小城市：全面取消落户限制，实行"租房即可落户"，降低农民工市民化门槛。县域城镇化：鼓励农民工在县城落户，允许"带地进城"，保留农村权益（如四川泸县试点）。

二是居住证制度升级。扩大居住证附加的公共服务范围，逐步实现与户籍人口同等的教育、医疗、住房保障待遇；建立"居住证—户籍"衔接通道，连续居住满 5 年且符合条件者可直接转户籍。

2. 公共服务均等化改革

一是教育公平化。推行"两为主"政策（以公办学校为主、以流入地政府为主），保障农民工子女义务教育学位；试点"教育券"制度，允许农民工子女凭券跨区选择学校，政府按券结算经费。

二是医疗社保一体化。将农民工纳入城镇职工医保和养老保险体系，企业强制缴纳社保，政府补贴灵活就业人员参保；建立医保异地结算平台，解决农民工跨省就医报销难题（参考国家医保局异地就医系统）。

三是住房保障体系。扩大保障性租赁住房供给，租金控制在市场价 30%以内，优先覆盖环卫、建筑等行业农民工；推广"共有产权房"模式，允许农民工以较低首付购置住房（如江苏南通试点）。

3. 农村土地制度改革与权益保障

一是土地权益保留机制。明确农民工进城落户后，仍保留土地承包权、宅基地使用权、集体收益分配权（"三权"不变）；建立全国农村产权交易平台，支持土地承包经营权、宅基地使用权有偿退出或流转（如重庆"地票"制度）。

二是土地换社保创新。试点"宅基地退出换住房""土地承包权置换养老保险"模式，政府按市场价补偿自愿退地农民；建立退地农民就业帮扶基金，确保退地后生计可持续。

4. 就业支持与能力提升

一是职业技能培训体系。实施"农民工技能升级计划"，针对制造业、服务业需求开展订单式培训（如广东"粤菜师傅"工程）；推行"培训+证书+就业"闭环服务，培训费用由政府和用工企业分担。

二是劳动权益保护。强制推行农民工劳动合同制度，建立欠薪预警和快速处置机制（参考国务院"根治欠薪冬季专项行动"）；扩大工伤保险覆盖范围，建筑业、快递业等高风险行业实行"项目参保、动态覆盖"。

5. 财政与成本分担机制

一是央地财政分担机制。中央财政设立“农民工市民化专项转移支付”，按落户人数和公共服务成本对地方政府进行补贴；地方政府将农民工市民化纳入财政预算，土地出让金收益按比例投入公共服务建设。

二是多元筹资渠道。发行“新型城镇化专项债券”，吸引社会资本参与保障房、学校等基础设施建设；探索“人地钱挂钩”政策，对落户人口多的城市增加建设用地指标和财政奖励。

6. 社会融入与文化认同

一是社区融入工程。在农民工聚居区建设“新市民服务中心”，提供法律咨询、心理疏导、文化活动等服务；推动工会、社会组织开展“城市生活适应培训”，帮助农民工融入城市规则。

二是身份认同重构。媒体宣传淡化“农民工”标签，倡导“新产业工人”“新市民”等身份话语；评选“优秀外来建设者”，增强农民工群体荣誉感（如深圳“十大来深建设者”评选）。

7. 制度衔接试点案例

一是浙江“全域同城化”改革。取消除杭州市区外的落户限制，农民工凭居住证可同等享受子女入学、公租房申请等权益。

二是成都“户改联动土地改革”。允许进城落户农民将宅基地复垦为耕地，产生的建设用地指标可转让用于城市建设，收益返还农民。

三是广东“积分入学+社保互通”。农民工凭社保缴纳年限、职业技能等积分申请子女入读公办学校，医保账户可跨市转移接续。

8. 风险防范与动态调整

一是防止“半城镇化”陷阱。避免只追求户籍城镇化率而忽视公共服务配套，建立市民化质量评估指标体系。

二是弹性政策设计。设置3~5年过渡期，允许农民工在城乡间“试定居”，保留返乡务农或留城定居的选择权。

三是大数据监测平台。建立全国农民工市民化信息库，动态跟踪就业、社保、住房等数据，及时优化政策。

通过以上制度衔接，可逐步破解农民工“就业在城市、保障在农村”“户籍在乡村、生活在城镇”的双轨困境，最终实现“人的城镇化”本质目标——让农民工在城乡之间自由流动的同时，享有平等的发展权利和尊严生活。

8.2 公共服务均等化与社会保障改革

8.2.1 城乡一体化公共服务体系

构建城乡一体化公共服务体系是缩小城乡差距、促进社会公平的核心任务，需以医疗、教育、养老为重点领域，通过制度重构、资源统筹、技术赋能和政策倾斜，实现城乡公共服务从“二元分割”向“均等可及”转型。

1. 医疗一体化:构建分级诊疗与资源共享网络

一是基础设施均衡布局。县域医共体升级:以县级医院为枢纽,整合乡镇卫生院、村卫生室,形成“县—乡—村”三级医疗联合体(如浙江“山海提升工程”)。

村级医疗提质:标准化建设村卫生室,配备基础诊疗设备、远程会诊终端,实现“小病不出村”。

二是资源下沉与人才流动。三甲医院对口支援:强制要求城市三甲医院医生晋升前到农村服务1~2年,建立远程会诊分诊机制。全科医生定向培养:实施“农村订单医学生”计划,学费全免+就业保障,解决村医老龄化问题(参考甘肃“村医县聘乡管”)。

三是医保支付与智慧医疗。城乡医保并轨:统一城乡居民医保报销目录和比例,扩大异地就医直接结算覆盖病种。AI辅助诊断:在村卫生室部署智能诊疗系统(如腾讯觅影),辅助村医识别常见病、慢性病。

2. 教育一体化:推动优质教育资源全域覆盖

一是硬件标准化与师资统筹。农村学校改造:实施“温暖校园”工程,保障农村中小学取暖、食堂、塑胶跑道等基础设施达标。教师轮岗制度:要求城市教师评高级职称需有3年以上乡村教学经历,建立“名师走教”常态化机制。

二是数字教育资源共享。城乡同步课堂:通过5G专网实现城市名校与农村学校“同上一堂课”(如成都七中网校模式)。虚拟教研室:搭建教师在线培训平台,共享教案、试题库等资源,缩小教学能力差距。

三是教育补偿机制。农村专项招生计划:高校录取向农村户籍学生倾斜,增加“国家专项计划”名额。留守儿童关爱:设立乡村学校社工岗位,政府购买心理咨询、课后托管服务。

3. 养老一体化:建立城乡衔接的普惠养老体系

一是服务网络延伸。农村养老设施补短板:每个乡镇建设1所标准化养老院,行政村实现“幸福院”全覆盖,提供助餐、日间照料服务。城市养老下乡:鼓励城市养老机构到农村开设分院,利用闲置农房发展田园养老社区。

二是智慧养老与医养结合。农村居家养老智能终端:为独居老人配备一键呼救手环,联网乡镇卫生服务中心。乡镇卫生院嵌入养老:在乡镇卫生院增设老年病床,提供慢性病管理、康复护理一体化服务。

三是多元供给模式。以地养老:允许农民将宅基地、承包地经营权置换养老服务(如陕西“农村互助养老院”)。时间银行:推行城乡互助养老,城市志愿者服务农村老人可兑换未来异地养老服务时长。

4. 制度保障与协同机制

一是财政投入机制。央地事权划分:基础教育、基本医疗由中央与地方按比例分担,农村部分中央承担60%以上。土地出让金反哺:地方政府土地出让收益的10%以上强制用于农村公共服务设施建设。

二是数字化治理平台。建设“城乡公共服务一张图”系统,实时监测医疗床位、学校学位、养老设施等资源分布,动态调配供需。

三是社会力量参与。PPP模式创新:对社会资本投资农村养老院、民办学校给予用地优惠和运营补贴(如河南“公建民营”养老院)。公益组织赋能:通过政府购买服务,引导基金会、NGO 开展乡村医疗筛查、老年教育等项目。

5. 地方实践案例借鉴

一是江苏“15 分钟医保服务圈”:在行政村设立医保代办点,实现参保登记、报销结算“不出村”。

二是山东“教育强镇筑基行动”:乡镇初中与城市名校结对,教师编制、经费向乡镇倾斜,农村学生回流明显。

三是重庆“农村互助养老”模式:以集体经济收益补贴养老院,低龄老人照顾高龄老人,政府按服务时长发放补贴。

6. 风险防范与可持续性

避免资源浪费:建立公共服务设施使用率考核机制,闲置率超 30%的机构需整改或转型。

动态调整机制:根据人口流动趋势(如乡村空心化程度),弹性调整学校、养老院布局。

文化适应性:保留乡村养老中的宗族互助传统,避免完全照搬城市机构化养老模式。

通过上述体系构建,城乡公共服务将从“城市优先”转向“城乡等值”,让农村居民在教育、医疗、养老领域获得与城市居民同质量、可负担的服务,最终实现城乡融合发展从“资源流动”到“权利平等”的质变。

8.2.2　低收入群体兜底保障与梯度化福利政策设计

构建低收入群体兜底保障与梯度化福利政策体系,需兼顾生存权保障与发展权赋能,通过精准识别、兜底保障、梯度化福利等,实现“保基本、防返贫、促跃升”三重目标。

1. 精准识别:建立多维贫困动态监测机制

一是数据融合与画像建模。“五维筛查”指标体系:整合收入、资产、教育、健康、住房数据(如水电支出<50 元/月、人均住房面积<15㎡自动预警)。区块链跨部门共享:打通民政、医保、税务等 12 个部门数据孤岛,建立防欺诈核查系统(如温州发现 485 例隐瞒房产的低保户)。

二是动态预警与响应。AI 边缘计算终端:社区网格员实时更新家庭变故(如重病、失业),触发 3 日内入户复核。“红黄蓝”三色管理:红标(人均收入<低保线 1.2 倍)即时救助,黄标(1.2~2 倍)就业帮扶,蓝标(2~3 倍)技能培训。

2. 兜底保障:筑牢生存安全网的制度创新

一是基本生活保障升级。“菜篮子”价格联动:CPI 涨幅超 3%时,低保金自动上调 5%(如 2022 年上海启动 4 次临时补贴)。“以工代赈”社区服务:低保对象参与保洁、助老等公益性岗位,获取 30%额外补贴(成都试点户均增收 1 200 元/月)。

二是医疗教育零支付。大病诊疗负面清单:尿毒症、白血病等 30 类疾病免费治疗,所需资金由医保基金+财政专项分担。15 年免费教育延伸:覆盖学前至高中,职校生享受“生活费+实训耗材”全额补助(陕西榆林职校生人均年获补 1.2 万元)。

三是住房保障革命。共有产权保障房:低收入家庭以 30%市价购得 50%产权,剩余产权由政府持有(南京已供应 2.1 万套)。集装箱模块化公寓:针对短期困难群体,月租金控制在 200 元以内(深圳建成 1.8 万间,周转率 92%)。

3. 梯度化福利:激发内生发展动力的阶梯设计

一是收入区间分级响应见表 8-1。

表 8-1 收入区间分级响应

家庭人均 月收入区间	福利包内容	退出机制
<低保线 (如 750 元)	全额低保+医疗免费+廉租房	连续 6 个月超线且稳定性收入占比小于 60%
低保线~1.5 倍 (750~1 125)	差额补助+职业技能券 (面值 3 000 元/年)	就业参保满 1 年且无救助依赖
1.5~3 倍 (1 125~2 250)	个税减免+小微企业创业贷款贴息 50%	年收入增速连续 2 年大于社平工资增速

二是人力资本投资计划。“技能银行”账户:每人累计 5 000 元培训额度,可自主选择 AI 标注员、无人机操作等新职业课程(浙江已发放 23 万张)。“学徒工资补贴”:企业雇佣低收入青年,政府补贴其工资的 30%(德国双元制本土化,天津试点企业留存率提升至 75%)。

三是资产积累助推。个人发展账户(IDA):政府按 1∶1 匹配存款,最高补助 1 万元用于教育、创业(美国经验中国化,重庆试点户均积累 2.3 万元)。公益股权信托:将闲置保障房、光伏电站等资产收益权注入信托,低收入群体按贡献度分红(如雄安新区每人年分红约 800 元)。

4. 政策协同与风险防控

一是财政可持续机制。专项彩票资金:福彩公益金 50%定向用于兜底保障(2023 年筹集资金 387 亿元)。社会效益债券:发行“防返贫债券”,社会资本投资帮扶项目,政府按脱贫成效支付回报(英国模式改良,云南试点 IRR 达 6.5%)。

二是防福利依赖设计。“福利递减”曲线:收入每增加 100 元,补助减少 30 元,直至完全退出(避免“悬崖效应”)。道德契约约束:领取救助需签订反懒惰承诺书,无故拒绝工作机会者暂停资格(香港综援制度借鉴)。

三是数字治理工具。“救助大脑”平台:杭州城市大脑细分 47 类救助情形,自动推送政策包(准确率 98%)。NFT 资格凭证:区块链存证救助记录,防止跨区重复申领(郑州查处冒领案例下降 92%)。

5. 国际经验本土化改造

巴西“家庭补助金”条件性现金转移:适配为中国“教育医疗履约奖励”,子女入学率达标家庭补贴增加 20%。

新加坡社区关怀计划(ComCare):改造为“三级援助+就业指导”服务中心,全国已建 2.4 万个站点。

加拿大学习债券(CLB):转型为“早教储蓄账户”,新生儿获 2 000 元启动资金,完成早教课程再奖 3 000 元。

6. 挑战与制度突破

一是户籍制度束缚。推行“居住证+救助证”双证合一,非户籍常住人口同等享受梯度福利(广东已覆盖320万人)。

二是农村空心化难题。建立“村级福利合作社”,将土地流转收益转化为养老、教育互助基金(湖北秭归模式惠及8.6万人)。

三是财政事权错配。中央承担基本生活保障80%支出,医疗教育补助按5∶5分担,缓解基层财政压力。

该体系通过“生存保障兜底、发展资源赋能、数字治理提效”三维联动,既守住不发生规模性返贫底线,又为低收入群体提供向上流动通道。未来需在共同富裕框架下,推动福利政策从“被动救济”转向“主动投资”,最终形成“底线牢固、阶梯清晰、进退有序”的中国式社会保障新模式。

8.2.3 数字技术赋能普惠服务

数字技术赋能普惠服务(远程医疗、在线教育)是缩小城乡公共服务差距、促进社会公平的重要手段,需通过技术创新、资源整合与制度优化,突破时空限制,降低服务成本,实现优质医疗与教育资源的“云端下沉”。

1. 远程医疗:构建“基层首诊+云端协同”服务体系

一是基础设施与平台建设。基层“智能诊室”覆盖:在乡镇卫生院、村卫生室部署5G网络、远程会诊终端(如便携式超声、AI辅助诊断仪),联通三甲医院专科医生资源。全国统一医疗云平台:整合各级医院数据,实现电子病历跨区域调阅、影像AI共享读片(如腾讯觅影、阿里健康ET医疗大脑)。

二是服务模式创新。分级诊疗数字化:村医通过AI预诊系统完成初步筛查,疑难病例一键转诊至县级医院;县级医院无法处理的病例,通过云平台发起多学科专家会诊(如北京协和医院“云诊室”)。慢病管理智能化:为农村高血压、糖尿病患者配备可穿戴设备,数据实时上传至家庭医生团队,异常预警自动触发干预(如浙江“数字家医”模式)。应急救治网络化:建设“5G+无人机”药品配送体系,山区急救药品30分钟送达;车载移动CT、远程手术指导系统覆盖偏远地区(如四川华西医院“5G救护车”)。

三是资源下沉机制。医生“云排班”制度:三甲医院医生通过线上排班,定期为基层提供远程门诊服务,服务时长计入职称评定。AI训练基层医生:开发病例模拟诊疗系统,村医通过虚拟现实(VR)技术练习急救操作,提升实操能力。

2. 在线教育:打造“优质资源全域流动+个性化学习”生态

一是城乡教育资源均衡化。“双师课堂”规模化:城市名师线上直播授课,乡村教师线下组织互动答疑(如人大附中“双师教学”覆盖全国200所乡村中学)。

建立城乡教师协同备课平台,共享教案、习题库与教学评价工具。虚拟教研室共建:通过元宇宙技术构建3D虚拟教研空间,农村教师与城市名师“同屏”研讨教学案例。

二是个性化学习支持。AI学情分析系统:动态跟踪学生学习轨迹,智能推荐薄弱知识点练习(如科大讯飞“个性化学习手册”);为留守儿童提供“AI学伴”,通过语音交互解答课后问题。职业教育普惠化:开发“技能微证书”在线课程(如家政、电商运营),农民工通过短视频平台学习并考取认证,衔接就业推荐。

三是硬件与网络保障。终端设备公益计划:政府联合企业向农村学生捐赠二手平板电脑,预装离线教育资源(参考“美丽中国”教育扶贫项目);运营商推出“教育专属流量包”,农村家庭10元/月无限访问教育平台。卫星网络补充覆盖:在无光纤网络的偏远山区,部署低轨卫星基站(如星链技术),保障在线课堂流畅运行。

3. 数字普惠服务的协同机制

一是公私合作模式(PPP)。企业技术捐赠抵税:鼓励科技企业向农村捐赠远程医疗设备、教育终端,按成本价150%抵扣所得税。政府购买服务:县级财政招标采购第三方在线教育课程包、远程医疗会诊服务,按使用量付费。

二是数据安全与隐私保护。医疗教育数据脱敏:采用联邦学习技术,实现数据“可用不可见”,保护患者隐私和学生信息。区块链存证:远程会诊记录、在线学习成果上链存证,确保服务可追溯、不可篡改。

三是用户习惯培养。适老化设计:开发语音控制、大字体界面的远程医疗App,组织乡村老人集体观看在线健康讲座。线下“数字辅导员”:培训村干部、乡村医生担任“数字服务推广员”,手把手教村民使用智能终端。

4. 典型案例参考

宁夏“互联网+医疗健康”示范区:建成全国首个省级远程影像诊断中心,基层卫生院拍片后,30分钟内获得三甲医院诊断报告,基层误诊率下降40%。

云南“1+N”在线教育扶贫:1所省会名校带动N所偏远学校,通过直播课堂使彝族学生本科上线率从15%提升至37%。

广东“5G+AI眼底筛查”:流动筛查车下乡为村民拍照,AI系统10秒诊断糖尿病视网膜病变,准确率达95%,成本仅为传统检查的1/5。

5. 挑战与应对策略

一是数字鸿沟风险:保留电话预约、线下代办等传统服务渠道,避免“技术排斥”弱势群体。

二是服务可持续性:建立“使用者付费+财政补贴”机制(如远程会诊患者自付10元,医保报销50元)。

三是质量控制难题:对在线教育机构实施“黑白名单”制度,远程医疗AI诊断工具需通过国家药监局三类医疗器械认证。

6. 未来方向

元宇宙深化应用:构建虚拟医院、数字孪生校园,提供沉浸式医疗培训与教学体验。边缘计算下沉:在乡镇部署边缘服务器,减少远程手术、直播课堂的传输延迟。数字服务纳入基础设施:将5G基站、教育云平台与“水电路网”同等级别投入,列入乡村振兴考核指标。

通过数字技术赋能,普惠服务将从“有无”向“优否”升级,让偏远地区居民同步享受城市级医疗与教育资源,最终实现“数字技术向下扎根,公共服务向上生长”的包容性发展格局。

8.3 绿色发展与可持续共富

8.3.1 生态补偿机制的创新实践

生态补偿机制的创新实践是平衡生态环境保护与经济社会发展的重要工具,通过市场化、多元化的制度设计,推动“绿水青山”向“金山银山”转化。流域横向补偿与碳普惠制度作为典型模式,正在突破传统生态补偿的局限性。以下是其创新逻辑、实践路径与案例解析。

1. 流域横向补偿:从“纵向输血”到“横向共赢”

一是传统补偿机制痛点。单向性依赖:依赖中央财政转移支付,地方主动性不足。权责不对等:上游保护成本高但收益低,下游“搭便车”现象普遍。标准模糊:补偿金额与生态价值脱钩,缺乏科学量化依据。

二是横向补偿的创新突破。“水质对赌”协议(以新安江模式为标杆):

皖浙两省约定:若安徽黄山市出境水质达标,浙江每年补偿1亿元;超标则安徽反向补偿。创新点是以水质监测数据为基准,建立双向奖惩机制,倒逼上游主动治污。市场化交易延伸:福建汀江—广东韩江流域:下游用水企业购买上游碳汇、水权配额,补偿资金用于生态林建设。创新点是引入水权交易、碳汇交易,将生态产品转化为可交易资产。

三是实践案例升级。长江经济带“补偿+”模式:重庆与湖北签订协议,重庆向湖北支付生态补偿金,同时获得湖北产业园区绿色技术共享。创新点是补偿金与产业协同挂钩,实现“资金+技术”复合型补偿。云贵川赤水河“跨省基金池”:三省按GDP比例出资成立基金,用于流域污染治理,治理成效与后续出资额度挂钩。创新点是建立动态分摊机制,强化区域共治责任。

2. 碳普惠制度:从“政府主导”到“全民参与”

一是传统减碳激励困境。覆盖范围窄:聚焦工业减排,个人与小企业参与渠道缺失。行为转化难:低碳行为缺乏即时反馈,公众动力不足。数据可信度低:分散减排量难以精准核算与认证。

二是碳普惠机制创新路径。行为数字化。广东碳普惠平台:市民步行、公交出行、垃圾分类等行为可兑换碳积分,积分可换商品或参与抽奖。创新点是通过物联网(共享单车数据)、区块链(行为存证)确保数据真实性。

场景多元化。深圳“低碳星球”小程序:用户虚拟种树对应现实植树,企业认购碳汇支持荒漠化治理。创新点是游戏化设计+虚实联动,提升公众参与黏性。交易市场化:上海“碳普惠消纳机制”:个人碳积分可卖给控排企业抵销配额,形成个人—企业碳交易闭环。创新点是打通个人减排与碳市场,激活微观主体碳资产价值。

三是地方实践样本借鉴。成都“碳惠天府”:企业通过节能改造获得碳减排量,政府按20元/吨收购,用于抵消大型活动碳排放。创新点是政府托底收购,降低中小企业碳资产开发风险。北京“绿色生活季”:市民购买绿色家电、参与旧物回收可获碳积分,积分可兑换北京环交所认证的碳抵消凭证。创新点是链接消费端与碳市场,推动绿色消费转型。

3. 制度创新的关键支撑

一是科技赋能精准核算。流域补偿：卫星遥感+水质传感器网格化监测，实时追踪污染源与生态修复效果。碳普惠：AI 算法自动计算个人碳足迹（如蚂蚁森林的“绿色能量”模型），区块链确保数据不可篡改。

二是金融工具创新。绿色债券定向使用：发行“流域治理专项债”，收益用于补偿上游生态移民。碳金融衍生品：开发碳积分期货、碳汇保险，对冲市场波动风险。

三是法律与政策协同。立法突破：浙江、江苏已将流域横向补偿写入地方性法规，明确补偿标准与争议解决机制。跨部门协作：生态环境部、央行联合推出“碳普惠信贷”，低碳行为可提升个人征信评分。

4. 挑战与未来方向

一是利益博弈难题。应对对策是建立第三方仲裁机构（如流域生态法院），采用“生态GDP”考核弱化地方保护主义。

二是长效机制缺失。考虑方向是推动生态补偿入法，探索设立“国家生态补偿基金”，实现资金跨周期调配。

创新深化路径主要是空间扩展：从单一要素（水、碳）转向山水林田湖草沙系统补偿。主体扩展：引导跨国企业加入（如可口可乐中国参与长江水源地保护补偿）。技术融合：运用数字孪生流域模型，模拟不同补偿方案的经济生态效益。

5. 全球经验借鉴

欧盟跨境流域补偿：多瑙河流域国家按用水量、排污量分摊补偿金，德国承担 40%。日本“森林环境税”：全国居民每人每年缴纳 500 日元，专项用于偏远山区森林保育。美国加州碳普惠：居民安装屋顶光伏可获碳积分，积分可出售给航空企业抵销航班碳排放。

通过机制创新，生态补偿正从“政府买单”转向“多元共治”，从“惩罚性修复”升级为“预防性投资”。未来需进一步激活市场力量，让生态保护者“政治上有荣誉、经济上得实惠、社会上受尊重”，最终实现生态效益与经济社会效益的帕累托最优。

8.3.2　绿色产业赋能乡村振兴

绿色产业赋能乡村振兴是实现生态保护与经济发展双赢的战略选择，以有机农业与清洁能源作为核心抓手，既能激活乡村资源价值，又能推动低碳转型。通过技术升级、模式创新与市场链接，构建“绿色生产—生态溢价—产业融合”的全链条体系。以下是具体实施路径与创新实践。

1. 有机农业：从“小而散”到“高价值品牌化”

一是生产体系升级。

（1）土壤改良与认证：引入蚯蚓肥、生物炭等土壤修复技术，建立有机转换期补贴机制，如江西婺源对 3 年转换期农田每亩补贴 2 000 元；

（2）推动全域有机认证，打造“零化学投入品示范区”，可参考贵州凤冈“全域有机茶”模式，认证面积达 30 万亩。智慧化管理：部署物联网传感器监测土壤湿度、病虫害，结合 AI 决策系统精准指导种植，如山东寿光“AI 种菜机器人”；

（3）区块链溯源系统记录生产全流程，消费者扫码即可查看农事记录、检测报告，如内蒙古兴安盟“一亩有机田”项目。

二是产业链延伸。

(1)高附加值加工:开发有机预制菜、功能性食品(如灵芝孢子粉胶囊、有机糙米酵素),建设县域中央厨房;提取农业废弃物中的活性成分(如果胶、黄酮),发展生物基材料产业(如浙江安吉竹纤维制品出口欧盟)。

(2)农旅融合增值:设计有机农场研学课程,游客参与种植、加工并认领专属农田。

(3)打造"有机食材+康养民宿"综合体,衍生食疗养生、森林疗愈等业态(参考日本MOA冈田茂吉协会模式)。

三是市场渠道创新。会员制直供:城市中产家庭预付年费,每周配送定制化有机蔬菜箱(如上海"百欧欢CSA农场",会员复购率超70%);与高端社区、私立学校签订长期供应协议,溢价达常规农产品3~5倍。跨境绿色贸易:对接欧盟、日本有机认证标准,通过跨境电商平台出口(如阿里巴巴国际站设立"中国有机专区");利用碳标签体系(如法国Eco-Score),凸显产品低碳属性,突破绿色贸易壁垒。

2. 清洁能源:从"单一供电"到"多能互补经济"

一是资源禀赋开发。分布式光伏+储能:利用农房屋顶、大棚顶部铺设光伏板,配套梯次利用储能电池(如安徽金寨"光伏扶贫"模式,户均年增收3 000元);建设村级"光储充"一体化电站,服务新能源汽车充电与应急供电(如浙江丽水"零碳村")。生物质能循环利用:秸秆、畜禽粪污发酵制沼气,提纯后并入天然气管网(如河南南阳"沼气革命",替代农村散煤使用);生物质颗粒燃料替代景区燃煤锅炉,碳减排量参与碳交易(如云南丽江古城项目年减排2万吨CO_2)。

二是能源收益共享。集体产权开发:村集体以荒山、鱼塘等资源入股光伏电站,收益用于分红与公共服务(如山西大宁光伏收益覆盖全县60%村集体收入);农民合作社运营小型风电,绿电直供本地企业享受电价折扣(如江苏如东"风电小镇"模式)。绿电市场化交易:通过国家绿色电力交易平台,向城市数据中心、外资企业出售绿证(如腾讯云南数据中心100%采购乡村绿电);开发"绿电+碳汇"组合产品,企业购电同时获得碳抵消凭证(如内蒙古通辽风电场绑定草原碳汇交易)。

三是能源驱动产业。零碳园区建设:利用廉价绿电吸引数据中心、冷链物流等低碳产业下乡(如贵州贵安华为云数据中心采用水电制冷);打造"源网荷储"智慧微电网,支撑乡村工厂24小时稳定生产(如福建宁德时代乡村电池工厂)。氢能乡村试点:利用富余光伏制氢,供给氢燃料电池农机与公交(如张家口"氢能乡村"示范项目);开发氢能冷链物流车,解决农产品冷链"最后一公里"(如广东佛山氢能冷藏车配送荔枝)。

3. 绿色产业协同创新模式

一是有机—能源循环耦合。"光伏+有机种植"农光互补:光伏板下种植耐阴中药材(如铁皮石斛),实现"板上发电、板下种药"(浙江缙云项目亩均综合收益超10万元);棚顶光伏为温室大棚供电,驱动水肥一体化与温控系统(如宁夏贺兰"零碳蔬菜工厂")。

二是碳汇经济反哺。农业碳汇开发:测算有机农田固碳量(如免耕种植每亩固碳0.5吨/年),生成碳汇产品出售(福建三明签发全国首批农业碳票);竹林、湿地碳汇收益用于生态补偿,村民按管护面积分红(如浙江安吉"竹林碳汇致富"模式)。

三是数字绿色金融。区块链助农贷款:基于物联网采集的有机生产数据,银行发放低息贷款(如网商银行"智慧农田贷");新能源电站未来收益权质押融资,解决建设期资金缺口(如国家电投"乡村振兴绿色债")。

4. 保障机制与政策突破

一是标准体系构建。制定《乡村有机产品认证指南》《分布式可再生能源技术规范》,统一质量与安全标准;建立绿色产业负面清单,禁止高污染项目借"乡村振兴"名义下乡。财政—市场双轮驱动:中央财政设立"乡村振兴绿色产业基金",地方政府配套贴息贷款;允许村集体建设用地直接入市建设有机加工厂、能源站(参考成都郫都区集体土地作价入股案例)。

二是人才与技术下沉。实施"绿色工匠"计划,培训农民掌握光伏运维、有机认证技能;高校科研团队"揭榜挂帅"解决技术痛点(如中国农科院针对高原有机青稞的病害防治攻关)。

5. 国内外实践启示

一是德国"生物能源村":全村80%能源来自沼气与光伏,余电售给电网,收益用于免费社区巴士与养老中心。

二是日本古川町"有机品牌联盟":12家有机农场联合打造区域品牌,统一包装设计,溢价部分反哺生态保护。

三是中国四川攀枝花"阳光康养+":利用干热河谷光伏资源,发展冬季康养旅居产业,光伏收益补贴民宿改造。

6. 挑战与应对

关于市场认知度低,政府牵头举办"中国乡村绿色产品博览会",建立官方认证背书体系。初期投资门槛高的应对策略是推广"合同能源管理"(企业投资设备,村集体以节能收益分期偿还)。解决技术适配性不足需要设立区域性绿色技术中试基地(如西北旱作区有机农业技术中心)。

通过绿色产业赋能,乡村将从"生态资源富集地"升级为"绿色经济创新极",实现"卖原料"向"卖体验""卖服务""卖碳汇"的跨越,最终形成人与自然和谐共生的乡村振兴中国方案。

8.3.3 代际公平与可持续发展目标

代际公平与可持续发展目标的实现,需在生态保护与包容性发展之间构建动态平衡,既要通过刚性约束(如生态红线)守护未来世代的环境权利,也要以包容性政策确保当代人(尤其是弱势群体)的发展机会。以下是二者协同推进的理论框架、实践路径与制度创新。

1. 代际公平的内涵与生态红线刚性约束

一是代际公平的三大维度。资源存量公平:不可再生资源消耗速率≤替代技术出现速率(如化石能源开采与可再生能源替代同步)。环境质量公平:污染物排放总量≤生态系统自净能力(如碳预算分配机制)。发展机会公平:当代基础设施建设不剥夺后代选择权(如保留未开发土地供未来规划)。

二是生态红线的代际功能。空间锁死:划定生物多样性保护区、水源涵养区等"生存底线空间",禁止商业化开发(如中国陆域红线占比超30%)。阈值预警:建立生态系统承载力监测体系,超过红线自动触发限产限排(如长江流域"三线一单"动态管控)。债务追偿:建立生态损害跨代追责机制,当代过度开发需缴纳未来修复基金(如德国《环境责任法》中的代际补偿条款)。

三是生态红线的代际价值转化启示。青海三江源国家公园禁止采矿与过度放牧,牧民转为生态管护员(月薪1 800元),碳汇增量收益注入子孙教育基金。

其代际逻辑是牺牲当前部分开发权,换取水源安全与生物基因库的永续存续。

2. 包容性政策:平衡当代弱势群体权益

一是生态约束下的补偿机制。定向就业支持:生态移民免费接受光伏运维、自然教育导览员培训(如四川卧龙保护区移民参与大熊猫科普旅游);政府购买公益性岗位(护林员、河道保洁员),优先覆盖禁伐区退耕农民。绿色产权交易:允许农民将生态红线内林地承包权置换成碳汇股权,按年度分红(福建三明"林业碳票"制度);建立"生态银行",收储零散生态资产打包开发(如江西抚州湿地资源PPP项目)。

二是包容性公共服务前置。教育公平赋能:生态保护区学校开设"绿色技能班",培养下一代生态工程师与自然摄影师;实施"环境正义奖学金",贫困生攻读生态专业可获学费减免(如云南大学"亚洲象保护专项奖学金")。数字包容基建:在生态移民安置区部署远程医疗、在线教育终端,补偿地理隔离导致的服务落差;区块链记录生态贡献值,作为积分兑换城市公共服务(如杭州"生态信用分"可优先申请保障房)。

3. 制度协同创新:破解"保护—发展"二元对立

一是代际契约法律化。立法突破:将生态红线纳入《中华人民共和国宪法》子孙后代环境权条款(参考厄瓜多尔"自然权利宪法化");建立"未来世代监察官"制度,有权起诉损害代际公平的行政行为(匈牙利模式)。司法实践:推广"气候诉讼"判例,要求政府调整减排目标(如荷兰Urgenda基金会胜诉案);承认自然体诉讼资格,红树林、珊瑚礁可作为原告主张修复(新西兰旺格努伊河法人地位)。

二是跨代成本核算工具。代际账户系统:量化重大工程的全生命周期生态影响,计入当代GDP核算(如三峡工程需扣除50年后库区清淤成本);发行"百年国债"筹措生态修复资金,偿还责任由多世代分担(如法国绿色国债设计)。

代际影响评估:项目审批需提交《百年环境影响报告》,评估对后代资源获取权的剥夺程度(挪威石油开采许可前置条件)。

三是全球—地方联动机制。全球生态债务平衡:发达国家按历史碳排放量向发展中国家支付代际补偿金(如"损失与损害基金"操作化);跨境生态红线联防(如澜沧江—湄公河流域六国共划禁渔区,保障鱼类种群延续)。地方代际协商平台:组建"老中青三代议事会",重大项目需获得三代代表2/3赞成(日本藤泽市可持续发展市民议会模式);儿童参与生态决策(如瑞典"气候儿童委员会"可直接向环境部提交政策建议)。

4. 实践挑战与应对策略

短期利益与长期福祉冲突:实施"生态绩效考核终身追责",官员离任后仍对任内生态损害担责(中国领导干部自然资源资产离任审计)。

代际偏好不可测性:建立适应性管理框架,每10年修订一次生态红线范围(如欧盟栖息地指令动态调整机制)。

技术不确定性风险:设立"代际技术储备金",每年提取GDP的0.5%用于未来灾难性风险防范(参考新加坡淡马锡未来基金)。

5. 未来图景:从"代际剥削"到"代际信托"

成立"地球受托人委员会":由各世代代表、科学家、原住民组成,管理全球公共自然资源(仿联合国教科文组织世界遗产机制)。

开发"时间银行"数字平台:当代人植树、减排等行为转化为"未来币",后代可用其兑换清洁能源使用权或生物技术专利。

构建"人类世地层档案库":封存当前生态决策过程数据,提供未来文明评估代际责任(如挪威斯瓦尔巴全球种子库升级版)。

代际公平不是抽象的道德命题,而是可通过制度设计转化为可操作的治理工具。唯有将生态红线升维为"文明存续底线"、让包容性政策夯实"当代正义基础",方能实现"既满足当代需求,又不透支未来希望"的真正可持续发展。

8.4　案例分析与政策建议

8.4.1　浙江共同富裕示范区:数字化治理与民营经济联动

浙江作为全国首个共同富裕示范区,其发展路径以数字化治理与民营经济联动为核心引擎,通过协同技术赋能、制度创新与市场活力,构建"效率与公平动态平衡"的共富生态。这一模式不仅破解了传统增长与分配的矛盾,更形成了可复制的制度性成果。下面从治理逻辑、实践路径与深层机制三个维度展开剖析。

1. 数字化治理:重构公共资源分配与政企协同机制

一是数字底座:夯实普惠性基础设施。"浙里办"政务集成:整合社保、医疗、教育等 2 158 项服务,实现"一网通办",降低民营中小企业行政成本(如企业开办全流程压缩至 1 天)。产业大脑+未来工厂:打造纺织、化工等 30 个行业产业大脑,联通 16.2 万家工业企业数据,政府实时监测产业链风险并精准施策(如 2022 年预警原材料短缺,协调供应链替代方案)。县域数字孪生:德清县构建城市信息模型(CIM),民营资本参与智慧停车、垃圾分类等场景开发,公共服务效率提升 40%。

二是治理工具创新。"民生直达"政策兑付:利用区块链技术自动匹配政策与企业/个人条件,2023 年直达资金超 300 亿元,惠及 98%小微企业(如失业补助金"无感智办")。"浙政钉"政企协作平台:42 万公务员与 145 万市场主体在线交互,企业诉求 4 小时响应闭环(如义乌小商品城通过平台紧急协调跨境物流堵点)。"健康码"衍生经济应用:升级为"企业码",集成融资、招工、拓市功能,2022 年促成银企对接贷款 1.2 万亿元。

三是数字平权效应。山区 26 县"云服务"覆盖:远程医疗、5G 课堂等数字化服务下沉,丽水遂昌县农民通过"赶街网"直播销售农产品,户均增收 2.3 万元。弱势群体数字赋能:开展"银龄跨越数字鸿沟"行动,培训老年人使用智能设备超 500 万人次,保障数字化红利共享。

2. 民营经济联动:构建"创富—带富—共富"市场生态

一是民营资本参与共富工程建设。"千企结千村"行动:传化集团等 1.2 万家企业结对村社,投资乡村文旅、数字农业项目(如正泰集团在乐清建设光伏农场,村民年获租金+分红

18 万元)。社会企业认证制度:认定 204 家"共富企业",享受税收减免+政府采购倾斜(如农夫山泉在淳安建设水源保护区,带动周边 6 万人就业)。

二是产业集群带富模式。"一县一业"特色经济:诸暨袜业、永康五金等 166 个百亿级产业集群,带动上下游 600 万人就业(慈溪家电集群技术工人月薪达 1.5 万元)。"数字工厂共同体":阿里云联合中小制造企业搭建协同制造平台,宁波 200 家模具企业共享 3D 打印中心,成本降低 35%。

三是三次分配制度创新。"股权激励共有制":舜宇光学推行员工持股计划,1.2 万名员工持有 28%股份,2022 年分红超 10 亿元。慈善信托税收优惠:吉利集团设立规模 50 亿元的共同富裕基金,用于职业教育与乡村振兴,捐赠抵税比例提升至 12%。"技术入股"反哺机制:海康威视工程师团队以专利入股子公司,科研人员年均技术分红超工资收入。

3. 深层机制:政府—市场—社会的三元共治

一是制度性交易成本革命。"放管服"数字化迭代:企业投资项目审批"最多 80 天"压缩至"验收即发证",制度性成本下降 60%。要素配置市场化:建成全国首个数据交易所,已交易企业数据产品超 800 个(如每日互动人口洞察数据助力商圈精准招商)。

二是风险共担与利益共享。"政银保"风险池:政府出资 30%建立科技贷款风险补偿基金,宁波芯速联光电获 5 000 万元贷款实现光芯片量产。"共富合伙人"计划:政府提供应用场景,民企开发运营(如杭州城市大脑停车系统由大华股份建设,收益按车流量分成)。

三是社会参与式治理。"未来社区"多元共建:杭州杨柳郡社区引入绿城物业、网易严选等企业,打造"商业+养老+托育"15 分钟生活圈。"四治融合"基层机制:温岭民主恳谈会数字化升级,企业主与村民在线协商产业园征地补偿方案,纠纷率下降 72%。

4. 挑战与突破方向

数据垄断风险:需立法防止平台企业滥用市场地位(如拟出台《浙江省公共数据条例》限制大数据杀熟)。县域发展失衡:山区 26 县人均 GDP 仍仅为全省平均的 65%,需深化"产业飞地"政策(已在杭州、宁波设立 26 个飞地园区);

代际公平隐忧:新经济从业者社会保障覆盖不足,试点"平台灵活就业者职业伤害保险"(已覆盖美团骑手 32 万人)。

5. 范式价值

浙江实践证明,共同富裕并非"劫富济贫",而是通过数字化重构治理体系释放市场活力,在民营经济高质量发展中自然衍生分配优化。其核心启示在于以下几方面。

技术正义:以数字基础设施消弭市场参与壁垒。制度包容:构建民企深度参与社会治理的合法性通道。动态平衡:在效率提升中持续扩大公平阈值。

此模式为全国提供三条经验:政府需从"管理者"转向"生态构建者"、民营资本应定位"共富合伙人"而非单纯逐利主体、数字化必须与人文关怀深度融合防止技术异化。未来浙江需进一步探索数据要素参与分配、民营企业 ESG 强制披露等制度,持续升级共富 2.0 模式。

8.4.2 贵州"三变改革":资源变资产、资金变股金、农民变股东

贵州"三变改革"(资源变资产、资金变股金、农民变股东)是深化农村集体产权制度改革的创新实践,通过激活沉睡资源、撬动社会资本、重塑利益联结机制,探索出一条山区农

村共同富裕的新路径。该模式以六盘水市为发源地，现已成为全国农村改革的重要样本。以下是其核心逻辑、运作机制与深化方向分析。

1. 改革背景与核心逻辑

一是破解山区发展困境。资源闲置：贵州农村耕地细碎化、林地荒置率高，土地流转率不足30%；资金低效：财政支农资金分散使用，村集体经济平均收入低于5万元/年；主体缺位：农民与市场脱节，缺乏稳定增收渠道，空心化率超40%。

二是三变改革内核。资源资产化：将土地、林地、宅基地等资源确权颁证，转化为可交易、可抵押的资产。资金资本化：整合财政资金、社会资本、农户闲散资金，按股投入经营主体。农民股东化：农户以土地承包权、资金、劳动力入股，形成"保底收益+股份分红+务工收入"多元收益结构。

2. 实践路径与创新机制

一是资源变资产：确权赋能与市场化运营。产权明晰：完成承包地确权面积6 200万亩，颁发林权证480万本，宅基地使用权证覆盖率达95%；创新"确权不确地"模式（如六枝特区将零散耕地整合为"虚拟地块"入股合作社）。交易平台构建：建立省市县三级农村产权交易中心，2023年成交额超120亿元（如湄潭县茶地经营权抵押贷款案例）；开发"黔农资源云"数字平台，实现资源评估、挂牌、竞价全流程线上化。

二是资金变股金：财政撬动与风险防控。财政资金股权化：将扶贫资金、农业补贴等转化为村集体或农户股金，投入经营主体（如水城县将2.3亿元扶贫资金量化入股猕猴桃产业园）；建立"资金变股金"负面清单，禁止投向房地产、高污染项目。社会资本联营：推广"国企+合作社+农户"模式（如盘州刺梨产业由宏财集团控股，农户占股30%）；设立风险补偿基金，对因自然灾害导致的股金损失给予50%补偿。

三是农民变股东：利益联结与能力提升。股份合作制创新：按"1人1票"设立股份经济合作社，农户占股不低于60%（如安顺塘约村集体占股40%，农户占股60%）；探索"土地股+资金股+管理股"混合分配（如修文县猕猴桃基地技术骨干获10%管理股）。赋能培训体系：实施"新型职业农民培育工程"，开展股份制管理、电商运营等培训，覆盖180万人次；建立"股东代表议事会"，确保农民参与项目决策（如六盘水米箩镇猕猴桃项目调整种植结构经股东大会表决）。

3. 改革成效与数据验证

一是改革成效对比见表8-2。

表8-2　改革成效对比

指标	改革前（2014年）	改革后（2023年）	增幅
农村居民人均可支配收入	6 671元	14 800元	122%
村集体经济平均收入	4.6万元	52.3万元	1 037%
土地流转率	28%	68%	+40个百分点
农民财产性收入占比	3.2%	18.7%	+15.5个百分点

二是典型案例主要有六盘水市娘娘山园区整合6.8万亩荒山入股旅游公司，农户年保

底分红 800 元/亩,景区就业月均收入 3 500 元,带动 1.2 万人脱贫。遵义花茂村农户以闲置农房入股乡村旅游合作社,户均年分红 2.4 万元,村集体年收入从 0 元增至 300 万元。

4. 深化挑战与制度突破

一是突破产权交易瓶颈。非标资产估值难,林地经营权抵押贷款不良率偏高如 2023 年达 2.3%,引入卫星遥感+AI 算法评估资源价值,建立全省统一抵押物处置平台。

二是构建股份权益保障。部分企业虚增成本稀释农民分红,如某茶叶项目账面亏损致农户零分红,强制推行财务公开系统,农户可通过"黔农 App"实时查看项目收支。

三是代际公平风险。股权 30 年不变导致新增人口无股可分,如纳雍县部分村寨新生儿占比 15%却无股权,试点"动态股权调整机制",每 5 年按人口变化重新配股。

5. 全国启示与升级方向

一是可复制经验。政府角色重构:从"资源管理者"转向"市场服务者",重点搭建交易平台与监管体系。股份设计原则:农民占股主体地位(不低于 51%),防止资本过度主导。风险对冲工具:建立"保险+期货+担保"三重风险缓释机制。

二是升级路径探索。数字赋能深化:发行农村资源 NFT 凭证,探索元宇宙土地招商场景。生态价值开发:将碳汇、生物多样性等纳入"资源变资产"范畴(如梵净山生态股权试点)。跨区域联营:推动"东部资金+贵州资源"飞地经济模式(如上海企业在黔建设预制菜基地)。

贵州"三变改革"通过制度创新激活了农村"人、地、钱"三大要素,其本质是以产权改革重构生产关系、以股份合作释放生产力。未来需进一步平衡效率与公平,推动改革从"资源整合 1.0"向"价值创造 2.0"跃升,为乡村振兴迈向共同富裕提供可持续的内生动力。

8.4.3 东西部协作机制:对口支援与产业转移的优化路径

东西部协作机制是推动区域协调发展、缩小发展差距的国家战略工具,但传统对口支援与产业转移模式面临"输血式援助不可持续""产业承接水土不服""利益共享机制缺失"等挑战,需以市场化、精准化、生态化为导向,构建"政府引导—市场主导—社会参与"的新型协作范式。以下是优化路径的框架设计与实践策略。

1. 对口支援机制升级:从"单向帮扶"到"双向赋能"

一是精准匹配供需清单。需求侧画像:建立西部县域资源禀赋、产业基础、人力资本数据库(如贵州"一县一业"数字地图),明确承接产业类型与技术缺口。供给侧定制:东部地区根据西部需求清单,打包输出"技术+管理+市场"组合能力(如浙江宁波向四川凉山转移光伏产业时,同步引入碳交易服务团队)。

二是创新协作载体。飞地经济 2.0:在东部设立"反向飞地",西部市县入驻东部园区建立研发—销售前端(如云南曲靖在苏州生物医药产业园设"科创飞地")。人才共享平台:推行"候鸟专家"制度,东部工程师通过远程指导、季度驻点服务西部企业(如广东向广西派出 200 名"周末工程师")。

三是利益捆绑机制。GDP 分计制度:东部企业投资西部项目,一定比例产值计入东部 GDP(江苏与陕西协议按 6∶4 比例共享)。碳汇收益分成:东部购买西部林业碳汇,收益用于支援地生态补偿(上海与云南协议每吨碳汇提取 20 元作为协作基金)。

2. 产业转移优化：从“被动承接”到“主动链式嵌入”

一是产业链精准适配。梯度转移模型：资源密集型（如电解铝）向能源富集区（新疆、内蒙古）转移；劳动密集型（如纺织服装）向人口大省（四川、河南）转移；技术密集型环节（如数据中心）向气候适宜区（贵州、宁夏）转移。集群式迁移：推动“链主企业+配套企业”整体转移（如宁德时代携32家供应商落户四川宜宾，形成动力电池闭环生态）。

二是转移承接能力建设。基础设施前置：发行“西部产业承接专项债”，重点建设标准化厂房、多式联运枢纽（如重庆果园港升级为长江上游集装箱中转中心）。技能定制培训：东部职业院校在西部开设“订单班”（如广东轻工职业技术学院为黔东南培养跨境电商人才），培训成本由企业承担50%。

三是绿色转型约束。产业准入负面清单：禁止转移落后产能（如钢铁、焦化行业未达到超低排放标准项目）。生态补偿保证金：转移企业按投资额1%缴纳生态修复基金（如浙江企业在甘肃投资需预存生态押金）。

3. 要素流动机制创新：突破“人—地钱”梗阻

一是人才柔性流动。户口随人走：东部人才到西部工作可保留原户籍，享受两地医保结算、子女跨省（区）就学便利（沪滇协作试点“双户籍”制度）。职称互认互通：建立东西部专业技术资格互认目录（如江苏与新疆互认建筑领域26类职称）。

二是土地指标交易。增减挂钩跨省调剂：允许东部购买西部节余建设用地指标（2023年浙江向四川购买1.2万亩指标，价格50万元/亩）。耕地占补平衡证券化：西部新增耕地生成“耕地券”，东部企业购券抵充占用耕地义务。

三是金融协同工具。东西部银团贷款：东部银行提供低息资金，西部银行负责属地风险管理（如浦发银行与贵阳银行联合发放50亿元产业转移贷款）。REITs资产包：将西部产业园、物流设施打包发行基础设施公募REITs，东部投资者优先认购（首单“西部物流REIT”募资45亿元）。

4. 数字技术赋能协作效能

一是产业云平台。产能智能匹配：阿里云搭建“东西部产业大脑”，动态对接东部过剩产能与西部需求（已促成陕西承接江苏纺织设备3.2万台套）。远程协同制造：华为云提供“5G+工业互联网”底座，实现东部设计—西部生产的实时交互（如深圳电子企业在贵州建立“数字孪生工厂”）。

二是区块链存证监管。援助资金穿透式管理：腾讯区块链记录每笔支援资金流向，确保80%以上用于产业项目（四川凉山州资金挪用率从7%降至0.3%）。碳足迹追溯：京东物流区块链跟踪转移企业碳排放，超标企业自动触发生态补偿。

5. 制度保障与评估体系

一是法律约束升级。制定《东西部协作促进法》，明确双方权利义务，建立违约惩罚机制（如产业转移未达环保标准，东部政府需承担连带责任）。

二是差异化考核指标。东部考核侧重技术溢出、市场开放度（如向西部输送专利数、采购西部产品金额）；西部考核聚焦产业存活率、就业带动比（如转移企业5年存活率需超70%）。

三是第三方评估机制。委托麦肯锡、中国宏观经济研究院等机构开展年度协作效能评估，结果与中央财政转移支付挂钩。

6. 实践标杆与启示

苏铜模式:苏州工业园区托管贵州铜仁高新区,输出“规划—建设—招商”全流程经验,3 年带动 GDP 增长 180%;

粤桂协作:广东在广西建设预制菜“一县一基地”,利用 RCEP 规则出口东南亚,2023 年产值破百亿;

浙川“飞地消薄”:浙江 51 个经济强县在四川共建飞地产业园,带动 128 个薄弱村集体年均增收 25 万元。

7. 未来挑战与突破

数据要素定价:探索东西部数据交易分成机制(如东部算法公司使用西部农业数据需支付资源使用费)。

跨区域环境权交易:建立东西部排污权、用能权交易市场(如上海向宁夏购买绿电指标)。

社会资本激活:推广 PPP 模式,设定社会资本回报率下限(如保证污水处理项目年收益率不低于 6%)。

东西部协作机制的优化本质是重构区域分工秩序,通过制度创新将“政治任务”转化为“经济理性”,使东部获得转型升级空间、西部赢得发展时间窗口。未来需在数字经济与绿色经济双轮驱动下,推动协作模式从“产业平移”向“价值跃升”进化,最终形成“东西互济、陆海联动”的发展。

参考文献

[1] 习近平. 习近平谈治国理政:第三卷[M]. 北京:外文出版社,2020.

[2] 班纳吉,迪弗洛. 贫穷的本质:我们为什么摆脱不了贫穷[M]. 景芳,译. 北京:中信出版社,2018.

[3] 森. 贫困与饥荒[M]. 王宇,王文玉,译. 北京:商务印书馆,2004.

[4] 宁德鹏,何玲玲. 从脱贫攻坚到共同富裕:易地扶贫搬迁后续治理模式创新研究[J]. 中国行政管理,2024,40(8):109-117.

[5] 赵普,龙泽美,王超. 规模性返贫风险因素、类型及其政策启示:基于西南民族地区的调查[J]. 管理世界,2022,38(11):146-158,173.

[6] 罗良清,平卫英,单青松,等. 中国贫困治理经验总结:扶贫政策能够实现有效增收吗?[J]. 管理世界,2022,38(2):70-83,115,5-8.

[7] 高强,曾恒源. 巩固拓展脱贫攻坚成果同乡村振兴有效衔接:进展、问题与建议[J]. 改革,2022(4):99-109.

[8] 杜志雄,王瑜. 兜底保障体系衔接转型的关键挑战与战略举措[J]. 改革,2023(11):117-127.

[9] 刘宏宇,袁文艺. 乡村振兴背景下脱贫人口后续帮扶:实践困境与政策转向:以兴山县A村为例[J]. 理论月刊,2023(10):118-130.

[10] 李涛,吴贞尧. 从脱贫到振兴:衔接模式、政策执行与生活质量提升[J]. 经济问题,2023(11):97-104.

[11] 况伟. 精细化治理:脱贫攻坚与乡村振兴有效衔接的逻辑和路径[J]. 东南学术,2023(6):113-121.

[12] 马雯嘉,吴茂祯. 从全面脱贫到乡村振兴:国家级贫困县政策对当地经济发展的影响[J]. 中国软科学,2024(S1):1-15.

[13] 赵艳霞. 精准扶贫呼唤"精准"的人才队伍[J]. 人民论坛,2017(1):70-71.

[14] 李莹莹,赵艳霞,尹景瑞. 贫困户内生动力的深度挖掘与持续作用研究[J]. 华北理工大学学报(社会科学版),2018,18(6):53-59.

[15] 赵艳霞,祖海芹. 谨防人口城镇化的"表象化":以河北省为例[J]. 人民论坛,2017(7):72-73.

[16] 孙惠娜. 脱贫攻坚与乡村振兴有效衔接的理论与实践研究[D]. 北京:中国石油大学(北京),2023.

[17] 田雪森. 脱贫攻坚与乡村振兴有效衔接背景下的政策共同体研究[D]. 南昌:南昌大学,2022.

[18] 张丹婷. 西部小农脆弱型脱贫及其生成机理研究[D]. 济南:山东大学,2022.

[19] 马克思. 简明资本论[M]. 曾令先,卞彬,金永,编译. 成都:天地出版社,2018.

[20] 厉以宁,黄奇帆,刘世锦,等. 共同富裕:科学内涵与实现路径[M]. 北京:中信出版集团,2021.
[21] 史志乐. 共同富裕目标下全面乡村振兴的现实挑战与推进策略[J]. 中国行政管理,2023(2):157-159.
[22] 杨穗,赵小漫. 走向共同富裕:中国社会保障再分配的实践、成效与启示[J]. 管理世界,2022,38(11):43-56.
[23] 金冉,王小林. 区域协作促进共同富裕的治理框架、运行机制与行动模式——福建省山海协作案例研究[J]. 公共管理学报,2023,20(4):93-106,172-173.
[24] 刘江宁. 共同富裕思想的理论内涵、实践策略与未来发展[J]. 马克思主义研究,2024(9):126-133.
[25] 贾淑品,崔帅. 论共同富裕的人民立场:历史逻辑、基本要求及现实价值[J]. 学习论坛,2024(6):23-29.
[26] 刘志刚. 精神生活共同富裕:城乡精神文明新形态[J]. 学术界,2024(9):71-79.
[27] 何植民,蒋护纹. 推进乡村共同富裕的理论逻辑与实践路向:基于空间正义的分析[J]. 湘潭大学学报(哲学社会科学版),2024,48(5):16-23.
[28] 陈佳美,赵艳霞. "厕所革命"上热下冷的生成逻辑及乡村治理转型路径:以 T 市 L 县为例[J]. 华北理工大学学报(社会科学版),2025,25(1):24-30.
[29] 亢延锟. 公共政策、人力资本与共同富裕[D]. 北京:中央财经大学,2023.
[30] 陈思思. 分配正义视域下的共同富裕问题研究[D]. 上海:上海财经大学,2023.
[31] 骆凡. 共同富裕的激励机制研究:瑞典模式及其借鉴[D]. 杭州:浙江大学,2024.
[32] 刘雨濛. 数字普惠金融促进农村共同富裕的作用机制与实现路径研究[D]. 南昌:江西师范大学,2023.
[33] 郑志浩,高杨,霍学喜. 农户经营规模与土地生产率关系的再探究:来自第三次全国农业普查规模农户的证据[J]. 管理世界,2024,40(1):89-108.
[34] 孙晓勇. 宅基地改革:制度逻辑、价值发现与价值实现[J]. 管理世界,2023,39(1):116-127,137,128.
[35] 姜修海. 政策变迁视角下宅基地改革试点政策推进逻辑:基于广西 A 县经验的分析[J]. 公共管理学报,2023,20(2):50-61,167.
[36] 夏方舟,张松培. 土地要素赋能新质生产力发展:作用机理与基本路径[J]. 改革,2024(8):130-139.
[37] 刘双良. 宅基地"三权分置"助力乡村振兴的作用方向与机制完善:基于三个改革试点典型实践的对比分析[J]. 中州学刊,2024,(1):54-62.
[38] 高圣平. 宅基地制度改革的实施效果与顶层设计:基于新一轮宅基地制度改革试点的观察与思考[J]. 北京大学学报(哲学社会科学版),2024,61(1):139-149.
[39] 李涛,杨盛梅,张鹏. "三权分置"背景下农户宅基地流转的福利效应研究:基于江苏省 13 市的调研[J]. 中国软科学,2023(10):177-189.
[40] 胡明峰,曹广忠,刘嘉杰,等. 农村宅基地季节性闲置与完全闲置的比较:基于全国百县调查[J]. 中国土地科学,2023,37(10):49-59.
[41] 赵艳霞,李莹莹. 乡村振兴中宅基地"三权分置"的内生变革与路径研究[J]. 财经理论

研究,2018(5):1-8.
[42] 赵艳霞,孙凤芹,王菲. 基于 AHP 的耕地保护公共政策分析[J]. 中国农业资源与区划,2015,36(3):143-148.
[43] 郭柳娜,郭力娜,赵艳霞,等. 人地关系视角下农村土地依存度时空演变特征[J]. 中国农业资源与区划,2024,45(6):135-146.
[44] 蔡文柳,赵艳霞. 要素依赖、新型城镇化与区域流通产业发展关系分析[J]. 商业经济研究,2022(4):5-9.
[45] 王昊,郭力娜,姜广辉,等. 耕地"非粮化"遥感提取研究:以唐山丰南区为例[J/OL]. 农业资源与环境学报,1-17[2025-03-15].
[46] 郭力娜,王奉林,姜广辉,等. 基于 GIS 的市域休闲农业园区距离分布特征——以唐山市为例[J]. 中国农业资源与区划,2020,41(7):248-254.
[47] 郭力娜,訾丰娇,王刚,等. 基于发展和环境的城镇化质量时空特征与影响因子探测分析:以辽宁省为例[J]. 南京信息工程大学学报(自然科学版),2023,15(2):127-136.
[48] 杨泽栋. 基于生态文化视角的晋陕蒙接壤区土地利用演变与空间协调研究[D]. 北京:中国地质大学(北京),2022.
[49] 吕旭峰. 基于农民发展能力理论的农村宅基地"三权分置"实现形式研究[D]. 成都:四川大学,2022.
[50] 王静. 宅基地退出对农户农业生产行为及效率的影响研究:以金寨县试点为例[D]. 咸阳:西北农林科技大学,2023.
[51] 唐任伍,范烁杰,史晓雯. 区块链赋能共同富裕实现的技术支撑、价值内涵与策略选择[J]. 改革,2023(3):1-14.
[52] 崔运武,杨映竹. 区块链嵌入公共服务的技术禀赋与应用路径[J]. 行政管理改革,2022(1):55-65.
[53] 李秋香,马草原,谢磊,等. 区块链赋能供应链价值创造的机理与策略:质量信息不对称下的经济学分析[J]. 管理世界,2024,40(8):98-122.
[54] 刘琦铀,林丽婷,张成科. 区块链环境下基于复杂网络演化博弈的农户融资上链行为研究[J]. 金融理论与实践,2024(2):15-24.
[55] 张扬金,李一锟. 主权区块链赋能农村微腐败治理可能性探索[J]. 江苏行政学院学报,2024(2):88-95.
[56] 谢丽华,郝志斌. 区块链赋能农村环境治理的法律规制研究[J]. 兰州大学学报(社会科学版),2024,52(1):89-98.
[57] 李秋香,马草原,黄毅敏,等. 区块链赋能供应链研究动态:视角、脉络、争鸣与盲区[J]. 系统工程理论与实践,2024,44(6):1965-1986.
[58] 林永民,冯宏薇. 供应链金融"脱核"融资创新模式比较[J]. 财会月刊,2024,45(23):89-95.
[59] 林永民,赵欣,崔小杰. "三权分置"情境下生态资源资本化路径研究:基于南平市顺昌县"森林生态银行"的案例[J]. 财会通讯,2024(2):97-103.
[60] 林永民,张轩齐,庞丽环,等. 区块链赋能中小企业碳账户融资研究:基于博弈论视角的分析[J]. 价格理论与实践,2023(10):185-189,218.

[61] 林永民,张振山,段政凯. 可信数据流转:区块链赋能金融产品创新的路径研究[J]. 征信,2022,40(12):25-33.
[62] 林永民,赵欣. 区块链赋能供应链金融:理论框架与现实路径[J]. 财会通讯,2022(22):15-21.
[63] 陈玺名. 区块链技术与农业生态产品供应链治理的耦合研究[D]. 哈尔滨:东北林业大学,2023.
[64] 陈全朋. 基于区块链平台的供应链内外部融资策略研究[D]. 成都:西南财经大学,2024.
[65] 项锐. 区块链信任的多维度研究[D]. 上海:华东师范大学,2023.
[66] 朱竑,陈晓亮,尹铎. 从"绿水青山"到"金山银山":欠发达地区乡村生态产品价值实现的阶段、路径与制度研究[J]. 管理世界,2023,39(8):74-91.
[67] 孙博文. 建立健全生态产品价值实现机制的瓶颈制约与策略选择[J]. 改革,2022(5):34-51.
[68] 宋昌素. 生态产品价值实现:现实困境与路径机制[J]. 行政管理改革,2023(9):43-51.
[69] 罗琼,李宏伟. 共同富裕目标下脱贫地区碳汇生态产品价值实现:理论内涵、作用机制与推进路径[J]. 行政管理改革,2023(11):34-41.
[70] 沈兴兴,虞慧怡,刘帅. 共同富裕背景下乡村生态产品研究进展与发展方向[J]. 世界林业研究,2024,37(1):97-103.
[71] 陈振,郭杰,欧名豪. 基于逻辑框架法的生态产品价值实现逻辑闭环研究[J]. 农村经济,2024(2):135-144.
[72] 李冬青,张明雪,侯玲玲. 生态产品价值实现模式应用场景及其运行机制:基于典型案例文本数据的实证分析[J]. 生态学报,2024,44(7):2826-2836.
[73] 欧阳振益,谢花林. 乡村生态产品价值实现的多中心治理体系探讨[J]. 中国土地科学,2023,37(9):17-27.
[74] 赵艳霞,李波,武佳博. 乡村振兴背景下生态产品价值实现驱动机制研究[J]. 南方农机,2024,55(6):99-101,109.
[75] 赵艳霞,张则艺,吴红霞,等. 乡村振兴目标下生态产品价值实现模式研究[J]. 衡水学院学报,2024,26(1):33-37.
[76] 王静怡. 基于林票制度的重庆市森林生态产品价值实现研究[D]. 重庆:西南大学,2022.
[77] 黄显乔. 重点国有林区生态产品价值测算与实现路径研究[D]. 哈尔滨:东北林业大学,2024.
[78] 崔元飞. 内蒙古生态产品价值实现机制研究[D]. 呼和浩特:内蒙古农业大学,2023.
[79] 简聃. 民族地区生态产品价值实现机制研究[D]. 南宁:广西民族大学,2024.
[80] 生态产品价值实现的路径、机制与模式研究课题组. 生态产品价值实现的路径、机制与模式研究[M]. 北京:中国发展出版社,2022.

后　　记

在完成这部学术专著的过程中,我深感荣幸能够得到众多机构领导、研究团队、专家学者及家人的支持与帮助。本书的撰写不仅是个人学术探索的成果,更是集体智慧与共同努力的结晶。

首先,我要衷心感谢河北省高校人文社会科学研究重大课题攻关项目(项目编号ZD202207)对本书的大力支持。这一项目的资助为本书的研究提供了坚实的物质基础和学术平台,使我能够深入、系统地探讨从脱贫攻坚到共同富裕的理论逻辑、激励机制与实现路径。在此过程中,项目评审专家和指导团队给予了我宝贵的建议和指导,帮助我在研究中不断深化理论认识、优化研究方法、完善研究框架。他们的专业素养和严谨态度对我影响深远,也为本书的学术质量提供了有力保障。

在研究过程中,我有幸与多位学术同人展开深入的交流与合作。他们或在理论探讨中为我提供新的视角,或在实证研究中分享宝贵的经验与数据,或在写作过程中给予我建设性的意见。这些交流与合作不仅丰富了本书的研究内容,更拓宽了我的学术视野。特别感谢我们的研究团队,他们的智慧与热情为本书的完成注入了强大动力。此外,我也要感谢国内外众多学者的学术成果,这些成果为我的研究提供了坚实的理论基础和丰富的研究素材。在本书中,我尽可能引用和分析了相关领域的前沿研究成果,但由于时间和篇幅的限制,可能仍有遗漏。在此,我对这些学者表示深深的敬意和感谢。

在撰写本书的过程中,我还得到了所在高校领导和研究机构的大力支持。学校为我提供了良好的研究环境和丰富的学术资源,使我能够全身心地投入研究工作中。同时,我也要感谢我的学生和研究助理们,他们在实地调研、资料收集、数据分析、文献整理等方面付出了努力。他们的勤奋与智慧为本书的完成贡献了重要力量。

最后,我要感谢我的爱人和女儿。在本书的撰写过程中,他们给予了我无尽的理解、支持与鼓励。他们的陪伴与关爱是我坚持下去的动力源泉。

本书的完成是我学术生涯中的一个重要里程碑,但它也只是一个新的起点。我深知,从脱贫攻坚到共同富裕的探索之路仍然漫长而艰巨,需要不断钻研与探索。我期待本书能够为这一领域的研究和实践提供一些有益的参考与启示,也希望在未来的研究中,能够与更多志同道合的同人携手共进,为实现共同富裕的伟大目标贡献更多的智慧和力量。

赵艳霞

2024 年 11 月